CONTEÚDO DIGITAL PARA ALUNOS
Cadastre-se e transforme seus estudos em uma experiência única de aprendizado:

1 Entre na página de cadastro:
https://sistemas.editoradobrasil.com.br/cadastro

2 Além dos seus dados pessoais e dos dados de sua escola, adicione ao cadastro o código do aluno, que garantirá a exclusividade do seu ingresso à plataforma.

1224566A2844008

CB042184

3 Depois, acesse:
https://leb.editoradobrasil.com.br/
e navegue pelos conteúdos digitais de sua coleção :D

Lembre-se de que esse código, pessoal e intransferível, é valido por um ano. Guarde-o com cuidado, pois é a única maneira de você acessar os conteúdos da plataforma.

Editora do Brasil

TEMPO DE GEOGRAFIA

AXÉ SILVA
- Professor de Geografia de Ensino Fundamental e Médio
- Bacharel em Geografia pela Universidade de São Paulo (USP)
- Articulista e coordenador de publicações especializadas em Geografia e Ensino
- Criador e apresentador de canal de vídeo em plataforma digital sobre Geografia e Atualidades

JURANDYR ROSS
- Livre-Docente em Geografia pela Universidade de São Paulo (USP)
- Doutor em Geografia pela Universidade de São Paulo (USP)
- Professor titular na Universidade de São Paulo (USP)
- Consultor do Ministério do Meio Ambiente (1992-2002)
- Vencedor do Prêmio Jabuti pela Associação Brasileira do Livro (1997)
- Autor da Classificação do Relevo Brasileiro (1985)

COLEÇÃO
TEMPO GEOGRAFIA 6
4ª edição
São Paulo, 2019.

Dados Internacionais de Catalogação na Publicação (CIP)
(Câmara Brasileira do Livro, SP, Brasil)

Silva, Axé
    Tempo de geografia: 6º ano / Axé Silva, Jurandyr Ross. –
4. ed. – São Paulo: Editora do Brasil, 2019. – (Coleção tempo)

    ISBN 978-85-10-07188-8 (aluno)
    ISBN 978-85-10-07189-5 (professor)

    1. Geografia (Ensino fundamental) I. Ross, Jurandyr. II. Título. III. Série.

19-25374   CDD-372.891

Índices para catálogo sistemático:
1. Geografia: Ensino fundamental 372.891
Iolanda Rodrigues Biode – Bibliotecária – CRB-8/10014

© Editora do Brasil S.A., 2019
Todos os direitos reservados

Direção-geral: Vicente Tortamano Avanso

Direção editorial: Felipe Ramos Poletti
Supervisão editorial: Erika Caldin
Supervisão de arte e editoração: Cida Alves
Supervisão de revisão: Dora Helena Feres
Supervisão de iconografia: Léo Burgos
Supervisão de digital: Ethel Shuña Queiroz
Supervisão de controle de processos editoriais: Roseli Said
Supervisão de direitos autorais: Marilisa Bertolone Mendes

Supervisão editorial: Júlio Fonseca
Edição: Gabriela Hengles e Guilherme Fioravante
Assistência editorial: Manoel Leal de Oliveira
Auxílio editorial: Douglas Bandeira
Apoio editorial: Janaina Tiosse de O. Corrêa
Consultoria técnica: Judith Nuria Maida
Copidesque: Gisélia Costa, Ricardo Liberal e Sylmara Beletti
Revisão: Alexandra Resende, Andréia Andrade e Elaine Silva
Pesquisa iconográfica: Isabela Meneses e Márcia Sato
Assistência de arte: Letícia Santos
Design gráfico: Andrea Melo
Capa: Megalo Design
Imagens de capa: FG Trade/iStockphoto.com, M. Aurelius/Shutterstock.com, qooohooo/iStockphoto.com e Reto Stöckli, Nazmi El Saleous, and Marit Jentoft-Nilsen, NASA GSFC
Ilustrações: Alessandro Passos da Costa, Antonio Eder; Bernardo Borges, Eber Evangelista, Eduardo Belmiro, Elder Galvão, Erika Onodera, George Tutumi, Luis Moura, Mario Yoshida, Megalo Design, Osni Oliveira, Paula Haydee Radi, Paula Lobo, Paulo César Pereira, Rafael Herrera, Sonia Vaz, Studio Caparroz e Tato Araújo
Produção cartográfica: DAE (Departamento de Arte e Editoração), Sonia Vaz
Coordenação de editoração eletrônica: Abdonildo José de Lima Santos
Editoração eletrônica: Adriana Tami, Armando F. Tomiyoshi, Elbert Stein, Gilvan Alves da Silva, José Anderson Campos, Sérgio Rocha, Talita Lima, Viviane Yonamine, William Takamoto e Wlamir Miasiro
Licenciamentos de textos: Cinthya Utiyama, Jennifer Xavier, Paula Harue Tozaki e Renata Garbellini
Controle de processos editoriais: Bruna Alves, Carlos Nunes, Rafael Machado e Stephanie Paparella

4ª edição / 4ª impressão, 2023
Impresso no Parque Gráfico da FTD Educação

Rua Conselheiro Nébias, 887
São Paulo, SP – CEP 01203-001
Fone: +55 11 3226-0211
www.editoradobrasil.com.br

Prezado aluno, prezada aluna

A Geografia é uma ciência que faz parte de sua vida. Ela possibilita o aperfeiçoamento da visão crítica sobre as situações que acontecem a nosso redor.

Pensando nisso, esta obra foi desenvolvida com o objetivo de proporcionar uma reflexão sobre a realidade e contribuir para a consciência dos direitos e deveres de cada um na sociedade. Com essa proposta, buscamos incentivar o respeito às diferenças e o combate às injustiças sociais.

Desejamos que, ao percorrer esta coleção, você entenda a importância do espaço geográfico e amplie a compreensão de si mesmo, percebendo que você é parte de tudo o que existe a sua volta.

Bom ano para você!

Os autores

SUMÁRIO

TEMA 1
Paisagens e lugares.............. 8

CAPÍTULO 1 Paisagem em estudo....10
O que é paisagem?................................... 10
Análise da paisagem.............................. 12
Paisagem natural.................................. 13
DIÁLOGO 13
Paisagem humanizada 14
ATIVIDADES.. 15

CAPÍTULO 2 Mudanças na paisagem e o lugar 16
Espaço geográfico................................. 16
Modificações na paisagem................... 17
Sociedade, natureza e trabalho.......... 18
Lugar 19
ATIVIDADES.. 20

CAPÍTULO 3 Paisagem e sociedade 22
Interação humana com o espaço geográfico............................. 22
DIÁLOGO 24
Sociodiversidade no território brasileiro 25
ATIVIDADES.. 26

CAPÍTULO 4 As cidades e a transformação das paisagens........... 28
Interação entre sociedade e natureza 28
Aldeia, município, cidade..................... 29
O espaço rural 30
O espaço urbano 31
DIÁLOGO 32
ATIVIDADES.. 33
FIQUE POR DENTRO
O meio ambiente muda 34
PANORAMA... 36

TEMA 2
Espaço e sociedade............. 38

CAPÍTULO 1 O extrativismo e a produção de energia.................... 40
Recursos naturais.................................. 40
Extrativismo vegetal 41
Extrativismo animal.............................. 42
Extrativismo mineral 43
Os principais minerais do extrativismo 44
Os recursos naturais e a produção de energia.. 45
ATIVIDADES.. 46

CAPÍTULO 2 A agricultura 47
Alimento que vem da terra................. 47
Sistemas de cultivo na agricultura.................. 48
Importância da natureza para a agricultura ... 49
Os usos do solo.................................. 49
Recursos hídricos e irrigação............. 50
ATIVIDADES.. 51

CAPÍTULO 3 A pecuária 52
Criação de animais................................ 52
Sistemas de criação 53
A pecuária e a transformação das paisagens...................................... 54
CARTOGRAFIA...................................... 55
ATIVIDADES.. 56

CAPÍTULO 4 A indústria, o comércio e os serviços 57
Transformação da matéria-prima..................... 57
Indústria: origem e desenvolvimento 58
Tipos de indústria............................... 59
Indústria: mudanças sociais, espaciais e ambientais 60
Comércio e serviços 62
ATIVIDADES.. 63
FIQUE POR DENTRO
Que trabalho!..................................... 64
PANORAMA... 66

TEMA 3

A Terra no Universo 68

CAPÍTULO 1 Terra: um planeta do Universo 70

Nosso lugar no espaço 70
A origem de tudo 71
O Sistema Solar 71
O planeta vivo 73
ATIVIDADES 74

CAPÍTULO 2 A Terra em movimento 75

Estamos em constante movimento 75
Movimento de rotação 75
Movimento de translação 77
ATIVIDADES 79

CAPÍTULO 3 Orientação e localização no espaço terrestre 80

Localizando-se no espaço 80
Direções cardeais 80
Direções colaterais e subcolaterais 81
Bússola 81
Norte geográfico e norte magnético 82
DIÁLOGO 82
Coordenadas geográficas 83
Paralelos 83
Meridianos 83

CARTOGRAFIA 84
Latitudes e longitudes 85
ATIVIDADES 86

CAPÍTULO 4 Representações do espaço terrestre 87

Diferentes representações cartográficas 87
Cartas 87
Croquis 88
Globo terrestre 88
Mapas 88
Plantas 89

CARTOGRAFIA 89
Tipos de mapa 90
ATIVIDADES 91
FIQUE POR DENTRO
Como funciona o GPS? 92
PANORAMA 94

TEMA 4

A representação do espaço geográfico 96

CAPÍTULO 1 Mapas e projeções cartográficas 98

Representando os espaços 98
Métodos de projeção 99
Projeção cilíndrica 99
Projeção cônica 100
Projeção azimutal 100
ATIVIDADES 102

CAPÍTULO 2 Elementos do mapa 103

Para ler um mapa 103
Título 104
Orientação 104
Escala cartográfica 105
Fonte 105
Legenda 105

CARTOGRAFIA 106

ATIVIDADES 107

CAPÍTULO 3 Medindo distâncias 108

Entendendo a escala 108
Escala gráfica e escala numérica 109
ATIVIDADES 112

CAPÍTULO 4 Convenções cartográficas 113

Lendo as representações cartográficas 113
Símbolos e abordagens 113
ATIVIDADES 117
FIQUE POR DENTRO
Como é feito um mapa 118
SOCIEDADE E CIÊNCIA
Mapas digitais 120
PANORAMA 122

TEMA 5
Litosfera 124

CAPÍTULO 1 Litosfera e superfície terrestre 126
As esferas terrestres 126
Da litosfera ao interior da Terra.....................126
A idade da Terra...........................127
O tempo geológico 128
Deriva continental...........................129
Tectônica de placas...........................130
ATIVIDADES 131

CAPÍTULO 2 O relevo terrestre 132
O que é relevo?...........................132
Principais formas de relevo...........................133
  Montanhas 133
  Planaltos 133
  Planícies 133
  Depressões 133
O relevo do Brasil 136
ATIVIDADES 137

CAPÍTULO 3 Agentes do relevo 138
Agentes internos do relevo...........................138
  Tectonismo 138
  Vulcanismo 139
  Terremotos 139
Agentes externos do relevo 142
  Vento 142
  Chuvas 142
  Mar 142
  Rios e gelo...........................143
  Ação humana...........................143
DIÁLOGO 143
ATIVIDADES 144

CAPÍTULO 4 O solo...........................145
O que é solo?...........................145
O solo e seus horizontes 146
Profundidade do solo 146
Tipos de solo...........................147
Perigos para o solo...........................148
ATIVIDADES 149
FIQUE POR DENTRO
  Evolução 150
PANORAMA 152

TEMA 6
Hidrosfera.......................... 154

CAPÍTULO 1 A água no planeta...... 156
A água na superfície terrestre...........................156
A água se renova...........................157
A água nos ambientes rural e urbano...........................158
ATIVIDADES 160

CAPÍTULO 2 Águas marinhas e continentais...........................161
Águas marinhas...........................161
  Os movimentos do mar...........................162
Águas continentais...........................163
  Rios 163
  Águas subterrâneas 164
  Lagos 165
ATIVIDADES 166

CAPÍTULO 3 Bacias hidrográficas . 167
A importância das bacias hidrográficas...........................167
  Bacias hidrográficas do Brasil...........................167
  Bacias hidrográficas mundiais 171
ATIVIDADES 172

CAPÍTULO 4 Preservação da água ...173
Distribuição de água doce pelo mundo...........................173
Apropriação dos recursos hídricos 173
A poluição das águas 175
Uso consciente da água 176
ATIVIDADES 177
FIQUE POR DENTRO
  Mar de lixo...........................178
PANORAMA 180

TEMA 7
Atmosfera.......................... 182

CAPÍTULO 1 Atmosfera, tempo e clima 184
A esfera do ar 184
Camadas da atmosfera 184
Tempo e clima...........................186
Previsão do tempo 187
ATIVIDADES 188

CAPÍTULO 2 Elementos do clima... 189

Componentes das condições
atmosféricas 189
Temperatura 189
Umidade relativa do ar 190
Precipitações 191
Chuva convectiva 191
Chuva de relevo ou orográfica 191
Chuva frontal 192
Pressão atmosférica 192
Ventos 193
A circulação geral da atmosfera 193
ATIVIDADES 194

CAPÍTULO 3 Fatores e fenômenos climáticos 195

Fatores do clima 195
Latitude 195
Altitude 196
DIÁLOGO 196
Continentalidade e maritimidade 197
Cobertura vegetal 197
Correntes marítimas 197
Massas de ar 198
ATIVIDADES 199

CAPÍTULO 4 Climas e problemas ambientais 200

Zonas climáticas 200
Os climas quentes 201
Os climas temperados e frios 201
Problemas ambientais atmosféricos 203
Efeito estufa e aquecimento global 203
Inversão térmica 204
Ilha de calor 204
Chuva ácida 204
ATIVIDADES 205
FIQUE POR DENTRO
Umidade relativa do ar 206
PANORAMA 208

TEMA 8
As formações vegetais 210

CAPÍTULO 1 As formações vegetais e os diferentes biomas 212

Onde ocorre a vida 212
DIÁLOGO 214
ATIVIDADES 215

CAPÍTULO 2 Formações vegetais nos climas quentes 216

A vegetação no mundo 216
Formações florestais 217
Florestas equatoriais 217
Florestas tropicais 217
Formações arbustivas e desérticas 219
CARTOGRAFIA 220
ATIVIDADES 221

CAPÍTULO 3 Formações vegetais nos climas frios 222

Regiões temperadas e polares 222
Formações florestais 222
Formações herbáceas 224
CARTOGRAFIA 225
ATIVIDADES 226

CAPÍTULO 4 Impactos ambientais nos biomas 227

Preservação da biodiversidade 227
Impactos ambientais nas regiões tropicais ..227
Amazônia Legal 229
Impactos ambientais nas regiões
temperadas e frias 230
CARTOGRAFIA 231
DIÁLOGO 232
ATIVIDADES 233
SOCIEDADE E CIÊNCIA
A importância da Cartografia e
dos Sistemas de Informações
Geográficas (SIGs) na identificação
do desmatamento de florestas 234
FIQUE POR DENTRO
Impacto ambiental nas florestas 236
PANORAMA 238
REFERÊNCIAS 240

TEMA 1

Paisagens e lugares

↑ João Pessoa, capital da Paraíba, 2015.

NESTE TEMA

VOCÊ VAI ESTUDAR:

- paisagens;
- mudanças ocorridas nas paisagens;
- transformação das paisagens pelos povos originários;
- interação humana com a natureza nos meios urbano e rural.

luoman/iStockphoto.com

Você deve estar acostumado a observar lugares e paisagens nos caminhos que percorre. Você os vê até mesmo em revistas, na televisão e na internet. Aqui mesmo, logo acima deste texto, há uma fotografia. Observe-a com atenção.

1. Nessa imagem, existem elementos naturais e outros criados pelas pessoas. Identifique alguns desses elementos.

2. Compare o local retratado na fotografia com o local onde você mora. Eles são parecidos ou diferentes? O que eles têm de parecido e o que têm de diferente?

CAPÍTULO 1

Paisagem em estudo

Neste capítulo, você vai estudar a paisagem – sua observação e leitura – e os tipos de paisagens: natural e humanizada.

O que é paisagem?

Em seus deslocamentos diários, provavelmente você identifica elementos que compõem a paisagem onde mora. Se você vive numa cidade, deve perceber diversos tipos de construções comerciais e residenciais, postes de iluminação, árvores, automóveis, praças, parques ou templos religiosos, e poucas áreas de cultivo de alimento ou criação de animais, por exemplo. Se mora no campo, também deve encontrar residências, indústrias e estabelecimentos comerciais diversos, além de áreas de cultivo, pastos, matas, rios ou estradas, com ou sem asfalto. Mas o que é paisagem, afinal?

A **paisagem** é identificada por suas características uniformes, que vão até onde nosso olhar alcança. Pode ser uma plantação que se perde ao longe, pode ser um conjunto de prédios comerciais.

Pensando nisso, observe as imagens a seguir. Elas retratam diferentes paisagens. Identifique e compare os elementos que compõem cada uma delas: os **naturais** e os **humanizados** (ou seja, aqueles elementos criados ou transformados pelos seres humanos). Lembre-se de que as fotografias são registros instantâneos e nos revelam muito das paisagens.

↑ Duartina (SP), 2016.

↑ São Paulo (SP), 2018.

A paisagem também é composta do movimento de seus elementos (pessoas, animais, carros, aviões, entre outros), do cheiro, dos sons, do calor, do frio – e até mesmo das atividades, da história e da **cultura** das pessoas.

Ao recordar-se dos elementos que observa diariamente em seus deslocamentos, você poderia dizer, por exemplo, que certas cidades são barulhentas e que alguns lugares poluídos têm "cheiro de fumaça", enquanto, em outros locais, é possível escutar o canto dos pássaros. Você poderia afirmar também que algumas áreas rurais podem ser mais calmas e ter "cheiro de mato", enquanto outros locais sofrem com o barulho diário das máquinas, que é muito alto. Portanto, a paisagem é mais do que podemos ver. Ela compreende a associação de diversos elementos: os materiais (aqueles que vemos) e os imateriais (aqueles que sentimos e que fazem parte de nossa cultura).

> **GLOSSÁRIO**
>
> **Cultura:** toda experiência e conhecimento adquirido e acumulado pelos seres humanos. Língua, religião, crenças, valores, entre outros, fazem parte da cultura de um povo.

Observe agora, mais atenta e detalhadamente, a paisagem retratada na fotografia a seguir.

↑ Igreja de Nossa Senhora da Candelária. Rio de Janeiro (RJ), 2016.

Ao ver muitos carros transitando pelas ruas, pode-se concluir que os sons gerados por motores e buzinas, o cheiro da fumaça dos veículos e o vaivém de pessoas também fazem parte dessa paisagem, além do cheiro das árvores, o som das conversas e dos sinos da igreja.

A fotografia é um bom objeto para começar a avaliar, compreender e interpretar uma paisagem. Essa tarefa requer observação, exploração, raciocínio e descrição de tudo que se vê. Outro aspecto importante para essa análise é que a mesma paisagem pode ser sentida e percebida de forma diferente pelas pessoas, pois a leitura é pessoal, ou seja, envolve valores, experiências, sentimentos, entre outros fatores.

Análise da paisagem

A paisagem é sempre definida de acordo com o ponto de observação, isto é, da localização do observador. Em relação àquele que observa a paisagem, podemos dividi-la em três partes, os chamados **planos da paisagem**. Vejamos o exemplo ao lado.

→ Lindoia (SP), 2015.

Na paisagem podemos identificar, em primeiro plano, o que está mais **próximo** de nossa observação. Nesse plano, é possível perceber mais detalhes da paisagem. Em segundo plano, mais distante, temos o plano intermediário, cujos detalhes são menos visíveis. E, mais longínquo, está o terceiro plano, ou plano de fundo, que corresponde à área mais **distante** de nossa observação, na qual perdemos a riqueza dos detalhes.

Dependendo também da posição do observador, podemos ver uma paisagem de diferentes maneiras. Caso estejamos observando-a do chão, temos uma **visão frontal** ou **lateral** de seus elementos, e podemos comparar suas diferentes alturas. Se a observarmos de cima para baixo, como se estivéssemos avistando-a a bordo de um avião, temos uma **visão vertical**. E, se a observação for feita de um nível mais alto que o da paisagem, como se estivéssemos vendo-a do alto e de lado, de forma panorâmica, temos a **visão oblíqua**. Você pode observar os tipos de visão nas imagens a seguir.

↑ Visão frontal da Pirâmide Esotérica na praça central de Ametista do Sul (RS), 2018.

↑ Visão oblíqua da Pirâmide Esotérica na praça central de Ametista do Sul (RS), 2018.

↑ Visão vertical da Pirâmide Esotérica na praça central de Ametista do Sul (RS), 2018.

Paisagem natural

As paisagens podem ser classificadas em naturais ou humanizadas (culturais), de acordo com os elementos que as compõem.

Paisagem natural é aquela constituída por elementos formados pela evolução da natureza e que sofreu pouca ou nenhuma interferência da ação humana. Nela encontramos elementos naturais, como árvores, rios, montanhas e gelo.

Embora a ação humana transforme as paisagens, não podemos deixar de considerar que as ações da natureza também exercem mudanças: terremotos, maremotos ou furacões, por exemplo, alteram e transformam as paisagens. A sequência de imagens a seguir mostra os estragos causados por um *tsunami*. Na primeira fotografia, observe a paisagem antes da chegada das ondas gigantes.

> **GLOSSÁRIO**
>
> *Tsunami*: maremoto originado de um terremoto, com ondas gigantes que se propagam em grande velocidade, arrasando áreas costeiras.

↑ Costa de Minamisoma. Fukushima, Japão, 2011.

DIÁLOGO

Antártica: um mundo feito de gelo

Na Antártica, tudo é muito: muito gelo, muito frio, muito vento, muitos bichos. Só o que não tem muito são pessoas. Aliás, tem pouquíssimas. Já estamos longe da "civilização" há mais de dez dias e, ali de cima, enxergando apenas gelo e água até onde a vista alcança, nos sentimos como pequenas formiguinhas perdidas no grandioso Universo. Ficamos horas sentados no alto da montanha, aproveitando essa sensação tão única e diferente, envoltos num silêncio absoluto.

Maristela Colucci. *Antártica: um mundo feito de gelo*.
São Paulo: Companhia das Letrinhas, 2007. p. 26.

↑ Baía Half Moon, Antártica, 2018.

Esse trecho foi extraído de um diário de bordo feito pela fotógrafa Maristela Colucci em sua viagem para a Antártica, uma das raras paisagens naturais praticamente intocadas do planeta.

1. Converse com os colegas sobre os elementos apresentados pela fotógrafa que possibilitam identificar a paisagem e sobre como deve ter sido a "sensação tão única e diferente" que ela teve ao observá-la. Discutam também se a presença de novos elementos, introduzidos pelas pessoas, poderia destruir essa paisagem.

Paisagem humanizada

Chamamos de **paisagem humanizada** ou **cultural** aquela composta predominantemente de elementos criados pela ação humana, construídos socialmente ao longo do tempo. Ruas, casas e edifícios foram criados pelos seres humanos, assim como outros aspectos da paisagem, entre eles ruídos, cheiros, ritmo de vida etc.

Nas paisagens humanizadas, os elementos naturais e culturais se misturam, uma vez que elementos como árvores e rios, por exemplo, também compõem esse tipo de paisagem. Observe a imagem ao lado.

Belém (PA), 2017.

As paisagens e as desigualdades

Na fotografia ao lado, é possível observar tipos de moradia distintos, mas que compõem a mesma paisagem. A imagem revela diferentes formas de intervenção humana. No entorno de casas luxuosas, com ruas arborizadas e jardins, está uma favela — área que abriga, em geral, habitações mais precárias. A fotografia retrata claramente a desigualdade social, ou seja, grupos de pessoas com rendas diferentes ocupando o mesmo espaço.

Por se tratar de uma ação humana, as paisagens culturais podem revelar desigualdades existentes nas sociedades. Nesse caso, verifica-se que a desigualdade é decorrente, entre outros fatores, da diferença de renda entre as pessoas e da falta de investimento do governo em moradia para a população mais carente.

Comunidade de Paraisópolis. São Paulo (SP), 2016.

1. Observe a imagem acima e aponte elementos que mostram a desigualdade social.

2. Quais problemas a desigualdade social promove na sociedade?

ATIVIDADES

SISTEMATIZAR

1. Leia atentamente o texto a seguir.

O que mais há na terra, é paisagem. Por muito que do resto lhe falte, a paisagem sempre sobrou, abundância que só por milagre infatigável se explica, porquanto a paisagem é sem dúvida anterior ao homem, e apesar disso, de tanto existir, não se acabou ainda. Será porque constantemente muda: tem épocas no ano em que o chão é verde, outras amarelo, e depois castanho, ou negro. E também vermelho, em lugares, que é cor de barro ou sangue sangrado. Mas isso depende do que no chão se plantou e cultiva, ou ainda não, ou não já [...].

José Saramago. *Levantado do Chão*. 8. ed. Rio de Janeiro: Bertrand Brasil, 1999. p. 11.

Com base no texto e em seus conhecimentos sobre o assunto, responda:
- **a)** O que é paisagem do ponto de vista geográfico?
- **b)** Quais são os principais tipos de paisagem?

2. Quando observamos uma paisagem, podemos vê-la de diferentes maneiras, dependendo da posição em que nos encontramos. Quais são os três principais pontos de visão que podemos ter de uma paisagem?

REFLETIR

1. As obras a seguir foram feitas pelo pintor, *designer*, gravador, figurinista e professor paulista Aldo Bonadei. O interesse por diferentes áreas levou-o a desenvolver atividades em poesia, moda e teatro. Um dos pioneiros no desenvolvimento da arte no Brasil, teve importante atuação na consolidação da arte moderna paulista. Observe atentamente cada um dos quadros.

↑ Aldo Bonadei. *Paisagem do Morumbi*, 1944. Óleo sobre tela, 52 cm × 66,5 cm.

↑ Aldo Bonadei. *Composição (casas)*, 1968. Óleo sobre tela, 80 cm × 70 cm.

- **a)** Os quadros representam paisagens diferentes. Identifique quais são e justifique.
- **b)** Identifique todos os elementos naturais e culturais apresentados nas duas obras.

CAPÍTULO 2
Mudanças na paisagem e o lugar

No capítulo anterior, você estudou a definição de paisagem e seus principais elementos. Neste capítulo, você vai estudar as mudanças e as marcas históricas nas paisagens e entender o que é o lugar, nosso espaço de vivência.

Espaço geográfico

O ser humano altera a paisagem natural de acordo com suas necessidades de alimentação, transporte, moradia etc. As sociedades mais antigas intervinham menos nas paisagens, que se mantinham predominantemente naturais. No entanto, à medida que a humanidade passou a dominar técnicas que lhe possibilitaram interferir mais intensamente na natureza, as paisagens foram sendo alteradas. Como você já sabe, elas se tornaram humanizadas.

Foi assim também no Brasil, antes da chegada dos europeus, quando viviam aqui apenas sociedades nativas. A tela a seguir retrata uma paisagem que não sofreu quase nenhuma interferência humana.

↑ Johann Moritz Rugendas. *Viagem pitoresca através do Brasil*, 1827-1835. Litografia sobre papel, 34,3 cm × 47,6 cm.

O **espaço geográfico** corresponde ao local onde se desenvolvem as relações sociais, ou seja, onde os seres humanos vivem, relacionando-se com a natureza e com seus semelhantes. O espaço geográfico é social e historicamente produzido; dessa forma, cada ação nossa, assim como a dos nossos amigos, colegas de sala, vizinhos, parentes e pessoas que administram o município, o estado e o país, tornam-nos responsáveis pelo desenvolvimento do espaço geográfico.

Modificações na paisagem

Todos vivemos em determinado espaço geográfico, que é resultado das ações humanas na natureza ao longo do tempo. Entretanto, esse espaço não é fixo, estático; ele está em constante modificação e transformação. Uma obra na rua em que você mora, como a construção de uma casa ou prédio, é sinal de que uma nova paisagem está se formando e uma antiga se transformando. Assim, conforme o espaço geográfico se transforma, as paisagens também mudam, pois ambos são dinâmicos.

Cada uma das modificações feitas na paisagem tem uma história que se reflete nas características da paisagem atual. Nela estão expressas as marcas da história da sociedade que a criou, pois mostra, no instante observado, o resultado da soma dos tempos passado e presente.

Para entender melhor, observe atentamente as paisagens nas fotografias. Elas retratam o mesmo local em épocas distintas.

↑ Praia de Boa Viagem. Recife (PE), década de 1940.   ↑ Praia de Boa Viagem. Recife (PE), 2013.

O que você percebe nas paisagens? Que novos elementos foram incorporados ao local retratado? Quais deles permaneceram? O que pode ter sido diferente para as gerações que ali viveram?

Na paisagem atual dessa cidade ainda permanecem elementos antigos e outros que foram introduzidos. Assim, ao longo do tempo histórico, a paisagem foi sendo construída e transformada. Outro aspecto importante relacionado à observação das fotografias é que podemos saber qual delas é a mais antiga apenas olhando atentamente as construções, a praia, a própria resolução da imagem, entre outros detalhes.

Embora algumas paisagens tenham sofrido modificações e transformações profundas em pouco tempo, enquanto outras se alteraram mais lentamente, a construção ou a reconstrução delas é sempre resultado das atividades humanas, independentemente do momento histórico em que ocorreram.

Sociedade, natureza e trabalho

O ser humano modifica o espaço geográfico por meio do **trabalho**, ou seja, a sociedade se apropria dos **recursos naturais** e os transforma com a intenção de atender a suas necessidades. No decorrer da história, técnicas foram desenvolvidas e aprimoradas, e novos instrumentos passaram a ser usados na construção do espaço geográfico.

Observe nas fotografias a seguir dois exemplos da ação do ser humano, em momentos históricos distintos, alterando a natureza e utilizando seus recursos para transformar e criar novas paisagens.

↑ Lenhador utiliza machado para derrubar árvore na Floresta de Tronçais (França), 1931.

↑ Retroescavadeira trabalha em construção de estrada. Petrópolis (RJ), 2014.

Para analisar e compreender como está organizado o espaço geográfico em que vivemos, além de observar, comparar e buscar diferenças entre as paisagens, temos de entender as relações humanas, de produção e de trabalho que nele se estabelecem.

GLOSSÁRIO

Recurso natural: elemento encontrado na natureza que pode ser utilizado pelo ser humano.
Trabalho: conjunto de ações e atividades humanas empregado na construção ou produção de elementos sociais e culturais diversos.

👍 FORMAÇÃO CIDADÃ

As mudanças espaciais se aceleraram e se intensificaram no decorrer dos séculos. À medida que novas técnicas se desenvolveram e os conhecimentos humanos se aprimoraram, surgiram outros modos de apropriação dos recursos naturais. Contudo, os resultados nem sempre foram positivos para a humanidade e para o meio ambiente.

1. Liste algumas modificações recentes ocorridas no local em que você mora que tenham causado alterações na natureza.
2. Cite exemplos nos quais as mudanças no espaço não foram positivas para a sociedade nem para o meio ambiente. Avalie cada uma das mudanças e sugira possíveis soluções ou medidas que as evitem ou as moderem.

Lugar

Você já deve ter ouvido ou mesmo dito frases como "Esse caminho não vai dar em lugar nenhum!" ou "Coloque esse objeto no seu devido lugar!". São muitas as vezes em que usamos a palavra **lugar**; ela tem tantos sentidos que, se lhe perguntarem em que lugar você mora, você pode responder que vive no planeta Terra e sua resposta estará certa.

Embora tenha muitos significados, essa palavra, para os estudos de Geografia, tem um significado particular. Entende-se como **lugar** a parte ou a porção do planeta Terra onde vivemos diariamente e construímos nossos vínculos e nossa história. É a parte do espaço terrestre de menor dimensão, aquela que tem significado para nós e com a qual nos identificamos.

Lugar é algo pessoal e cultural, com o qual as pessoas criam vínculos afetivos e estabelecem emoções e afinidades diversas. A ilustração acima mostra uma menina que mantém uma relação de afeto com o bairro onde mora, apesar dos problemas que ele tem. E você? Que tipo de ligação você tem com seus lugares?

Os lugares são formados por vários elementos e são diferentes entre si. Cada um tem sua história e suas características específicas, que estão relacionadas à vivência das pessoas, à cultura da sociedade e às formas de apropriação do espaço.

Compreender o lugar em que vivemos nos leva a conhecer nossa história e a perceber tudo o que nele acontece. No mesmo município, por exemplo, há diferentes lugares, dos quais cada pessoa "conta uma história". Em uma mesma cidade, alguns lugares podem ser mais arborizados que outros, com mais infraestrutura ou menos infraestrutura. Veja os exemplos nas fotografias a seguir.

↑ Londrina (PR), 2018.

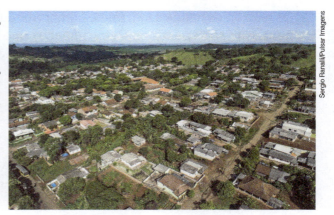

↑ Londrina (PR), 2016.

Apesar das diferenças e das distâncias entre os lugares, nenhum deles é isolado ou independente: todos estão interligados, direta ou indiretamente, e vinculados a um espaço maior.

É importante não nos esquecermos de que a história do mundo também está presente na história dos lugares. Você já percebeu que alguns acontecimentos, de diferentes lugares do mundo, afetam direta ou indiretamente nosso cotidiano? Consumimos produtos que vêm de diferentes países, por exemplo, e recebemos pela internet informações de lugares.

ATIVIDADES

SISTEMATIZAR

1. Defina com suas palavras: paisagem, espaço geográfico e lugar.

2. Sobre a interferência indireta do ser humano nas paisagens naturais, pode-se afirmar que:
   a) todos os espaços naturais estão livres da ação humana.
   b) há raros espaços que continuam inalterados.

3. Com qual lugar de seu município você mais se identifica? Descreva-o, destacando suas características gerais.

REFLETIR

1. Leia com atenção a letra desta música.

Minha vida

Tem lugares que me lembram
Minha vida, por onde andei
As histórias, os caminhos
O destino que eu mudei [...].

> Rita Lee. Minha vida (In my life). *Aqui, Ali, em Qualquer Lugar.* Rio de Janeiro: Deckdisc, 2001.

Na canção é possível identificar um conceito geográfico que estudamos neste capítulo.
a) Qual é esse conceito e como podemos defini-lo?
b) Quais são seus lugares preferidos?

2. Os ambientes naturais tornam-se comprometidos quando ocorrem grandes mudanças nas paisagens. Não são apenas os seres humanos que sentem esse impacto, mas também os demais seres vivos. Leia a tira a seguir e escreva o que você entendeu dela.

3. Podemos observar paisagens em diferentes representações. A pintura abaixo – *Laranjas colhidas*, de Malu Delibo – é uma **arte *naïf***, do gênero conhecido como paisagem. Esse tipo de obra costuma retratar grandes espaços da natureza ou da cidade em diversos planos, que vão desde a cena mais próxima até a que está mais distante. Observe atentamente a tela e responda às questões.

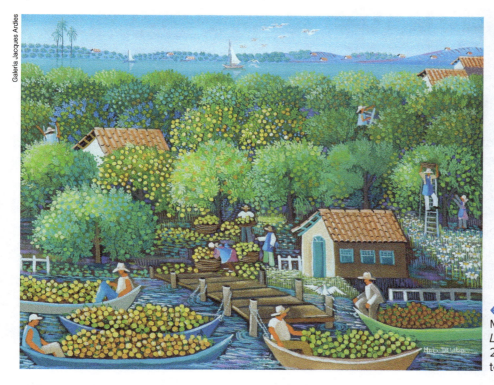

GLOSSÁRIO

Arte *naïf*: corrente que aborda os contextos artísticos de modo espontâneo e com plena liberdade estética e de expressão.

Malu Delibo. *Laranjas colhidas*, 2011. Acrílico sobre tela, 40 cm × 50 cm.

a) Que elementos você observa na paisagem?

b) A obra retrata uma paisagem da cidade ou do campo? Justifique sua resposta.

c) Por meio da observação, é possível perceber aspectos da cultura, das atividades das pessoas e de como vivem. Quais aspectos culturais são retratados na obra? Liste-os.

d) No lugar onde você mora é possível observar uma paisagem como essa?

DESAFIO

Como você já sabe, o ponto de partida na hora de ler uma paisagem é a observação. Observar uma paisagem significa organizar em sua mente tudo o que é possível enxergar nela, ou seja, distinguir, perceber e descrever todos os elementos e acontecimentos tal como eles se apresentam no momento da observação.

1. Escolha uma paisagem de seu município para desenvolver ou aprimorar sua capacidade de observação e representação. Pode ser próxima ou distante de sua casa ou da escola. Relate e descreva detalhadamente tudo o que pôde ver, perceber e sentir. Depois, faça um desenho para representar os elementos da paisagem escolhida e apresente-o aos colegas.

2. É possível que, ao longo do tempo, tenham ocorrido muitas mudanças no bairro ou no município em que você mora. Novas paisagens foram sendo criadas, pois o espaço geográfico foi alterado e transformado. Converse com seus familiares ou outras pessoas que possam contar como era a vida em seu município antes de você nascer. Anote as informações que considerar mais importantes e as que mais chamarem sua atenção.

CAPÍTULO 3
Paisagem e sociedade

No capítulo anterior, você estudou as transformações da paisagem, a construção e a transformação do espaço geográfico e a definição de lugar. Neste capítulo, você estudará como algumas populações indígenas desenvolveram seus lugares e paisagens e, mais recentemente, como constroem seus espaços geográficos.

Interação humana com o espaço geográfico

Você estudou, nos capítulos anteriores, que os seres humanos transformam os espaços geográficos para satisfazerem suas necessidades. Pensando um pouco sobre o território nacional, você já imaginou como os povos nativos de nosso país, os indígenas, viviam e se relacionavam com o espaço geográfico? Havia mais paisagens culturais ou naturais? Em qual região eles se concentravam? Para começarmos a raciocinar geograficamente, observe a fotografia ao lado e o mapa a seguir.

↑ Vista aérea de território indígena yanomâmi. Barcelos (AM), 2012.

Fonte: Vera Caldini e Leda Ísola. *Atlas geográfico Saraiva*. 4. ed. São Paulo: Saraiva, 2013. p. 62.

Um dos espaços geográficos que apresentavam – e ainda apresentam – grande número de povos indígenas é a Região Amazônica. Cada um deles tem uma forma própria de estabelecer relações com o meio, criando um espaço geográfico adequado à sua realidade e às suas necessidades.

Ainda hoje, em certos núcleos, as aldeias mantêm a tradição de seus antepassados construindo as habitações de maneira circular, como a que você viu na página anterior. Observamos também vias que facilitam o deslocamento para o interior da mata, para atividades de extração, plantio e colheita. Envolvendo todas as construções, está a floresta, praticamente em estado natural. E, apesar de não vermos, em razão da cobertura das árvores, existem rios e animais espalhados por toda a região. Chamamos de **biodiversidade** essa riqueza de elementos naturais, utilizados ainda hoje por muitos povos indígenas.

Uma das principais atividades dessas comunidades é a **roça**, nome dado ao plantio de diversas culturas, desde raízes, como a mandioca (também conhecida por aipim, macaxeira ou maniva), até frutas e plantas medicinais. Para a realização de tais plantios, os povos tradicionais fazem inicialmente a **coivara**, método agrícola de limpeza do solo que envolve o corte das árvores e a queima do restante.

Outra prática comum é a **policultura**, ou seja, o cultivo, num mesmo terreno, de vários produtos. Tal medida é fundamental, pois assim as comunidades indígenas têm uma maior oferta de alimentos, reduzindo os riscos de escassez. Além disso, a presença de diversas espécies de alimentos reduz a ação de pragas, que atacam com maior frequência plantações em que há uma única cultura – a chamada **monocultura**. Veja a seguir a representação de algumas roças dos indígenas mebêngôkres-kayapós, da Aldeia Moikarakô, em São Félix do Xingu (PA).

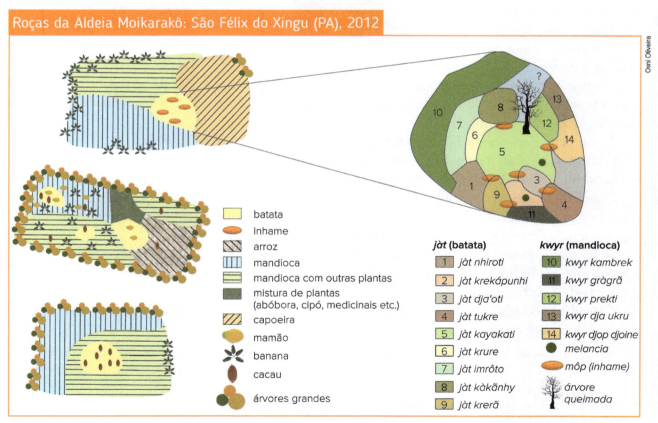

↑ Alguns exemplos de mapas de roças organizadas pelas mulheres da Aldeia Moikarakô mostram a organização espacial das espécies e as variedades cultivadas.

Fonte: Pascale de Robert, Claudia López Garcés, Anne-Elisabeth Laques e Márlia Coelho-Ferreira. A beleza das roças: agrobiodiversidade mebêngôkre-kayapó em tempos de globalização. *Boletim do Museu Paraense Emílio Goeldi:* Ciências Humanas, Belém, v. 7, n. 2, p. 351, maio-ago. 2012. Disponível em: <www.scielo.br/pdf/bgoeldi/v7n2/v7n2a04.pdf>. Acesso em: jul. 2018.

DIÁLOGO

A cultura da mandioca pelos apurinã

A mandioca tem uma grande importância cultural na base alimentar para o povo apurinã. No interior da comunidade, cada família tem a sua roça.

Como são distantes da aldeia, em certos períodos, as famílias chegam a transferir sua morada para lá.

A lida com a mandioca se inicia na estação seca, quando os homens apurinã preparam o terreno da roça, fazem a limpeza e queimam, conforme o sistema de coivara.

O plantio é uma atividade que envolve toda a família: enquanto o homem abre as covas para, junto com um filho, irem enterrando a maniva (caule da mandioca que serve de muda), a mãe vai cobrindo as covas com terra.

↑ Terra Indígena Caititu, do povo apurinã. Lábrea (AM), 2017.

Quando as raízes estão crescidas, são arrancadas da terra pelos homens, que já separam as manivas para o próximo plantio. São eles que levam a produção de mandioca para a aldeia, onde fica a Casa de Farinha, local onde é fabricada.

As mulheres descascam e lavam as raízes da mandioca para os homens ralarem.

Como a quantidade a ser produzida é, em geral, grande, utilizam uma pequena máquina rústica, chamada caititu (em alusão talvez aos catetos, porcos silvestres que atacam roças de mandioca).

É também o homem quem espreme a massa no tipiti, um cilindro trançado de cipó, cuja extremidade superior é amarrada ao alto de uma estrutura de troncos finos. Um travessão preso à extremidade inferior vai puxando, de modo a retirar da massa todo o seu líquido.

Num grande forno abastecido a lenha, a farinha é esparramada no tacho de cobre onde, com o auxílio de uma pá, os homens a torram. Os apurinã consomem a mandioca na forma de farinha, beiju e caiçuma – bebida fermentada.

A farinha associada ao peixe é a base da dieta apurinã, que é complementada por frutas silvestres como piquiá, bacuri, cacau bravo, buriti, abacaba, açaí e patuá.

A cultura da mandioca pelos apurinã. Funai – Museu do Índio. Disponível em: <www.museudoindio.gov.br/educativo/pesquisa-escolar/54-a-cultura-da-mandioca-pelos-apurina>. Acesso em: jul. 2018.

1. Após a leitura, crie um mapa mental de como o povo apurinã cultiva suas culturas agrícolas.

2. Faça uma pesquisa e saiba como são as frutas silvestres citadas no final do texto que você acabou de ler.

3. Identifique as funções das mulheres e dos homens na tribo dos apurinãs.

Sociodiversidade no território brasileiro

As transformações feitas pelos povos originários mantiveram paisagens com significativa presença da fauna e flora local. Mesmo nos dias atuais, podemos afirmar que as modificações que os povos indígenas fizeram na paisagem são muito menos transformadoras que as ocorridas nas cidades, por exemplo, onde as paisagens tornam-se urbanas.

Segundo estimativas históricas, o espaço que um dia se transformou no Brasil tinha, em 1500, uma população indígena de 8 milhões de habitantes, divididos em mais de mil povos. Você saberia dizer qual é o termo que podemos dar a essa riqueza de povos num mesmo território? Vamos refletir sobre essa questão utilizando uma palavra vista no início deste capítulo: quando um país tem enorme riqueza e variação de recursos naturais, como florestas e animais, falamos que ele tem uma fantástica **biodiversidade**. Partindo desse mesmo raciocínio, podemos dizer que, se o país tem vários povos e sociedades, com características próprias, há uma enorme **sociodiversidade**.

↑ Campo Novo do Parecis (MT), 2017.

Mas como os indígenas que vivem atualmente no Brasil adotam a mesma forma de cultivo que seus antepassados? Os conhecimentos adquiridos pelos indígenas são transmitidos oralmente aos mais jovens, e assim o conhecimento se propaga pelas gerações. A esse tipo de prática, dá-se o nome de **patrimônio cultural imaterial**.

 **AQUI TEM MAIS**

Segundo dados do último censo brasileiro, feito em 2010, o Brasil tem cerca de 900 mil indígenas em seu território. Grande parte deles vive nos estados do Amazonas, Mato Grosso do Sul e Bahia, em áreas rurais denominadas Terras Indígenas (TI).

Legalmente, todos eles têm o direito de manter a própria cultura, distinta da cultura dos que não são indígenas. O artigo 231 da Constituição da República Federativa do Brasil de 1988 diz que são reconhecidos aos indígenas sua organização social, costumes, línguas, crenças e tradições, e os direitos sobre as terras que tradicionalmente ocupam, competindo ao governo federal demarcá-las, protegê-las e fazer respeitar todos os seus bens.

↑ Indígenas tikunas em Tabatinga (AM), 2016.

Segundo o Instituto Brasileiro de Geografia e Estatística (IBGE), existem 274 línguas faladas pelas 305 etnias indígenas do Brasil. Entretanto, cerca de 190 dessas línguas estão em risco de desaparecer.

Atualmente, os maiores grupos indígenas do país são os povos tikuna, guarani kayowá e kaingang.

1. Por que várias línguas indígenas correm risco de desaparecer?

2. Que medidas podem ser tomadas para que isso não ocorra? Converse com os colegas a respeito dessa questão.

ATIVIDADES

SISTEMATIZAR

1. Com base em seus conhecimentos, explique o que é biodiversidade.

2. Sobre a importância (ou não) da policultura para os povos indígenas, indique a afirmativa correta.

   a) A policultura é importante porque garante maior diversidade de alimentos para consumo, reduzindo o risco de escassez e a ação de pragas.

   b) A policultura é importante porque garante maior diversidade de alimentos para comércio, aumentando assim a renda das comunidades.

   c) A policultura não é tão importante para os povos indígenas quanto a monocultura da mandioca, que serve tanto de alimento para a tribo quanto como um produto a ser comercializado nos centros urbanos.

   d) A policultura é a técnica de criar animais (porcos, vacas, cavalos etc.) próximo às áreas de roça, pois assim os animais reduzem a probabilidade do aparecimento de pragas nas plantações e seus excrementos servem de adubo para a terra.

   e) A policultura não é praticada pelos povos indígenas, pois o risco de escassez de alimento é muito grande; a monocultura se mostra uma técnica mais viável.

3. Escreva com suas palavras o que você entendeu sobre sociodiversidade.

REFLETIR

1. Leia atentamente o texto a seguir.

Quando a **arara** pousou sobre a palmeira de **babaçu**, o **guri** olhou e disse:

— Sai daí, arara, porque a **araponga** vem te pegar!

O **caboclo**, **caipira** vivido, que estava ao lado do guri, retrucou:

— Qual o quê, perigo maior é **urubu** pousar sobre o **ipê** e o **jacarandá**. Cutucar com o seu bico o **abacaxi** e estragá-lo, ainda verde. Mas terrível mesmo é ele comer toda a **jabuticaba** e o **açaí**, maduros ainda na árvore, e que geram o nosso sustento.

— E o **araçá**? Perguntou o guri.

— Não sobra uma folha! — exclamou o caboclo.

— E digo mais — continuava a falar o homem, mesmo mastigando alguns grãos de **amendoim** –, a passarada voa deixando até o **caju** doce no galho do cajueiro. Todos voam muitas e muitas léguas, chegando até lá para as bandas da **caatinga**, onde nem **capim** existe… ou vão para uma **biboca** qualquer, com medo da bicada do pássaro preto. O pavor é tão grande que todas as aves, em conluio, podem invadir as águas de um rio e disputar lugar com **jacaré**, **jiboia**, **lambari** e **ariranha**… ou até mesmo se enfiar no meio da terra e expulsar **tatu** da sua toca, para ficar próximo do **aipim**, e assim não passarem fome no meio do **capão**.

Eis que o guri, com todo o olhar de espanto, perguntou:

— Até mesmo o **tamanduá** e a **paca**, aquelas que vivem no **canindé**, têm medo?

— Sim. Só não tem medo o **jabuti** – falou o caboclo, de forma mansa, quase que provocando o menino a perguntar o porquê.

Não bastou um segundo para ele ouvir o guri, dizendo:

— Por que, se ele é o mais lento de todos? Retrucou o menino.

— Ora, ora, ora… esse tem segurança própria… com seu casco duro, nunca será atacado pela ave do mal — concluiu o caboclo.

Texto especialmente escrito para esta obra.

a) Você conhece todas as palavras em negrito? Procure o significado daquelas que você não conhece.

b) Todas as palavras destacadas têm algo em comum. Identifique o que é.

26

DESAFIO

1. O pintor holandês Albert Eckhout (1610-1666) viveu no Brasil por alguns anos. As obras de arte que fez nesse período são de grande importância, pois revelam como os povos indígenas viviam naquela época. Em um dos seus quadros, o pintor retratou uma dança que os indígenas faziam para celebrar ou convocar os homens para a guerra.

← Albert Eckhout. *Dança Tarairiu*, s.d. Óleo sobre tela, 168 cm × 294 cm.

O cartunista Mauricio de Sousa inspirou-se nesse quadro e fez o seguinte desenho.

← Mauricio de Sousa. *Dança do Papa-Capim*, 1991. Acrílica sobre tela, 91 cm × 146 cm

a) Quais são as semelhanças e as diferenças que você observa entre as duas imagens, feitas em períodos distintos?

b) Qual das duas obras você acredita ser mais fiel à realidade dos povos indígenas daquela época? E à realidade atual?

2. Os povos indígenas influenciam a diversidade cultural brasileira. Você saberia identificar outra prática, representação, expressão, conhecimento ou técnica indígena que poderia ser considerada patrimônio cultural imaterial? Faça uma pesquisa sobre o assunto seguindo as orientações do professor.

CAPÍTULO

4 As cidades e a transformação das paisagens

No capítulo anterior, você estudou um pouco a interação dos povos originários do Brasil com a natureza. Neste capítulo, você vai estudar como a relação entre sociedade e natureza ocorre nos meios rural e urbano.

Interação entre sociedade e natureza

As fotos a seguir retratam duas paisagens diferentes. Na primeira, predominam elementos da natureza (paisagem natural) e, na segunda, veem-se grandes construções (paisagem cultural). Por meio da observação das imagens, podemos afirmar que as interações entre sociedade e natureza ocorrem de maneiras diferentes e, por consequência, resultam em paisagens diversas.

↑ Tiradentes (MG), 2016.

↑ Belo Horizonte (MG), 2016.

Já estudamos que o **trabalho** é uma das principais formas pelas quais o ser humano se relaciona com a natureza. Ao longo da história do desenvolvimento das sociedades, atividades como a prática do cultivo de alimentos, a domesticação de animais, além do próprio surgimento das cidades, transformaram a relação dos humanos com o meio em que vivem e causaram significativas mudanças nas paisagens.

Antes do desenvolvimento das técnicas de cultivo, os povos, em busca de recursos naturais para a sobrevivência, mudavam de lugar constantemente. Nesse período, as sociedades humanas eram **nômades**.

O desenvolvimento da agricultura e a domesticação de animais gradativamente possibilitaram que os seres humanos se estabelecessem por mais tempo em um lugar. A vida nas aldeias tornou-se cada vez mais organizada e complexa com a **sedentarização**. O uso de técnicas como a irrigação, a adubagem e o arado proporcionaram o aumento da produção agrícola e da disponibilidade de alimentos, fatos que possibilitaram o crescimento populacional. As produções começaram então a ser trocadas entre as aldeias, dando início às atividades comerciais e à aproximação dos povos de diferentes lugares. Essa nova realidade propiciou o surgimento das primeiras cidades, que, diferentemente das aldeias agrícolas, eram centros comerciais. Todo esse processo está relacionado ao desenvolvimento de técnicas, conhecimentos e formas de interação com a natureza que ao longo do tempo transformaram as paisagens.

GLOSSÁRIO
Nômade: pessoa ou grupo social que não tem moradia fixa.
Sedentarização: processo no qual uma pessoa ou grupo social passa a ser sedentário, ou seja, passa a ter moradia fixa.

Aldeia, município, cidade

Quando falamos de povos indígenas no Brasil, é comum utilizarmos a palavra "aldeia". Mas o que ela significa?

Aldeia é a denominação para povoados normalmente rurais e com poucos habitantes. Como você já estudou, a interação desses pequenos povoados com a natureza, de modo geral, gera pouco impacto. As aldeias, atualmente, estão inseridas em uma área territorial maior: os municípios.

O **município** é uma divisão política de território. No Brasil, são as várias partes que compõem um estado, mas essa divisão territorial pode variar entre países. Podemos dizer que todo e qualquer lugar do nosso país, independentemente de seus domínios, está localizado em uma área municipal, administrada por uma prefeitura.

Já **cidade** é a área urbana de um município, e nela pode-se observar uma paisagem em que geralmente predominam elementos humanizados, ou seja, caracterizada por uma intensa transformação da natureza. A cidade não é qualquer área urbanizada, mas apenas aquela delimitada por um perímetro urbano, legalmente estabelecido, que a separa do campo. Assim, o município é normalmente formado pelo **campo** (área rural), onde também podem estar inseridas as aldeias, e pela **cidade** (área urbana).

Portanto, é importante não confundir o que é cidade e o que é município: o primeiro diz respeito à ocupação humana, e o segundo está associado à delimitação territorial por meio de divisas.

CURIOSO É...

Se perguntarmos "Qual é o maior município do Brasil?", a maioria das pessoas provavelmente responderá que é São Paulo. Entretanto, essa resposta estaria errada.

O maior **município** do Brasil é Altamira, localizada no Pará, com quase 160 mil quilômetros quadrados de extensão. Essa área é maior do que dez estados brasileiros, incluindo o Rio de Janeiro, e maior também do que vários países como Portugal, Islândia, Irlanda, Suíça, entre outros.

Mas São Paulo é a maior **cidade** do Brasil. Sua área urbana está **conurbada** com várias cidades pertencentes a outros municípios, como Guarulhos e Osasco, formando uma região metropolitana habitada por dezenas de milhões de pessoas.

GLOSSÁRIO

Conurbado: que sofreu conurbação, fenômeno caracterizado pela formação de um núcleo urbano em decorrência do encontro de duas ou mais cidades limítrofes que se expandiram.

↑ Altamira (PA), 2017.

↑ São Paulo (SP), 2017.

O espaço rural

O Brasil é um território extenso, com diversos tipos de clima, de relevo e de solo, elementos naturais favoráveis para o desenvolvimento das atividades agrícolas. Por essas razões, a agricultura tem grande importância na economia brasileira.

No espaço rural são produzidos os alimentos consumidos pela população e extraídas as matérias-primas utilizadas pelas indústrias. As paisagens rurais são muito diferentes em todo o mundo, pois estão relacionadas com fatores naturais, aspectos culturais, atividades econômicas e nível de tecnologia empregado na produção. Há, porém, alguns elementos que são comuns ao espaço rural, como as plantações, as criações de gado, os tratores e outras máquinas agrícolas. Esses elementos são culturais, pois não fazem parte da natureza, ou seja, foram inseridos pelos seres humanos. A intensidade da transformação das paisagens, porém, também pode ser diferente dependendo do modo de produção agrícola desenvolvido.

A **agricultura familiar**, realizada em pequenas propriedades, utiliza como mão de obra os membros da família que vive naquele espaço. Em alguns casos, usa ferramentas mais simples e, em outros, maquinário moderno. As plantações são policulturas, ou seja, priorizam a diversidade de alimentos, e os rebanhos são pequenos, criados de forma extensiva, isto é, soltos no pasto. Esse tipo de agricultura predomina no espaço rural brasileiro.

Com o crescimento da população ao longo dos anos e o consequente aumento do consumo, foi necessária a ampliação e a melhoria da produção agropecuária, para que tivéssemos uma produção maior em menos tempo. Com isso, surgiu o **agronegócio**, modo de produção baseado em grandes propriedades focadas na monocultura, ou seja, na produção de um único produto em larga escala. Nesse sistema, há grande investimento em tecnologia e as criações de animais são geralmente feitas de forma intensiva, com animais confinados num local menor e alimentados com rações especiais.

Veja, nas imagens a seguir, como as atividades características de cada modo de produção rural transformam as paisagens naturais.

↑ Colheita de soja mecanizada. Formosa do Rio Preto (BA), 2017.

↑ Agricultor trabalha em pequena propriedade rural. Cornélio Procópio (PR), 2018.

O espaço urbano

Nas paisagens urbanas, a transformação da natureza se torna ainda mais evidente. É nesse espaço que são desenvolvidas atividades como o comércio, a indústria e algumas prestações de serviço – e nele também as pessoas estão aglomeradas.

Com o crescimento das atividades industriais e comerciais, em detrimento das atividades rurais, a população começou a migrar para as cidades, caracterizando um intenso êxodo rural, que é o deslocamento de pessoas do campo em direção ao meio urbano.

Uma pessoa nascida em 1960 conheceu um tempo em que mais da metade da população brasileira vivia em áreas rurais. Hoje, seus filhos e netos veem a maioria dos brasileiros vivendo nas cidades. E as cidades continuam crescendo, tanto em número de moradores quanto em expansão territorial. Para atender às demandas desse crescimento, são necessárias mudanças na infraestrutura dos espaços – processo denominado **urbanização**. As imagens a seguir mostram o processo de urbanização ocorrido na cidade do Rio de Janeiro.

↑ Vista da Praia de Ipanema. Rio de Janeiro (RJ), 1900-1930.   ↑ Vista da Praia de Ipanema. Rio de Janeiro (RJ), 2016.

Nas paisagens urbanas predominam construções, como edifícios, casas, avenidas, praças, estabelecimentos comerciais e indústrias. Os elementos naturais aparecem, em geral, de forma humanizada. O paisagismo de uma praça, por exemplo, não ocorre de modo natural; por mais que predominem elementos da natureza, como árvores e flores, eles estão dispostos de maneira ordenada, inseridos ali por ação humana. Com o surgimento e o crescimento das cidades, boa parte da vegetação nativa foi retirada.

Outro exemplo de como a sociedade transforma a natureza de maneira muito mais intensa nos espaços urbanos é a canalização de rios e córregos. Com o objetivo de aumentar as vias de transporte e loteamentos, supostamente eliminando o problema das enchentes, muitos rios tiveram seus cursos alterados, direcionados para tubulações subterrâneas.

A complexidade da organização das cidades e as demandas para o funcionamento desses espaços exigem recursos naturais, o que, por consequência, geram transformações em ambientes naturais. Como exemplo podemos citar a construção de usinas hidrelétricas e de parques geradores de energia proveniente do vento.

Assim como as paisagens rurais, as paisagens urbanas diferem entre si de acordo com alguns fatores, como aspectos naturais e econômicos, tamanho da cidade, atividades comerciais desenvolvidas, idade das construções e aspectos culturais da população.

DIÁLOGO

Transporte Público

[...]
Embarco no vagão, tranquilo, na moral
A viagem é coletiva, mas também é pessoal
[...]
Em cada vagão, vários bairros estão, mover
Aglomeração não é difícil de se ver
Toda multidão precisa embarcar, fazer o quê?
Sem reclamar, o culpado não tá no rolê
[...]
Busão lotado eu vi, se pendura e vai embora
Vai cair quem não segura, ninguém quer ficar de fora
Inimigo das horas, atrasos, atalhos
Perifa vive longe do seu local de trabalho.

Rincon Sapiência. *SP Gueto BR*. Boia Fria Produções, 2014.

Carro de boi

Meu véio carro de boi, pouco a pouco apodrecendo
Na chuva, sor e sereno, sozinho aqui desprezado
Hoje ninguém mais se alembra que ocê abria picada
Abrindo novas estrada, formando vila e povoado

Meu véio carro de boi, trabaiaste tantos ano
O progresso comandando, no transporte do sertão
Hoje é um traste véio, apodreceu no relento
No museu do esquecimento, na consciência do patrão.
[...]

Tonico e Tinoco. *Na beira da tuia*. Caboclo Continental, 1959.

As músicas acima falam de realidades bem diferentes em relação ao transporte nas zonas urbana e rural. As vias e os veículos de transporte fazem parte das paisagens e dependem da relação da sociedade com esses espaços: com o maior número de pessoas nas cidades, é preciso pensar em uma infraestrutura viária que comporte os diversos deslocamentos, das mais variadas distâncias.

1. Quais seriam as soluções viáveis nas cidades para acompanhar o crescimento urbano e transportar as pessoas de maneira rápida e com maior conforto?

2. Além do carro de boi, que outras formas de locomoção você acredita serem mais comuns nas zonas rurais?

ATIVIDADES

SISTEMATIZAR

1. Com base em seus conhecimentos, explique a seguinte frase:

   > O trabalho é uma das principais maneiras com que o ser humano se relaciona com a natureza.

2. Explique quais são as semelhanças e as diferenças entre aldeia, município e cidade.

3. Sobre o espaço rural brasileiro, indique a afirmativa correta.

   a) O agronegócio é baseado em uma grande propriedade dividida em pequenas áreas com diferentes tipos de cultura (policultura). A função dessa forma de organização para os grandes produtores é a maior oferta e a diversidade de produtos, além de evitar as pragas que geralmente atingem as monoculturas.

   b) A agricultura familiar é realizada em pequenas propriedades, utilizando mão de obra dos membros da família. Esse tipo de agricultura é predominante no país.

   c) A agricultura familiar é caracterizada pela união de várias famílias que buscam formar uma grande propriedade com culturas diversas. Esse tipo de agricultura é voltado para o comércio regional.

4. Descreva elementos da paisagem urbana e, com base nisso, explique com suas palavras a seguinte afirmação:

   > Nas paisagens urbanas, a transformação da natureza se torna mais evidente.

5. No caderno, faça um diagrama que explique o processo de êxodo rural e o crescimento das cidades.

REFLETIR

1. Leia atentamente o texto a seguir.

A cidade de Leônia refaz a si própria todos os dias: a população acorda todas as manhãs em lençóis frescos, lava-se com sabonetes recém-tirados da embalagem, veste roupões novíssimos, extrai das mais avançadas geladeiras latas ainda intactas, escutando as últimas lengalengas do último modelo de rádio.

Nas calçadas, envoltos em límpidos sacos plásticos, os restos da Leônia de ontem aguardam a carroça do lixeiro. Não só tubos retorcidos de pasta de dente, lâmpadas queimadas, jornais, recipientes, materiais de embalagem, mas também aquecedores, enciclopédias, pianos, aparelhos de jantar de porcelana: mais do que pelas coisas que todos os dias são fabricadas, vendidas e compradas, a opulência de Leônia se mede pelas coisas que todos os dias são jogadas fora para dar lugar às novas. [...] O certo é que os lixeiros são acolhidos como anjos e a sua tarefa de remover os restos da existência do dia anterior é circundada de um respeito silencioso, como um rito que inspira a devoção, ou talvez apenas porque, uma vez que as coisas são jogadas fora, ninguém mais quer pensar nelas.

Ninguém se pergunta para onde os lixeiros levam os seus carregamentos: para fora da cidade, sem dúvida; mas todos os anos a cidade se expande e os depósitos de lixo devem recuar para mais longe; a imponência dos tributos aumenta e os impostos elevam-se, estratificam-se, estendem-se por um perímetro mais amplo. [...].

Ítalo Calvino. *As cidades invisíveis*. São Paulo: Companhia das Letras, 2000. p. 105-106.

Responda às questões.

a) O que é urbanização?

b) Qual atitude deve ser tomada para que a cidade não tenha tantos problemas?

c) Na cidade fictícia de Leônia, todos os dias as pessoas jogam fora seus pertences e compram outros. Você acha que vivemos numa sociedade muito consumista? É um problema viver em uma sociedade consumista? Por quê?

d) Os habitantes de Leônia não perguntam para onde vai o lixo que é levado todos os dias. E você, sabe para onde vai o lixo de sua cidade? Pesquise.

O meio ambiente muda

Durante bilhões de anos, a Terra transformou-se de acordo com os caprichos do Sol e dos elementos: fervente e inóspita, às vezes, e com aspecto de pomar tropical, em outros períodos.

No entanto, uma invenção desenvolvida há apenas 10 mil anos mudou tudo: a agricultura converteu-se no pontapé inicial para que uma única espécie dominasse o planeta e, com suas atividades, gerasse mudanças profundas na escala global, colocando em perigo a própria existência.

O nascimento da civilização
Há cerca de 11 mil anos, durante o Período Neolítico, ou Idade da Pedra Polida, o ser humano deixou de ser apenas caçador e coletor devido ao desenvolvimento da agricultura e da domesticação e criação de animais. Dessa forma, começou a modificar o meio e a viver em comunidades permanentes e, posteriormente, sedentárias.

População
No começo desse período, calcula-se que a população mundial era de cerca de 10 milhões de pessoas e que tenha crescido rapidamente, até superar os 100 milhões.

Contaminação
Havia pequenos focos contaminantes devido ao amontoado de lixo que as primeiras comunidades geravam, mas eram considerados de pouca relevância.

Exploração de recursos
O impacto ambiental era baixo. Pequenas, as fazendas não causavam grandes modificações no meio. As primeiras comunidades foram construídas com barro, pedra, madeira e palha.

A Idade Média
As cidades poderiam abrigar, dentro de suas muralhas, milhares de habitantes. As condições sanitárias eram extremamente precárias em relação ao número de habitantes; assim, no século XIV, doenças como a peste bubônica fizeram grandes estragos.

População
Foi uma época de crescimento. População média da Terra: entre 300 milhões e 400 milhões de habitantes.

Contaminação
Importantes áreas eram contaminadas com lixo e até metais pesados, como chumbo, ainda que pouco significativas em âmbito global. Cidades com condições sanitárias insalubres favoreciam pestes e outras doenças.

Exploração de recursos
Começaram a aparecer grandes áreas de bosques desmatadas devido à utilização da madeira para a queima e a construção. Algumas espécies sofreram deslocamentos e exploração intensa. Em âmbito global, o impacto ainda era baixo.

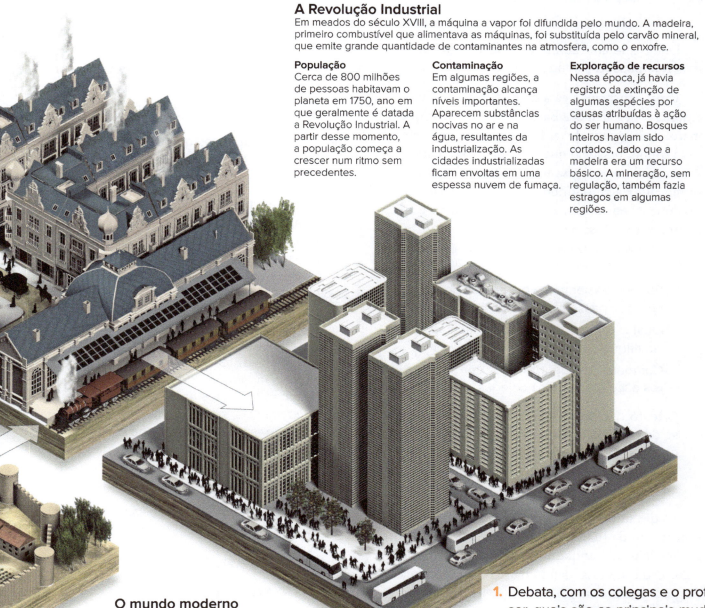

A Revolução Industrial

Em meados do século XVIII, a máquina a vapor foi difundida pelo mundo. A madeira, primeiro combustível que alimentava as máquinas, foi substituída pelo carvão mineral, que emite grande quantidade de contaminantes na atmosfera, como o enxofre.

População
Cerca de 800 milhões de pessoas habitavam o planeta em 1750, ano em que geralmente é datada a Revolução Industrial. A partir desse momento, a população começa a crescer num ritmo sem precedentes.

Contaminação
Em algumas regiões, a contaminação alcança níveis importantes. Aparecem substâncias nocivas no ar e na água, resultantes da industrialização. As cidades industrializadas ficam envoltas em uma espessa nuvem de fumaça.

Exploração de recursos
Nessa época, já havia registro da extinção de algumas espécies por causas atribuídas à ação do ser humano. Bosques inteiros haviam sido cortados, dado que a madeira era um recurso básico. A mineração, sem regulação, também fazia estragos em algumas regiões.

O mundo moderno

No início do século XXI, o planeta atravessa uma crise ambiental. O ser humano debate-se entre antigas práticas destrutivas e a busca de soluções sustentáveis e harmoniosas para viver sem agredir a natureza.

População
Apesar da redução no índice de natalidade, a população mundial ultrapassou 7 bilhões de habitantes.

Contaminação
Há grandes áreas e regiões contaminadas. Extinguem-se ecossistemas completos. A emissão de gases de efeito estufa, produto dos combustíveis fósseis, parece contribuir para o aquecimento global, que tem consequências planetárias. A camada de ozônio é deteriorada.

Exploração de recursos
Novas tecnologias possibilitam incrementar a produção de alimentos e abastecer toda a humanidade, ainda que a distribuição siga muito desigual. Alguns recursos são protegidos, outros estão esgotados.

---

1. Debata, com os colegas e o professor, quais são as principais mudanças ocorridas na paisagem ao longo dos períodos analisados. Como essa evolução impactou as paisagens dos lugares?

2. Juntos, façam uma tabela com as mudanças positivas e as mudanças negativas relatadas nos períodos. Quais seriam as soluções possíveis para diminuir os impactos negativos?

Fonte: Human Population Through Time. *American Museum of Natural History.* Disponível em: <www.amnh.org/explore/videos/humans/human-population-through-time>. Acesso em: fev. 2019. João Gabriel de Paula Naves e Maria Beatriz Junqueira Bernardes. A relação histórica homem/natureza e sua importância no enfrentamento da questão ambiental. *Geosul,* Florianópolis, v. 29, n. 57, p 7-26, jan./jun. 2014. Jefferson de Queiroz Crispim, Valquiria Brilhador da Silva. Um breve relato sobre a questão ambiental. *Revista GEOMAE - Geografia, Meio Ambiente e Ensino.* v. 2, n. 1, 1º sem. 2011.

PANORAMA

FAÇA AS ATIVIDADES A SEGUIR E REVEJA O QUE VOCÊ APRENDEU.

1. Leia o que uma senhora disse sobre o lugar onde passou a infância.

> Papai construiu a casa da rua Barão de Tatuí, esquina com a alameda Barros [...]. Foi a casa que marcou nossa vida de tal forma que até hoje, em todo sonho, pesadelo que eu tenha, volto para lá e o meu sonho se passa todo lá. Se tenho algum sonho aflito, algum sonho ruim, é dentro daquela casa que eu entro. E fico naqueles quartos e é ali dentro que se passa o sonho mau. [...]
>
> Ecléa Bosi. *Memória e sociedade: lembrança de velhos*. São Paulo: Companhia das Letras, 2001. p. 297.

a) Por que os sonhos e pesadelos dessa senhora se passam sempre no mesmo lugar?

b) Qual é o lugar de que você mais gosta? Justifique sua resposta.

c) Compare seu lugar favorito com os lugares escolhidos pelos colegas.

2. O texto que segue é um trecho do discurso do compositor Chico Buarque quando recebeu o título de cidadão paulistano. Nele, Chico descreve o bairro em que morou na infância e na juventude.

> As distantes e vagas lembranças que pude alcançar vêm da rua Haddock Lobo, o Sol das seis no tabuleiro xadrez que era a varanda. E o terreno baldio atrás de casa, dando na rua Augusta, uma Augusta provinciana, onde não me lembro se passava banda, mas passava bonde. O terreno virava circo, depois virava parque, depois virava mato, depois virava futebol e hoje, é claro, virou arranha-céus. As balas de figurinha, os óculos de Dona Araci, Maria Lúcia dentuça, a inauguração do troleibus, a barba branca do Doutor Washington Luís, a subida da ladeira, rua Oscar Freire, Alameda Lorena, Tietê, Franca, Itu, Jaú, de repente uma longa viagem e tudo se misturou na cabeça sem ordem.
>
> Dois anos depois voltei, encontrando outro bairro, outros amigos e o colégio Santa Cruz no Alto de Pinheiros. A minha invejável bicicleta niquelada me ensinava ruas longínquas. E a minha não menos invejável namorada me ensinava a nova Augusta, os cinemas, e as lanchonetes. [...]
>
> Zeca Buarque e Regina Zappa (Org.). *Chico Buarque: o tempo e o artista*. Rio de Janeiro: Fundação Biblioteca Nacional, 2004. p. 8-9.

Descreva as mudanças que o autor encontrou em seu bairro depois de uma ausência de dois anos.

3. Muitos povos indígenas da Amazônia brasileira fabricavam objetos de cerâmica bem antes da chegada dos europeus. Entre eles destaca-se a produção do povo marajoara, cujas peças geralmente apresentavam desenhos geométricos nas cores preto, vermelho e branco. Alguns desses objetos eram utilizados para armazenar alimentos, enquanto outros serviam como urnas para receber os mortos. Entre a cerâmica atualmente encontrada próximo ao Rio Tapajós, na cidade de Santarém, são encontrados vasos em que estão representados animais, seres humanos e atividades que as pessoas realizavam no dia a dia. Sobre essa arte, procure imagens e descubra como são a cerâmica marajoara e a dos tapajós.

4. Leia atentamente as duas poesias a seguir e responda às questões.

Começa a haver meia-noite, e a haver sossego

> Começa a haver meia-noite, e a haver sossego,
> Por toda a parte das coisas sobrepostas,
> Os andares vários da acumulação da vida...
> Calaram o piano no terceiro-andar...
> Não oiço já passos no segundo-andar...
> No rés-do-chão o rádio está em silêncio...
> [...]
> Escuto ansiosamente os ruídos da rua...
> Um automóvel! — demasiado rápido! —
> Os duplos passos em conversa falam-me
> O som de um portão que se fecha brusco dói-me...
>
> Fernando Pessoa. *Poesias de Álvaro de Campos*. Lisboa: Ática, 1944. p. 59. Disponível em: <http://arquivopessoa.net/textos/260>. Acesso em: ago. 2018.

Eu nunca guardei rebanhos

[...]
Minha alma é como um pastor,
Conhece o vento e o sol
E anda pela mão das Estações
A seguir e a olhar.
Toda a paz da Natureza sem gente
Vem sentar-se a meu lado.
[...]
E se desejo às vezes
Por imaginar, ser cordeirinho
(Ou ser o rebanho todo
Para andar espalhado por toda a encosta
A ser muita cousa feliz ao mesmo tempo),
É só porque sinto o que escrevo ao pôr do sol,
Ou quando uma nuvem passa a mão por cima da luz
E corre um silêncio pela erva fora.

Alberto Caeiro. *O guardador de rebanhos*. Disponível em: <www.dominiopublico.gov.br/download/texto/pe000001.pdf>. Acesso em: ago. 2018.

a) Com base na leitura dos dois textos, você saberia dizer qual deles se refere ao meio urbano e qual se refere ao rural?

b) Quais elementos nos textos indicam isso?

5. Pesquise em revistas ou jornais imagens de paisagens naturais e paisagens humanizadas. Recorte-as, cole-as no caderno e elabore uma legenda para cada imagem com base nos conhecimentos que adquiriu.

6. Observe as imagens a seguir.

a) Identifique pelo número, nas imagens, a paisagem natural e a paisagem humanizada ou cultural.

b) Identifique e anote no caderno pelo menos quatro ações humanas que provocaram alterações nessa paisagem ao longo do tempo.

DICAS

▶ ASSISTA

O menino e o mundo, Brasil, 2013. Direção: Alê Abreu, 85 min. Cuca é um menino que vive em um mundo distante, numa pequena aldeia no interior de seu mítico país. Sofrendo pela falta do pai, que parte em busca de trabalho na desconhecida capital, Cuca deixa sua aldeia e sai mundo afora à procura dele. Durante sua jornada, Cuca descobre uma sociedade marcada por muitos problemas.

📖 LEIA

A cidade e as serras, de Eça de Queirós (Companhia Editora Nacional). O livro relata a mudança de Jacinto – um ferrenho defensor do progresso e da tecnologia – da cidade para as serras.

A cura da terra, de Eliane Potiguara (Editora do Brasil). Moína é uma menina muito curiosa, de origem indígena, que adora se aconchegar nos braços da avó para ouvir histórias. Ela quer entender o sentido da vida e suas transformações. Mas uma história em especial revelará à menina o sofrimento pelo qual seu povo passou, as descobertas e a sabedoria de seus ancestrais e também como conseguiram a cura de um de seus bens mais preciosos: a terra.

↑ Colheita de algodão. Costa Rica (MS), 2015.

↑ Fábrica de aviamentos. Nova Friburgo (RJ), 2017.

TEMA 2
Espaço e sociedade

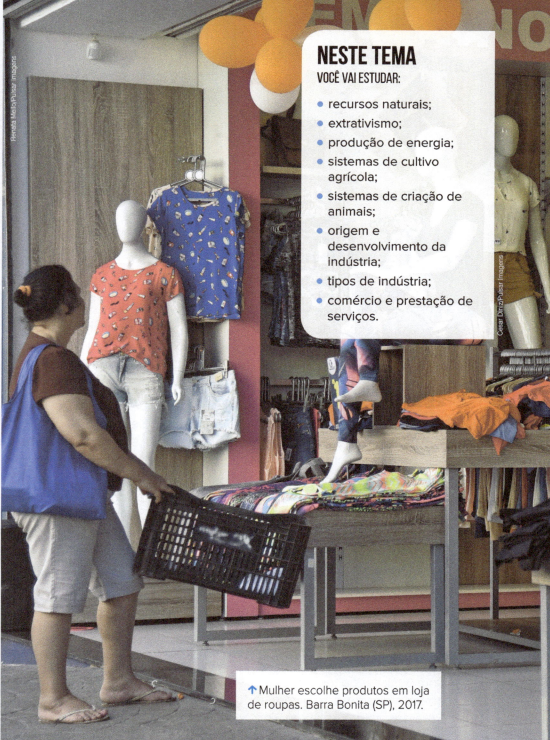

NESTE TEMA
VOCÊ VAI ESTUDAR:
- recursos naturais;
- extrativismo;
- produção de energia;
- sistemas de cultivo agrícola;
- sistemas de criação de animais;
- origem e desenvolvimento da indústria;
- tipos de indústria;
- comércio e prestação de serviços.

↑ Mulher escolhe produtos em loja de roupas. Barra Bonita (SP), 2017.

Essas imagens mostram algumas fases da transformação de um produto desde a matéria-prima. É por meio do trabalho que a sociedade produz os itens que consome, e há muitos agentes envolvidos em todas as etapas. Observe as imagens e responda:

1. Quais são as atividades econômicas representadas nas imagens?
2. Você percebe alguma interdependência ou ligação entre elas? Comente com os colegas.
3. Alguma dessas atividades ocorre em seu município? Qual ou quais?

39

CAPÍTULO 1
O extrativismo e a produção de energia

No capítulo anterior, você estudou as mudanças que surgiram da interação entre a sociedade e a natureza, analisando o desenvolvimento das cidades. Neste capítulo, você estudará a realização das atividades econômicas nos meios urbano e rural.

Recursos naturais

Assim como todos os outros produtos feitos pelo ser humano, este livro tem grande relação de dependência com a natureza. O livro é impresso em papel, que é feito de **celulose**, que, por sua vez, é extraída da madeira do eucalipto. As máquinas que produzem o papel também são fabricadas com **recursos naturais**; nelas pode haver elementos como minérios de ferro e alumínio.

Observe ao redor e tente imaginar que itens da natureza foram utilizados para fabricar os objetos que você usa diariamente.

Os recursos naturais são classificados em **renováveis**, como a água e os vegetais, que se renovam com maior frequência; **não renováveis**, como o petróleo e o carvão mineral, que demoram milhares ou milhões de anos para serem repostos pela natureza; e **renováveis e inesgotáveis**, aqueles que, mesmo utilizados intensamente, jamais se esgotam, como o vento, as ondas do mar, a luz, o calor e o ar.

Extrativismo é a atividade humana que consiste na extração e utilização de recursos encontrados na natureza sem que o ser humano tenha participado do processo de criação ou reprodução deles. É diferente da agricultura e da pecuária, cujas práticas dependem diretamente do trabalho humano. O extrativismo é classificado em **vegetal** (recursos da flora), **animal** (caça e pesca) e **mineral** (extração de minerais).

O extrativismo é uma das atividades mais antigas praticada por grupos humanos, que, para sobreviver, ocupavam-se de caça, pesca e coleta de frutos e raízes. As pessoas extraem da natureza os alimentos disponíveis nela, prática denominada extrativismo de **subsistência**.

Com o passar do tempo, os seres humanos foram aprimorando e transformando elementos extraídos da natureza em algo que pudesse ser útil a sua vida. Ainda hoje, o extrativismo de subsistência é praticado por certos grupos culturais, como alguns povos indígenas brasileiros. Observe a imagem ao lado.

↑ Indígenas da etnia wayana-apalai durante pescaria com arco e flecha no Rio Paru. Amapá, 2015.

GLOSSÁRIO

Celulose: fibras da madeira utilizadas na fabricação de papel.
Subsistência: sustento necessário para manter a vida, sobrevivência.

AQUI TEM MAIS

Os povos da floresta e o extrativismo

As florestas são o meio de vida completo de diversos grupos humanos que habitam nelas, e não apenas seu local de trabalho ou de onde retiram recursos. São os "povos da floresta", dos quais os povos indígenas e as populações ribeirinhas são exemplos. Nesses grupos é comum a transmissão, entre diferentes gerações, dos saberes e das práticas de como extrair da natureza os recursos necessários à subsistência, sem que essa interferência acarrete degradação ao ambiente. A degradação dos recursos naturais do entorno de onde esses grupos vivem significaria também a impossibilidade de permanência do grupo nesses locais. Assim, a adoção de medidas que proíbam qualquer tipo de intervenção humana no meio natural pode prejudicar as populações tradicionais que vivem do extrativismo sustentável. Por esse motivo, têm sido estimuladas atividades econômicas que não agridam o meio ambiente e possibilitem a permanência dessas populações em seus locais, como o extrativismo.

1. Quem são os "povos da floresta"?
2. O que a floresta representa para esses povos?
3. Por que é fundamental para essas comunidades a transmissão dos saberes e das práticas relacionadas à natureza entre diferentes gerações?

Extrativismo vegetal

O extrativismo vegetal consiste na retirada de recursos vegetais da natureza, como o aproveitamento de caules, folhas, raízes, castanhas e frutos diversos. Atualmente, a madeira extraída do caule da árvore é o recurso do extrativismo vegetal mais utilizado.

Por causa da atividade de extração de madeira, cerca de 20% da área original da Floresta Amazônica no Brasil já foi desmatada – equivalente a cerca de duas vezes o tamanho do estado de São Paulo.

Muitas instituições governamentais e não governamentais estão trabalhando para reverter e conter o desmatamento da floresta, porém, um dos maiores problemas é o desmatamento ilegal praticado por empresas **clandestinas**. Em geral, a madeira retirada – de espécies como mogno e jacarandá – é **contrabandeada** para ser utilizada na fabricação de móveis. O Brasil é um grande produtor de madeira e é um dos maiores exportadores de celulose do mundo.

A prática descontrolada do extrativismo agride o meio ambiente e afeta, principalmente, a biodiversidade local. É o caso da extração de madeira de florestas naturais sem preocupação com sua reposição e com o equilíbrio do ambiente. Uma pequena parte do desmatamento da Amazônia pode ser visto na fotografia ao lado.

GLOSSÁRIO

Contrabando: prática ilegal de exportação ou importação de mercadorias e bens de consumo sem o pagamento de tributos.

Clandestino: feito às escondidas, contra a lei.

↑ Desmatamento da Floresta Amazônica para o plantio de soja. Mato Grosso, 2015.

41

Contudo, muitas atividades de extrativismo vegetal respeitam a sustentabilidade, ou seja, há a extração de recursos naturais sem causar desequilíbrios ambientais.

Sustentabilidade significa utilizar os recursos da natureza sem prejudicá-la, nem os esgotar, para garantir a sobrevivência das gerações futuras e manter o equilíbrio ambiental.

Um exemplo dessa atitude é a extração do látex da seringueira, árvore nativa da Floresta Amazônica, ao norte da América do Sul. Mesmo com a retirada do látex para a produção da borracha natural, a árvore é preservada, o que assegura a extração contínua do produto. Veja como ocorre esse processo na imagem ao lado.

Outros exemplos da sustentabilidade nessa floresta são a extração de guaraná, açaí, palmito da pupunha, coco de babaçu e castanha-do-pará.

Extrativismo animal

O extrativismo animal consiste na retirada de animais do ambiente natural por meio da caça e da pesca. Embora tenha sido uma das primeiras atividades praticadas pelos seres humanos, até hoje são usadas técnicas bastante antigas, que foram preservadas, bem como técnicas novas. Muitas sociedades têm nessa atividade uma das principais formas de sobrevivência, como vários povos ribeirinhos e povos indígenas, para os quais a pesca é importante fonte de alimento.

↑ Extração de látex de seringueira. Tarauacá (AC), 2017.

A pesca marítima – atividade de extrativismo animal – gera muitos empregos. Os alimentos resultantes dela são muito consumidos em todo o mundo.

É uma atividade econômica intensa em países que recebem, em seu litoral, influência das correntes marítimas frias. Por serem águas mais profundas, essas correntes revolvem a matéria orgânica do fundo dos mares atraindo e concentrando grande quantidade de cardumes.

Nos dias atuais, a pesca tem aumentado consideravelmente, tanto pela procura de alimentos como em função das inovações tecnológicas, que possibilitaram grande avanço na indústria pesqueira. O desenvolvimento de radares para a localização de cardumes em águas profundas e navios com instalações industriais para o processamento dos pescados são algumas dessas inovações. A atividade de pesca excessiva, conhecida como sobrepesca, gera problemas de esgotamento ou redução drástica de muitas espécies de peixes tradicionalmente pescados, caracterizando-se como prática não sustentável. Muitas espécies estão em extinção ou foram reduzidas acentuadamente, como baleias, salmão, atum, entre outros. Em função das dificuldades crescentes de captura de algumas espécies, já se desenvolvem práticas de aquicultura para criação, em fazendas marinhas, de peixes muito consumidos, como o salmão.

← Traineira no Rio de Contas. Itacaré (BA), 2016.

A pesca fluvial – retirada de peixes dos rios – também é bem desenvolvida em países com vastos recursos hídricos, sendo responsável, em alguns deles, por importante indústria pesqueira. Apesar disso, em geral, é uma atividade operacionalmente simples, que abastece de alimentos os mercados locais.

A caça é uma atividade muito criticada pelos **ambientalistas** em todo o mundo, principalmente quando envolve animais silvestres. A caça de alguns animais chama a atenção pela brutalidade. No Canadá, por exemplo, a caça de focas é permitida por lei, e milhares de focas jovens são espancadas até a morte por causa do valor de suas peles na indústria da moda.

Extrativismo mineral

Ao observar estradas, edifícios, pontes, a rede elétrica, veículos e máquinas em geral, você consegue dizer quais matérias-primas foram utilizadas na elaboração desses elementos?

Boa parte do material utilizado na construção desses itens provém de recursos minerais, como o asfalto (fabricado do petróleo), o cimento (produzido da rocha de calcário), a pedra brita, a areia, o cobre, o alumínio, a cerâmica, o aço, entre outros.

> **GLOSSÁRIO**
>
> **Aluvião:** depósito de cascalho, areia, argila etc. deixado por águas fluviais ou pluviais em foz ou margens de rios.
> **Ambientalista:** pessoa que, por convicção ou profissão, mobiliza-se para a preservação do meio ambiente e das condições de vida no planeta.

O extrativismo mineral é muito importante para a economia mundial. Essa atividade consiste em extrair minerais do subsolo.

Existem, basicamente, duas formas de extrativismo mineral: a garimpagem e a indústria extrativa mineral. Enquanto a atividade garimpeira ocorre, em geral, no leito dos rios e nas **aluviões**, com uso de instrumentos mais simples, a indústria extrativa mineral – também chamada de mineração – realiza suas atividades com base em conhecimentos técnicos e científicos, utilizando equipamentos modernos que transformam, de forma parcial ou total, a matéria-prima mineral extraída do solo ou do subsolo.

De todas as formas de extrativismo, o mineral é o que causa os maiores impactos ambientais. Em sua prática ocorrem o desmatamento e a remoção de toneladas de rocha do subsolo, o que abre enormes crateras no local de extração. Além disso, tanto a extração como o uso dos minérios poluem o meio ambiente. Observe a transformação do espaço em mina de minério de ferro na imagem abaixo.

O garimpo também danifica o meio ambiente, visto que o mercúrio utilizado na obtenção de ouro polui e contamina as águas e as espécies aquáticas, além dos garimpeiros e das pessoas que usam o rio ou se alimentam dos peixes contaminados.

← Cava de extração de minério de ferro. Congonhas (MG), 2016.

43

Os principais minerais do extrativismo

Um dos principais minerais extraídos da natureza é o minério de ferro, que, transformado em aço, é usado como matéria-prima da **indústria de base**, sobretudo em metalúrgicas e siderúrgicas.

O aço é empregado na construção civil e em grande número de peças e produtos industrializados, como chapas metálicas utilizadas na produção de navios, aviões, trilhos de trens, máquinas agrícolas, automóveis, entre outros.

> **GLOSSÁRIO**
>
> **Indústria de base:** indústria que produz mercadoria utilizada como matéria-prima por outras indústrias.

O manganês também é um recurso mineral importante para o mundo moderno. Quando associado ao minério de ferro e ao carvão mineral em siderúrgicas, o manganês dá origem a um aço com alto grau de resistência, utilizado em carros-fortes, carros e tanques de combate, escavadeiras, trilhos de trem, entre outros.

Outros minerais essenciais para a produção industrial são o estanho (liga metálica), amplamente utilizado como revestimento das latas que embalam os alimentos; o níquel (aço inoxidável); o alumínio (alumínio metálico); o ouro (matéria-prima para objetos valiosos) e a prata (matéria-prima para fabricação de utensílios domésticos, joias e materiais elétricos); o cobre na indústria de materiais elétricos, entre outros.

Contudo, os minerais estão distribuídos de forma desigual na superfície da Terra. Os países não têm quantidades suficientes de todos os recursos minerais necessários para a produção de mercadorias e construções. Por isso, diversas nações são interdependentes na exportação e importação dos minérios. Veja no mapa a disponibilidade de alguns recursos minerais no mundo.

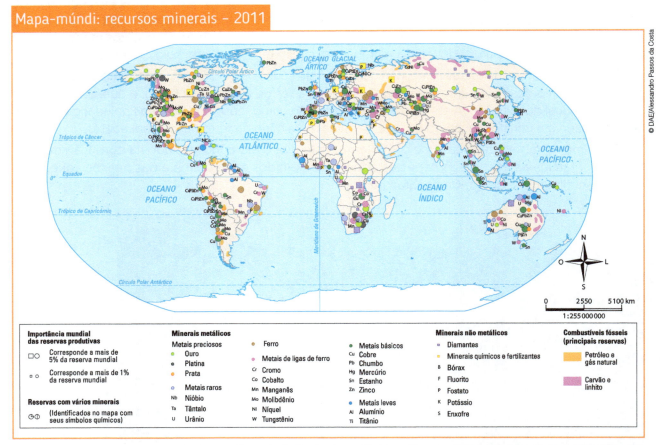

Fonte: Gisele Girardi e Jussara Vaz Rosa. *Atlas geográfico do estudante*. São Paulo: FTD, 2011. p. 130.

Os recursos naturais e a produção de energia

Os recursos naturais, além de serem utilizados para a produção de mercadorias, são capazes de fornecer energia por meio de diversas fontes: carvão mineral, petróleo, gás natural, energia hidráulica (de rios e mares), energia solar, biomassa (principalmente de cana-de-açúcar, no Brasil), energia nuclear, entre outras.

O petróleo ainda é a principal fonte de energia do mundo. Além de ser usado como combustível (gasolina, querosene e *diesel*) em automóveis, aviões, ônibus, navios e máquinas diversas, é utilizado como matéria-prima em grande quantidade de produtos (como fertilizantes e tintas). A exploração de petróleo mudou a paisagem de forma significativa, desde as torres de extração e refinarias ao uso intensivo de automóveis. Em 2006, descobriu-se no Brasil importante jazida de petróleo, o Pré-Sal, que colocou o país numa posição competitiva entre os produtores de petróleo da América do Sul.

↑ Plataforma de extração de petróleo. Rio de Janeiro (RJ), 2017.

O gás natural também é uma importante fonte de energia. Pode ser encontrado isolado ou com jazidas de petróleo. É utilizado em usinas **termelétricas**, fogões, automóveis e como matéria-prima na indústria petroquímica, entre outros usos. O Brasil não é autossuficiente nesse recurso e depende principalmente do gás importado da Bolívia.

> **GLOSSÁRIO**
>
> **Termoelétrica (ou termelétrica):** usina cuja energia é produzida pelo vapor-d'água que movimenta a turbina. O calor para aquecer a água provém de combustíveis como gás natural, carvão mineral e óleo do petróleo.

Há um esforço internacional em substituir o uso de combustíveis fósseis por fontes de energia mais limpas e renováveis. Além de serem poluidores, os gases emitidos pela queima desses combustíveis agravam o efeito estufa, o que contribui para o aquecimento global.

A hidreletricidade é gerada por usinas hidrelétricas. Essa fonte energética é considerada limpa e renovável. Contudo, também causa impactos importantes nas áreas onde são instaladas: desvio do curso dos rios, retirada de vegetação, inundação de extensas áreas, expulsão de população indígena e ribeirinha. Mais da metade da energia elétrica do Brasil é obtida de fontes hidráulicas, porque nosso país é abundante em recursos hídricos.

Outras fontes, como energia eólica, solar e biomassa são importantes alternativas para diversificar a oferta de energia elétrica de fontes renováveis, fundamentais para o desenvolvimento econômico dos países. O Brasil é um grande produtor de etanol, derivado da cana-de-açúcar. As condições climáticas e a grande extensão territorial são propícias ao cultivo da cultura canavieira. Analise, no gráfico ao lado, quais são as principais matrizes energéticas do Brasil.

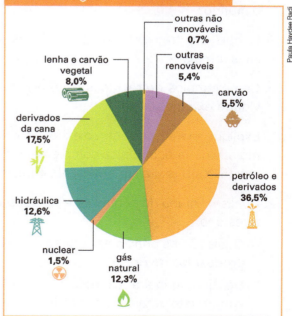

Matriz energética brasileira – 2016
- outras não renováveis: 0,7%
- outras renováveis: 5,4%
- carvão: 5,5%
- petróleo e derivados: 36,5%
- gás natural: 12,3%
- nuclear: 1,5%
- hidráulica: 12,6%
- derivados da cana: 17,5%
- lenha e carvão vegetal: 8,0%

↑ O gráfico mostra a predominância do petróleo e seus derivados na matriz energética brasileira.

Fonte: Empresa de Pesquisa Energética (EPE). Matriz Energética e Elétrica. Disponível em: <www.epe.gov.br/pt/abcdenergia/matriz-energetica-e-eletrica>. Acesso em: jun. 2018.

45

ATIVIDADES

SISTEMATIZAR

1. Diferencie os recursos naturais renováveis dos recursos não renováveis e dê exemplos de cada tipo.

2. O extrativismo é uma atividade humana recente? Justifique sua resposta.

3. Quais são os tipos de extrativismo? Explique as principais características de cada um deles.

4. Cite exemplos de recursos vegetais provenientes do extrativismo.

5. Em que situações o extrativismo vegetal pode ser considerado uma atividade economicamente sustentável?

6. Dê um exemplo de agressão à natureza causada pelo extrativismo vegetal.

7. Qual é a importância da pesca?

8. Por que o extrativismo animal, em especial a caça, é criticado por ambientalistas de todo o mundo?

9. O que é extrativismo mineral? Quais são suas formas?

10. Cite exemplos de recursos minerais da atividade extrativista.

11. Explique a diferença entre o extrativismo como atividade econômica complementar e o extrativismo realizado em escala industrial.

12. Analise o mapa da página 44 e responda às questões:
    a) Quais são os principais recursos minerais produzidos no Brasil?
    b) De que maneira os recursos minerais contribuem para o desenvolvimento econômico de um país?

13. Comente de que modo as atividades extrativistas estão relacionadas à produção de energia.

REFLETIR

1. Forme dupla com um colega. Pesquisem a atividade extrativa que ocorre na Serra dos Carajás (PA). Depois, com base nas imagens a seguir, respondam às questões.

↑ Vista aérea da Serra dos Carajás. Pará, 1984.

↑ Vista aérea da Serra dos Carajás. Pará, 2014.

a) Que tipo de extrativismo foi realizado nesse local?
b) A que conclusão vocês chegaram ao comparar essas duas paisagens considerando as alterações na natureza?

DESAFIO

1. Importação ou exportação de minérios: qual dessas atividades o Brasil realiza em maior escala? Por quê? Em grupos, pesquisem o tema e promovam um debate em sala de aula.

CAPÍTULO 2

A agricultura

No capítulo anterior, você estudou os tipos de extrativismo vegetal, animal e mineral, suas características e os impactos ambientais que podem causar. Neste capítulo, você estudará a agricultura, os sistemas de cultivo, a importância dos recursos hídricos e das técnicas de irrigação no cultivo de plantas.

Alimento que vem da terra

Você já tomou café da manhã hoje? Comeu frutas, pão, tomou suco, chá ou café? Se a resposta for sim, você se beneficiou das técnicas de produção de alimentos da agricultura logo na primeira refeição do dia. A agricultura consiste no cultivo de plantas (legumes, verduras, frutas e grãos) e fornece alimentos em grande quantidade, matéria-prima para vários setores industriais e geração de energia, como a produção de etanol, derivado da cana-de-açúcar.

De modo geral, a agricultura é desenvolvida em espaços rurais, onde há disponibilidade de terras e recursos naturais, como água e luz solar, necessários ao cultivo das plantas. Em pequena escala, podemos encontrar o desenvolvimento de alimentos no espaço urbano, em hortas caseiras ou em pequenas chácaras.

Atualmente, grande número de países depende significativamente da atividade agrícola, setor que, ao exportar alimentos, torna-se a mais importante fonte de arrecadação dessas nações.

Nos países desenvolvidos e naqueles em que a indústria se consolidou, as inovações tecnológicas voltadas ao campo, com o uso significativo de máquinas e equipamentos, reduziram a mão de obra ocupada no campo nas últimas décadas. Isso obrigou muitos trabalhadores ou pequenos proprietários de terra a se deslocar para as cidades em busca de trabalho.

No período atual, no Brasil, os espaços rural e urbano são integrados, porque no campo se cultivam alimentos para abastecer a cidade, que, por sua vez, além de ser grande consumidora, gera renda para o campo, pois produz máquinas e equipamentos para o setor agrícola.

Esse novo quadro deu origem à **agroindústria**, que é o conjunto de atividades relacionadas à transformação, na indústria, de matérias-primas provenientes da agricultura e da pecuária.

A agricultura também pode ser desenvolvida no formato de **agricultura familiar**, como você já estudou no tema anterior. Mais da metade da produção de alimentos no Brasil é realizada por agricultores familiares: hortaliças, feijão, frutas e legumes. As técnicas utilizadas nesse tipo de produção são em boa parte tradicionais, não se usam máquinas, como na agroindústria, retratada na fotografia ao lado.

→ Plantação de cana-de-açúcar e reservatórios de etanol produzido em usina. Chapadão do Céu (GO), 2018.

47

Sistemas de cultivo na agricultura

Há diferentes formas de desenvolvimento das atividades agrícolas. Por isso, é preciso considerar três fatores importantes:

- a **disponibilidade de capital** (dinheiro) do agricultor para investimento em máquinas, produtos químicos, mão de obra e tecnologia, entre outras necessidades;
- o **tamanho da propriedade** (pequena, média ou grande extensão de terras);
- o **destino da produção** (local, regional ou internacional).

> **GLOSSÁRIO**
> **Capital:** neste contexto, é um bem econômico que pode ser utilizado na produção de outros bens ou serviços.

De modo geral, há dois sistemas agrícolas: o **extensivo** e o **intensivo**.

No **sistema extensivo** há pouco capital disponível. Esse sistema é praticado em regiões de países em desenvolvimento e com desenvolvimento econômico relativamente baixo da América Latina, da África (sul do Saara) e do Sudeste Asiático. Portanto, com pouco dinheiro, o investimento em tecnologia é baixo. Observe uma plantação em sistema extensivo na imagem ao lado. Você consegue perceber elementos que caracterizam esse sistema?

↑ Horta comunitária municipal em Cambé (PR), 2017.

Inserido nele existe outro sistema de plantio, o modelo de roça, também conhecido como **cultivo de subsistência**. Nesse tipo de cultivo, o principal objetivo da produção é o abastecimento alimentar do agricultor e de sua família. Na roça adotam-se equipamentos como enxada, foice e arado de tração animal, com pouco ou nenhum adubo.

No **sistema intensivo,** a terra é explorada com o uso de muita tecnologia e capital, motivo pelo qual o agricultor obtém grande produtividade. Nesse sistema são utilizados equipamentos modernos (máquinas plantadeiras e colheitadeiras), fertilizantes químicos (corretivo de solo), sementes selecionadas, equipamentos de irrigação, controle de pragas (agrotóxico), sistema de armazenamento do produto (silos), acompanhamento técnico (profissional especializado, agrônomo), entre outros. Conduzido por empresários agrícolas, esse sistema, em geral, vigora em grandes propriedades. Observe uma plantação de sistema intensivo na imagem abaixo.

Com toda essa estrutura, o principal objetivo do sistema intensivo é produzir em larga escala, e parte desses alimentos é direcionada para exportação; a meta é obter o maior rendimento possível numa colheita (safra), com retorno financeiro satisfatório.

Esse sistema é praticado em larga escala em alguns países europeus, nos Estados Unidos, no Brasil, na China e na Argentina, entre outros. Por ter como objetivo a venda dos produtos, esse tipo de sistema agrícola se enquadra no que chamamos de **agricultura comercial**.

→ Colheita de soja. Tangará da Serra (MT), 2012.

Importância da natureza para a agricultura

A agricultura é uma atividade atrelada às condições naturais, como clima, solo e relevo. As **condições climáticas** influenciam, muitas vezes, a escolha do que será cultivado em uma região. Há cultivos que se adaptam e se desenvolvem melhor em regiões de clima quente e úmido – como o café, o algodão, o cacau e a cana-de-açúcar –, e outros que se adaptam melhor a regiões de climas menos quentes, como o temperado, o subtropical ou até mesmo o clima frio – por exemplo, o centeio, o trigo e a aveia.

O desenvolvimento da prática agrícola também é influenciado por **fenômenos meteorológicos**, como quantidade de chuvas, ocorrência de neve, geada e períodos mais úmidos e de seca. Muitas vezes, esses fenômenos limitam o cultivo, podendo elevar o preço dos alimentos no mercado, pois, com menor oferta, os preços tendem a subir.

Você já comeu couve-de-bruxelas? Esse alimento, por exemplo, necessita de uma longa estação fria para crescer e exige clima em torno de 15 °C a 19 °C.

Os usos do solo

Nos solos férteis, a produção e a produtividade em geral são satisfatórias, mas em solos com baixo teor de fertilidade é necessário adotar procedimentos técnicos por meio da **adubação**, para corrigir a baixa fertilidade e obter boa colheita.

Atualmente, as inovações tecnológicas aplicadas ao campo – por exemplo, os sistemas de previsão do tempo e de monitoramento de irrigação, o uso de sementes adaptadas e equipamentos de colheita – contribuem para melhor rentabilidade do cultivo e menor dependência das condições naturais, sendo amplamente adotadas em atividades agrárias.

O nível de inclinação do terreno de determinada região pode facilitar ou restringir a prática agrícola. Quanto mais plano ou menos acidentado o terreno, menor o risco de erosão e, consequentemente, menor probabilidade de perda do cultivo em condição de chuvas intensas. Nos terrenos mais inclinados, a prática agrícola é limitada pela dificuldade de ocupação das terras e pela erosão provocada pela chuva.

Uma técnica para o plantio em áreas de intensa declividade é o **terraceamento**, muito utilizado em países montanhosos da Ásia, Europa e América do Sul. Nesse processo, o morro é recortado em forma de degraus para evitar a erosão e cultivam-se arroz e pequenas hortaliças, entre outros gêneros alimentícios. O terraceamento é uma forma, encontrada pelos seres humanos, de praticar a agricultura vencendo as limitações impostas pela natureza. Observe essa técnica na imagem abaixo.

Uma das principais técnicas agrícolas é a **rotação de culturas**. Ela impede o sucessivo empobrecimento do solo causado pelos longos períodos de produção de monoculturas. A ideia é que a cada ano agrícola sejam cultivadas espécies diferentes de plantas, de modo que o solo tenha capacidade de repor naturalmente os nutrientes e minerais necessários a cada espécie. A alternância entre espécies de leguminosas é prática frequente na rotação de culturas, por exemplo: alternar o feijão e a soja com espécies herbáceas, como milho, trigo, aveia, cevada, ou ainda com tubérculos, como batata e beterraba, entre outros.

Plantação de arroz. Longsheng, China, 2018.

Recursos hídricos e irrigação

A agricultura irrigada é uma prática adotada para solucionar problemas de insuficiência total ou parcial de água em determinadas regiões. A irrigação complementa a água fornecida às plantas naturalmente (chuva e solo) por meio de equipamentos e técnicas diversas.

Em lugares que sofrem com a escassez contínua de água, como o Sertão nordestino brasileiro, ou que passam por períodos de **estiagem**, como os estados do Centro-Oeste, a irrigação é uma alternativa para promover a produção de certos cultivos. Após serem feitos vários estudos climáticos e botânicos sobre a quantidade ideal de água, ela chega às plantações de forma artificial.

O Brasil é um dos países em que há a maior quantidade de terras com técnicas de irrigação do mundo. Contudo, o tipo de irrigação usado aqui é o que mais consome água, responsável por 46% das águas retiradas dos corpos hídricos. Atualmente, foram elaboradas medidas legais para tentar reduzir o desperdício de água causado por essa atividade. Os agricultores necessitam pedir autorização às instituições responsáveis para retirar água dos recursos hídricos e usá-la para irrigação.

Em Israel, o índice médio de chuvas é menor do que no semiárido nordestino brasileiro. O clima é ainda mais árido na porção sul, onde se localiza o Deserto de Neguev. A alternativa foi desenvolver técnicas sofisticadas de agricultura irrigada. A água vem da **dessalinização** da água do mar ou de águas tratadas do esgoto. Dessa forma, o país consegue obter bons índices produtivos na agricultura e evita o desperdício de água potável.

↑ Irrigação em plantação de milho. Delmiro Gouveia (AL), 2015.

GLOSSÁRIO

Dessalinização: conjunto de processos químicos que retiram o excesso de sal e outros minerais da água.
Estiagem: período longo sem chuvas; seca.

CURIOSO É...

Embora a agricultura – que envolve o cultivo de inúmeras espécies – seja fortemente influenciada por fatores geográficos como clima, solo e altitude, a sociedade pode, por meio da tecnologia, intervir nessa influência.

Isso pode ocorrer de múltiplas maneiras: com o auxílio da irrigação artificial (para climas secos); por meio da correção de nutrientes do solo (para solos pouco férteis); do cruzamento de espécies, formando plantas mais resistentes (para limitações geográficas); mediante o cultivo em estufas (para variações climáticas ou como proteção de insetos e pragas); entre outras técnicas.

A hidroponia, por exemplo, é a técnica de cultivar plantas sem solo, na qual as raízes recebem uma solução nutritiva balanceada que contém água e todos os nutrientes essenciais a seu desenvolvimento (veja na imagem ao lado). Embora venha se disseminando nas últimas décadas, ela já é aplicada há séculos. Os primeiros usos conhecidos da técnica de hidroponia ocorreram nos Jardins Suspensos da Babilônia, nos jardins flutuantes da Caxemira e nos cultivos astecas do México, que usaram jangadas em lagos rasos para cultivar plantas.

↑ Tubos metálicos com coentro usados no sistema hidropônico. Domingos Martins (ES), 2018.

ATIVIDADES

SISTEMATIZAR

1. O que é agricultura? Justifique a importância dessa atividade econômica para os seres humanos.

2. Descreva de que maneira a agricultura mudou a relação dos humanos com o espaço.

3. Qual é a importância da agroindústria?

4. Cite exemplos de como a produção agrícola pode ser beneficiada com as novas tecnologias.

5. O que é terraceamento?

6. O que é rotatividade de cultura?

7. Diferencie o sistema agrícola extensivo do intensivo.

8. Esclareça como a técnica de irrigação favorece o desenvolvimento da agricultura.

REFLETIR

1. Ao longo de seu curso, o Rio São Francisco fixou populações em suas margens, o que proporcionou o surgimento de diversas localidades ribeirinhas que usam suas águas para abastecimento doméstico, criação de animais, irrigação, pesca e transporte de pessoas. Entre os anos 2000 e 2010 o Governo Federal lançou e desenvolveu um projeto de deslocamento das águas do Rio São Francisco.

↑ Projeto de integração do Rio São Francisco. Custódia (PE), 2017.

Faça uma pesquisa sobre as principais características e finalidades dessa obra. Discuta com os colegas e o professor as consequências para o meio ambiente e a sociedade. Com a ajuda do professor, crie mapas cuja representação mostre cartograficamente a dimensão do projeto.

DESAFIO

1. Vamos entender melhor como funciona a atividade da agroindústria?

   Traga para a sala de aula a embalagem de um produto consumido em sua casa cuja matéria-prima tenha origem agrícola. Em posse dessa embalagem, responda no caderno às questões a seguir.

   a) Que tipo de embalagem você tem em mãos (caixa, papel, plástico, lata)?

   b) Que alimento ou produto havia nessa embalagem?

   c) Com que produtos de origem agrícola ele foi elaborado?

   d) Qual é a composição química do produto?

   e) Em que cidade, estado e país esse produto foi fabricado?

   f) Qual é o prazo de validade do produto? Você julga essa informação importante? Justifique sua resposta.

   g) Em sua escola há separação de lixo para o descarte de embalagens? Para onde vai esse lixo?

2. No município onde você mora, a atividade agrícola tem grande destaque? Quais produtos agrícolas são cultivados nele? Forme dupla com um colega e, juntos, pesquisem o desempenho dessa atividade em seu município. Descubram informações sobre as pessoas envolvidas, a época de plantio e colheita, o destino da produção, a organização de cooperativas e os problemas naturais e ambientais que dificultam a produção. Apresentem os resultados da pesquisa aos demais colegas e discutam os dados obtidos.

CAPÍTULO 3
A pecuária

> No capítulo anterior, você estudou a atividade econômica agrícola, a agricultura intensiva, a agricultura extensiva e os usos do solo. Neste capítulo, você vai estudar o conceito de pecuária, seus sistemas de criação e sua importância econômica.

Criação de animais

Em nossa alimentação diária, é comum a presença de produtos de origem animal. E não se trata apenas da carne do churrasco, do filé de frango do almoço ou do presunto do sanduíche; também utilizamos produtos da pecuária ao comer pão com manteiga ou bolo feito com ovos, ao tomar vitamina com leite adoçada com mel, ao usar sapatos de couro ou vestir uma blusa de lã, e até mesmo ao fazer gelatina!

A pecuária é o conjunto de técnicas relacionadas à criação de animais e é uma atividade econômica muito importante para a alimentação humana, a produção de mercadorias e a economia de países que exportam produtos dessa natureza. O aproveitamento dos insumos animais é uma das atividades econômicas mais antigas da humanidade; a domesticação de animais data de 12 mil anos atrás.

A pecuária abrange a criação de ampla variedade de animais, tanto os de grande porte – como bois (bovinos), cavalos (equinos), asnos (asininos), mulas e burros (muares) e búfalos (bubalinos) – quanto os de pequeno porte – como aves (avícolas), cabras e bodes (caprinos), ovelhas e carneiros (ovinos) e porcos (suínos). Observe as imagens a seguir e identifique os tipos de criação animal.

↑ Criação de equinos. Marmelópolis (MG), 2015.

↑ Criação de caprinos. Poções (BA), 2016.

↑ Criação de bubalinos. Ilha de Marajó (PA), 2015.

↑ Criação de avícolas. Guarani (MG), 2017.

A importância da pecuária como atividade econômica está no fato de produzir alimentos básicos para os seres humanos, como carne, leite e ovos. O leite, por sua vez, é utilizado na fabricação de manteiga, iogurtes e queijos, entre outros produtos lácteos.

A pecuária também é fonte de matéria-prima para diversos produtos relacionados às indústrias farmacêutica e cosmética. A vacina da gripe, por exemplo, utiliza ovos de galinha em sua fabricação.

O couro, extraído dos rebanhos, abastece a indústria. Esta, por sua vez, transforma o couro em muitos produtos usados no dia a dia, como sapatos, bolsas, carteiras, cintos, chapéus, mobiliário etc. Até mesmo o esterco seco (fezes secas dos animais) é útil como combustível, processado por um equipamento conhecido como **biodigestor**.

Sistemas de criação

Sistema de criação é a forma e o modelo da produção pecuária, que pode variar conforme a disponibilidade de capital do pecuarista, o tamanho da propriedade, as técnicas empregadas e a produtividade. Em geral, os sistemas podem ser **extensivos** ou **intensivos**.

O sistema de **criação intensivo** caracteriza-se pela criação de animais em modelo de confinamento. Nesse sistema, utilizado principalmente para a obtenção de leite, ovos e carne, os animais se locomovem muito pouco, são alimentados com ração e vivem em estábulos, granjas e tanques, entre outras formas de apresamento. Observe, na imagem ao lado, alguns animais criados nesse sistema.

↑ Criação de suínos em confinamento. Tunápolis (SC), 2015.

Na criação intensiva, predomina o uso de recursos tecnológicos avançados, com reprodução por meio de inseminação artificial, o que melhora a qualidade do rebanho e, consequentemente, aumenta a produtividade. O controle de vacinas e a higiene garantem a saúde dos animais.

> **GLOSSÁRIO**
>
> **Biodigestor:** equipamento usado para o processamento de matéria orgânica (fezes e urina de animais, sobras vegetais, entre outros), que nele sofre reação química e depois pode ser utilizada para produzir biogás e fertilizantes.

 **CURIOSO É...**

Alguns insetos também podem ser criados para fins econômicos. Um exemplo é a apicultura, a criação de abelhas que produzem principalmente mel, mas também própolis, pólen, geleia real, cera de abelha e veneno. No Brasil, o setor apícola vem registrando crescimento tanto na produção como na exportação de mel e derivados. Mais conhecido *in natura*, o mel também é utilizado na indústria de cosméticos, em grande variedade de produtos, como cremes, hidratantes e máscaras faciais.

↑ Processo de produção da seda. Londrina (PR), 2018.

Outro exemplo é a sericicultura, que é a criação do bicho-da-seda. Antes de se transformar em mariposa, a lagarta tece em volta de si mesma um casulo de proteção. Feito de fibra leve e suave, o esconderijo descartado pelo inseto torna-se matéria-prima para a fabricação da seda, um dos tecidos mais valorizados na indústria da moda. O Brasil, único produtor de fio de seda em escala comercial no Ocidente, é destaque na atividade de sericicultura.

Já a **criação extensiva** é um sistema em que os animais são criados soltos em campos, alimentando-se de pastagens naturais, capim e grama. Esse sistema, utilizado basicamente para obtenção da carne (gado de corte), geralmente não emprega recursos tecnológicos avançados nem recursos veterinários importantes. Veja um rebanho criado de forma extensiva na imagem ao lado.

↑ Rebanho bovino. Pacatuba (SE), 2018.

Apesar de solto, é comum o gado permanecer cercado — no chamado sistema extensivo de cercado. Esse sistema de criação também é praticado para a obtenção da carne.

Há ainda o sistema **semiextensivo**, no qual, em determinados períodos do ano, associam-se o sistema de gado solto e o sistema de gado em confinamento (quando os animais são alimentados em ambientes fechados, pois falta capim no período de seca).

No Brasil e em outros países do mundo, a pecuária extensiva recebe críticas quando áreas de mata nativa são usadas como pastos clandestinos — o que configura um grave problema ambiental —, prática que precisa ser fiscalizada e proibida.

A pecuária e a transformação das paisagens

A pecuária bovina é a atividade produtiva que demanda maior extensão de terras para a pastagem. A pastagem plantada, que é utilizada nas atividades pecuaristas, ocupa cerca de 38,8% da cobertura das terras totais do Brasil.

As pastagens utilizam áreas de **biomas** naturais, como a Floresta Amazônica, o Cerrado, a Caatinga, os Pampas e as áreas remanescentes de Mata Atlântica. Áreas importantes são desmatadas para o desenvolvimento das atividades pecuaristas.

Fonte: Bruno Calixto. Desmatamento do Cerrado, o novo vilão ambiental do Brasil. Blog do Planeta. *Época*, 6 out. 2014. Disponível em: <https://epoca.globo.com/colunas-e-blogs/blog-do-planeta/noticia/2014/10/bdesmatamento-do-cerradob-o-novo-vilao-ambiental-do-brasil.html>. Acesso em: jun. 2018.

↑ Perceba que quase metade do Cerrado já foi desmatado pelo ser humano, ocasionando grande perda da flora e fauna local.

As atividades extrativistas, agrícolas e pecuárias são muito importantes para o desenvolvimento econômico do Brasil. Contudo, as mudanças nas paisagens naturais causam danos significativos ao funcionamento dos **ecossistemas** locais e regionais. Algumas consequências da retirada da vegetação são os acelerados processos de **intemperismo** e erosão, empobrecimento do solo, assoreamento de rios, desequilíbrio dos índices de chuva e diminuição da biodiversidade, tanto da fauna como da flora.

GLOSSÁRIO

Bioma: grande comunidade de plantas e animais adaptados a determinada região com clima, relevo e outras condições ambientais específicas.
Ecossistema: conjunto das relações de interdependência dos seres vivos entre si e com o meio ambiente.
Intemperismo: conjunto de processos devidos à ação de agentes atmosféricos e biológicos que ocasionam a destruição física e a decomposição química dos minerais das rochas.

CARTOGRAFIA

Observe o mapa a seguir, que representa a agropecuária no mundo. Nele há uma sobreposição de dados.

As diferentes áreas de uso da terra são representadas por meio da associação de cores e hachuras para indicar a abrangência dos diversos elementos da agropecuária. Os pontos mostram a localização exata de alguns tipos de uso da terra, e as setas indicam a origem e o destino da exportação de produtos agrícolas.

Mapa-múndi: agropecuária – 2013

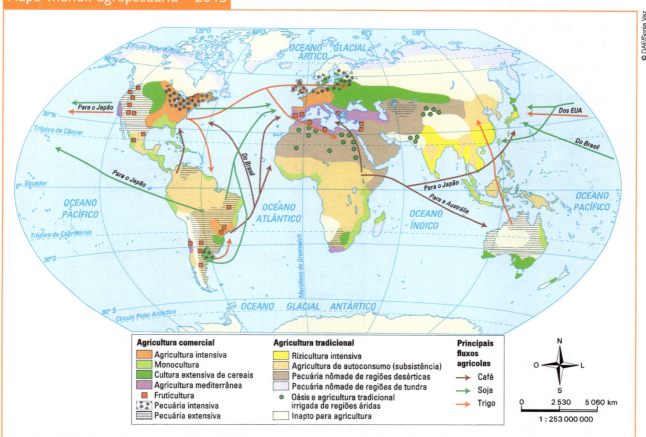

Fonte: Vera Caldini e Leda Isola. *Atlas geográfico Saraiva*. 4. ed. São Paulo: Saraiva, 2013. p. 185.

1. Em quais regiões do mundo se destaca a agricultura intensiva?

2. Que tipo de pecuária predomina na América do Sul?

3. Quais são os principais produtos agrícolas exportados pelo Brasil?

4. Que tipo de pecuária predomina no norte da África? Pesquise seus principais aspectos.

5. Observe as áreas inaptas para a agricultura. O que você acredita ser capaz de tornar uma área incapaz de produzir itens agrícolas? Nessas áreas, quais seriam as possíveis alternativas da população para sua sobrevivência?

55

ATIVIDADES

SISTEMATIZAR

1. Defina pecuária e explique sua importância para os seres humanos.

2. Cite os tipos de rebanho que integram a pecuária de grande e de pequeno porte.

3. Identifique nas frases a seguir o tipo de pecuária a que cada uma faz referência (intensiva ou extensiva).

    a) O gado é criado em confinamento.

    b) O gado é criado solto, em campos extensos.

    c) O gado alimenta-se, principalmente, de pastagens naturais, capim e grama.

    d) O gado é alimentado principalmente com ração.

    e) Predomina o uso de recursos tecnológicos avançados.

4. De que maneira a pecuária é responsável por transformar a paisagem?

REFLETIR

1. Interprete a charge relacionando-a com um problema ambiental que a pecuária pode causar.

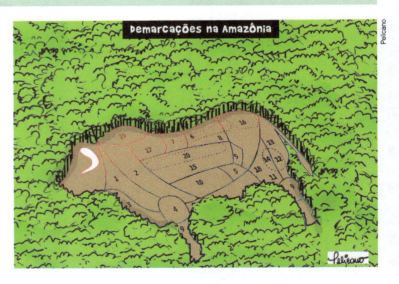

2. O escritor Guimarães Rosa, um dos maiores autores brasileiros, escreveu o seguinte poema:

Boiada

– "Eh boi!... Eh boi!..."
É gado magro,
é gado bravo,
que vem do sertão.
E os cascos pesados,
atropelados,
vão martelando o chão
na soltura sem fim do Chapadão do Urucuia...
[...]

Guimarães Rosa. *Magma*. Rio de Janeiro: Nova Fronteira, 1997. p. 28.

Considerando a leitura desse trecho e o que você estudou neste capítulo, você diria que o gado descrito pelo autor é criado de forma intensiva ou extensiva. Por quê? Identifique uma passagem do texto que justifique sua escolha.

CAPÍTULO 4

A indústria, o comércio e os serviços

No capítulo anterior, você estudou a pecuária e os sistemas de criação. Neste capítulo, você vai estudar a indústria (sua origem e seu desenvolvimento), o comércio e a prestação de serviços.

Transformação da matéria-prima

Observe o ambiente a seu redor. Quase tudo que está a sua volta passou por um processo industrial. Isso significa que a matéria-prima foi transformada em produto elaborado. As roupas que você está usando, a cadeira onde se senta, a lâmpada que ilumina a sala, o trinco da porta, a televisão em que assiste a seus programas favoritos, o ônibus que passa perto da escola: todos são produtos industrializados.

A atividade industrial produz praticamente tudo o que os seres humanos utilizam na atualidade. Para que esses produtos cheguem às nossas mãos, são necessárias outras atividades econômicas, como o comércio e a prestação de serviços. Nas próximas páginas, vamos estudar algumas características desses processos.

Observe a ilustração abaixo. Nesta cena corriqueira, é possível identificar diversos produtos industrializados.

Indústria: origem e desenvolvimento

Desde o Período **Neolítico** o ser humano já transformava matéria-prima para sua sobrevivência.

Na Europa, durante a Idade Média (do século V ao XV), o trabalho de transformação se expandiu com a figura do artesão, uma espécie de trabalhador especializado, encarregado de produzir os objetos de que a sociedade necessitava, como peças de cerâmica, tecidos, armas, entre outros. O artesanato, resultado do trabalho do artesão, caracteriza-se pelo uso de instrumentos simples. A imagem ao lado mostra esse trabalho artesanal desenvolvido na fabricação de fechos de roupa.

A introdução das máquinas no processo produtivo originou muitas mudanças. A atividade de manufatura empregava máquinas simples, por isso a produção de mercadorias passou a ser exercida em etapas, com a divisão do trabalho entre as pessoas.

Somente a partir da Revolução Industrial, iniciada na Inglaterra na metade do século XVIII, o processo passou a desenvolver-se mais rapidamente. A invenção da máquina a vapor e do tear mecânico, que revolucionou a indústria têxtil (de tecido), impulsionou a atividade industrial, primeiramente na Europa e, depois, em todo o mundo.

Ao longo do tempo histórico a indústria passou por diversas fases. Atualmente o cenário é muito diferente de quando a atividade industrial começou, pois ocorreu intenso desenvolvimento tecnológico e científico até chegarmos à indústria da atualidade. Em cada etapa dos novos processos, o espaço geográfico foi se transformando. O surgimento da máquina a vapor, movida a carvão mineral, por exemplo, revolucionou o sistema de transportes, que antes era feito com tração animal. Observe a imagem ao lado.

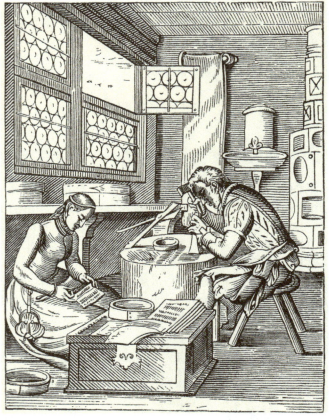

↑ J. Amman. *Fabricante de fechos*, séc. XVI. Fac-símile de gravura em madeira.

GLOSSÁRIO

Neolítico: período da História, por volta de 12 mil anos atrás, em que grupos humanos passaram a fixar moradia, domesticar animais e praticar a agricultura.

→ Henry Thomas Alken. *O progresso do vapor – vista da Rodovia White Chapel*, 1905. O surgimento da máquina a vapor, movida a carvão mineral, revolucionou o sistema de transportes.

A indústria tem importante papel na economia do mundo atual, em que o ato de consumir é primordial para a sociedade. A indústria moderna tende a se concentrar em determinadas porções do espaço geográfico, dando origem a importantes polos ou aglomerações industriais de diversas fábricas.

↑ A escolha do local das novas instalações industriais leva em conta o mercado consumidor e a mão de obra disponível. A indústria moderna é caracterizada pela tecnologia e produção em série. Linha de produção em fábrica de tratores. Canoas (RS), 2017.

O **trabalho em série** e a produção em larga escala são características marcantes da indústria moderna. A opção pela instalação de uma indústria em determinado lugar leva em consideração alguns fatores, como o mercado consumidor e a mão de obra disponível.

> **GLOSSÁRIO**
>
> **Trabalho em série:** trabalho por etapas, em que cada trabalhador executa uma ação.

Tipos de indústria

De modo geral, a indústria moderna pode ser classificada como está descrito a seguir.

- **Indústria extrativa** – voltada à extração de recursos naturais (de origem animal, vegetal ou mineral).
- **Indústria de transformação** – produz bens utilizando matérias-primas. As indústrias de transformação podem ser de:
  a) **bens de consumo** – mercadorias que abastecem diretamente o mercado consumidor. Subdividem-se em indústrias de bens duráveis (eletrodomésticos, automóveis, aparelhos eletrônicos etc.) e de bens não duráveis (alimentos, remédios, vestuário etc.);
  b) **bens de base** – produzem matéria-prima para outras indústrias, não para o consumo final. Operam com diversos minerais metálicos – ferro, cobre, bronze etc. –, como a indústria siderúrgica, que produz aço, entre outras;
  c) **bens de capital** – fabricam máquinas e equipamentos para serem utilizados em outras fábricas ou setores industriais.

Indústria: mudanças sociais, espaciais e ambientais

De acordo com o que estudou até aqui, você diria que a indústria alterou muito a história da humanidade? A resposta é positiva. E as mudanças ocorreram não só na forma de produção das mercadorias, mas também nas sociedades, nos espaços geográficos e nas paisagens da superfície terrestre.

De modo geral, as indústrias instalaram-se nas cidades e foram responsáveis pela urbanização — o aumento da população nas cidades em detrimento da população no campo — porque as cidades atraíram grande número de pessoas para trabalhar nas fábricas.

Além do trabalho em série nas fábricas, a industrialização levou à maior diversificação do trabalho nas cidades. Com isso, o comércio e os serviços também se expandiram no espaço urbano.

Com a concentração das indústrias, a tendência foi o aumento gradativo das cidades e da concentração humana nos espaços urbanos. Isso acarretou o crescimento das cidades e a ocupação de novos espaços em seu entorno. Consequentemente, muitas áreas foram desmatadas e os vales de rios foram intensamente ocupados, com novas edificações, ruas, estações ferroviárias etc.

Compare as imagens a seguir. Que diferenças você percebe entre elas? O que causou essas diferenças?

← Vista de Manaus (AM), 1888.

← Vista de Manaus (AM), 2017.

As atividades industriais intensificaram a exploração dos recursos naturais e causaram grandes impactos ambientais, como o desmatamento e a poluição sonora, do solo, do ar e das águas. Além disso, as indústrias estão entre as principais responsáveis pela emissão de gases de efeito estufa na atmosfera, aumentando a poluição do ar. Você vai estudar mais profundamente esse assunto no Tema 7.

Solucionar os problemas causados pela industrialização tem sido um grande desafio para os governos. Embora muitas leis ambientais já tenham sido criadas, e a fiscalização e punição de agentes poluidores tenham se intensificado nos últimos anos, ainda há muito o que fazer para preservar o meio ambiente.

AQUI TEM MAIS

A indústria do petróleo é uma das mais poluidoras do mundo. Por ser o petróleo um recurso finito, sua extração e consumo atuais criam um problema de escassez para as gerações futuras. Contudo, no curto prazo, o aumento do consumo de petróleo está relacionado à emissão de poluentes no ar, o que vem causando sérios problemas ao meio ambiente.

Mas existem outras indústrias bastante poluidoras além da petrolífera. Leia o texto a seguir e responda às questões.

Qual é a indústria que mais polui o meio ambiente depois do setor do petróleo?

É fácil citar a indústria do petróleo como principal vilã da poluição. Mas poucos talvez saibam que o segundo lugar nesse *ranking* pertence à indústria da moda.

Se você veste calças ou malhas de poliéster, por exemplo, fique sabendo que a fibra sintética mais usada na indústria têxtil em todo o mundo não apenas requer, segundo especialistas, 70 milhões de barris de petróleo todos os anos, como demora mais de 200 anos para se decompor.

A viscose, outra fibra artificial, mas feita de celulose, exige a derrubada de 70 milhões de árvores todos os anos.

E, apesar de natural, o algodão é uma fibra cujo cultivo é o que mais demanda o uso de substâncias tóxicas em seu cultivo no mundo – 24% de todos os inseticidas e 11% de todo os pesticidas, com óbvios impactos na terra e na água.

Nem mesmo o algodão orgânico escapa: uma simples camiseta necessitou de mais de 2 700 litros de água para ser confeccionada.

Usar e jogar fora

Mas talvez o maior dano causado pela indústria da moda seja a tendência da "moda rápida", marcada especialmente pelos preços baixos. O consumo multiplica os problemas ambientais.

O chamado "segredo sujo" da moda deu origem a iniciativas que buscam uma maior responsabilidade ambiental.

Portal G1, 13 mar. 2017. Disponível em: <https://g1.globo.com/natureza/noticia/qual-e-a-industria-que-mais-polui-o-meio-ambiente-depois-do-setor-do-petroleo.ghtml>. Acesso em: jun. 2018.

↑ Os corantes sintéticos usados para tingir os tecidos poluem as águas e os solos, além de serem nocivos para os trabalhadores da indústria têxtil por seus efeitos tóxicos. Dhaka, Bangladesh, 2016.

1. O **consumismo** relaciona-se ao consumo excessivo, isto é, quando compramos produtos ou serviços em quantidade exagerada. Você consegue relacionar o problema da indústria poluente da moda com o consumo exagerado?

2. Em sua opinião, qual é o papel das propagandas na indução ao consumo de determinados produtos, especialmente da moda?

Comércio e serviços

Os serviços abrangem diversas atividades: bancárias, educacionais, de transporte, do setor alimentício (como restaurantes), de lazer e turismo, administrativas, entre outras. Com a diversificação desse setor econômico, aumentou a atuação dos profissionais na área, como os de informática, *marketing*, telecomunicações etc.

O comércio e os serviços expandiram-se muito com o advento da industrialização. Foi o setor da economia que mais cresceu nas últimas décadas. O comércio é uma das principais atividades, primordial para a economia nacional e mundial, porque é praticado intensamente em escala local e global – envolve desde as trocas locais até volumosas exportações e importações.

Nos países desenvolvidos e em desenvolvimento, é nesse setor que há trabalho para a maior parte da população economicamente ativa. Os países de economia relativamente baixa dependem, principalmente, do setor primário.

Observe as imagens a seguir. Na primeira, é possível perceber o volume de itens que são exportados no comércio brasileiro. Note quantos contêineres podem ser transportados de uma só vez. No ano de 2017, o Porto de Santos movimentou 129,9 milhões de toneladas em cargas. A segunda imagem mostra a análise de dados, um exemplo de prestação de serviços na área de tecnologia.

↑ Navio cargueiro. Santos (SP), 2018.

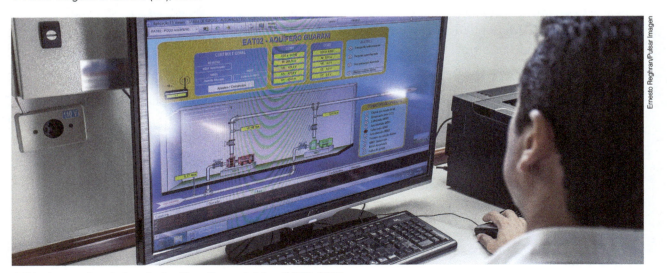

↑ Técnico analisa dados do Aquífero Guarani. Ibiporã (PR), 2015.

ATIVIDADES

SISTEMATIZAR

1. O que é a atividade industrial? Qual é a importância dessa atividade para os seres humanos?

2. Você aprendeu que a atividade industrial produz praticamente tudo o que os seres humanos utilizam no dia a dia. Descreva os objetos industrializados do ambiente em que você está neste momento. Tente identificar quais foram os recursos naturais utilizados na fabricação deles.

3. Qual foi a importância da Revolução Industrial para os processos de produção em todo o mundo?

4. Diferencie a indústria extrativa da indústria de transformação.

5. Cite fatores que elucidam o papel da indústria nas modificações do espaço geográfico.

6. Quais são as principais atividades econômicas que compõem, respectivamente, os setores secundário e terciário?

7. A indústria é muito importante para o desenvolvimento econômico dos países, mas causa impactos importantes no ambiente. Cite alguns deles.

REFLETIR

1. As imagens a seguir retratam o interior de fábricas em épocas diferentes. Compare-as sob o ponto de vista do trabalho, do número de operários, da técnica e da quantidade produzida. O que essa comparação mostra? O que podemos concluir?

Fábrica de alimentos na Califórnia. Estados Unidos, c. 1900.

Linha de produção de veículos. Goiana (PE), 2015.

FIQUE POR DENTRO

QUE TRABALHO!

Quando tomamos café da manhã, não percebemos quanto trabalho foi necessário para que o cafezinho chegasse à nossa xícara. Mas é preciso muito tempo e muitas pessoas nesta **CADEIA PRODUTIVA**. Acompanhe a seguir o passo a passo da produção de café!

1. A terra é preparada para receber as mudas da planta. Durante dias, é preciso cuidar da plantação para que cresça e não seja afetada por pragas.

2. Tempos depois, é hora da colheita. Pode ser manual, em que os frutos são colhidos com panos ou peneiras, ou mecânica, com grandes máquinas.

3. Em seguida, as impurezas, as folhas e as cascas são separadas. Nesta etapa pode ser necessária muita água. O grão de café é peneirado e precisa secar.

O café é uma bebida muito popular, sendo a segunda mais consumida do mundo. Com um mercado consumidor tão amplo, foi possibilitado seu aprimoramento, de modo que foram criadas até versões altamente sofisticadas. Beber café sempre foi, também, um ato social, que une pessoas em torno de conversas e de um momento de descanso. Por essas e outras razões, o hábito de consumo dessa bebida, que mantém toda essa grande cadeia produtiva, ainda deve perdurar por um bom tempo!

Elder Galvão

1. Pode-se afirmar que "o caminho do café" representado neste infográfico caracteriza-se como um processo da agroindústria? Justifique sua resposta.

2. Antes de ler este infográfico, você já tinha conhecimento desse processo? O que mais chamou sua atenção?

Fontes: Embrapa Café. Disponível em: <www.embrapa.br/cafe>. Acesso em: fev. 2019. EMATER - MG. *Manual do café – colheita e preparo*. Disponível em: <www.sapc.embrapa.br/arquivos/consorcio/publicacoes_tecnicas/livro_colheita_preparo.pdf>. Acesso em: fev. 2019. Embrapa Notícias. *Café é a segunda bebida mais consumida no Brasil*. Disponível em: <www.embrapa.br/busca-de-noticias/-/noticia/2574254/cafe-e-a-segunda-bebida-mais-consumida-no-brasil>. Acesso em: fev. 2019.

PANORAMA

FAÇA AS ATIVIDADES A SEGUIR E REVEJA O QUE VOCÊ APRENDEU.

1. Diferencie os recursos naturais renováveis dos não renováveis. Exemplifique-os.

2. Justifique a frase: O extrativismo é considerado a atividade mais antiga do ser humano.

3. Em que consistem o extrativismo animal e o extrativismo mineral?

4. Copie no caderno o quadro a seguir e escreva a que se dedicam estas três atividades econômicas do setor primário.

Extrativismo	Agricultura	Pecuária

5. Leia o texto a seguir e faça o que se pede.

[…] as mulheres do campo têm menor acesso ao crédito, à criação de gado, à assistência técnica, à titularidade de terras e ao emprego rural na região [América Latina e Caribe], o que evidencia a desigualdade social e econômica na qual vivem e impede que coloquem todo o potencial na agricultura e na segurança alimentar, afirma a FAO.

Cerca de 58 milhões de mulheres vivem em áreas rurais da América Latina e do Caribe. Segundo a FAO, elas são peças-chaves na luta contra a fome, não só como produtoras, mas também no papel múltiplo como principais encarregadas da alimentação das crianças e da aquisição, manipulação e preparação de alimentos.

"As mulheres do campo e indígenas têm um papel importante na transformação do atual sistema alimentar, contribuindo para o acesso e controle equitativo sobre a terra, a água, as sementes, a pesca e a biodiversidade agrícola dos que produzem alimentos", ressaltou a embaixadora do Ano Internacional da Agricultura Familiar 2014, Mirna Cunningham.

Papel das mulheres para a agricultura familiar é discutido em evento regional da FAO. Organização das Nações Unidas no Brasil, 29 abr. 2014. Disponível em: <https://nacoesunidas.org/papel-das-mulheres-para-a-agricultura-familiar-e-discutido-em-evento-regional-da-fao/>. Acesso em: jun. 2018.

a) Reflita sobre os seguintes temas.
  • A importância do papel das mulheres no trabalho no campo e em outras atividades.
  • As razões da diferença de oportunidades entre homens e mulheres no campo, e como seria possível mudar esse quadro.

b) Redija um texto com as ideias principais da reflexão.

6. Identifique a que tipo de sistema agrícola pertence cada uma das seguintes características:
  a) modernas técnicas no preparo do solo;
  b) lavouras mecanizadas;
  c) grande utilização do trabalho braçal;
  d) baixa produtividade;
  e) alta produtividade;
  f) emprego de instrumentos e técnicas mais antigas e simples.

7. Quanto ao destino da produção, o que diferencia a agricultura de subsistência da agricultura comercial?

8. Observe as imagens e responda às questões.

↑ Fábrica de *smartphones*. Noida, Índia, 2017.

↑ Coleta de lixo eletrônico. Londrina (PR), 2015.

a) O que as imagens mostram? Qual é a relação entre elas?

b) Qual é o problema ambiental retratado? Quais são os maiores problemas causados por ele para a natureza e a sociedade?

9. Observe o mapa do Brasil ao lado. Ele traz informações importantes sobre a organização e distribuição das atividades econômicas desenvolvidas no espaço geográfico brasileiro.

a) Em que região do Brasil destaca-se a atividade de extrativismo vegetal?

b) Podemos afirmar que no Brasil a agricultura e a pecuária (agropecuária) são atividades econômicas importantes? Justifique sua resposta com base no mapa.

c) Em que região do Brasil a indústria está fortemente concentrada?

Fonte: Vera Caldini e Leda Isola. *Atlas geográfico Saraiva*. 4. ed. São Paulo: Saraiva, 2013. p. 54.

DICAS

📖 LEIA

O seringal, de Fernando Vilela (Scipione). O livro acompanha a viagem de João, um jovem de 17 anos, ao estado do Acre, onde conhece a realidade dos seringueiros da região e a luta deles por justiça e pela conservação da natureza. A obra inspira-se nos ideais de Chico Mendes, seringueiro e ativista ambiental brasileiro.

▶ ASSISTA

Chico Mendes: cartas da floresta, Brasil, 2009. Direção: Dulce Queiroz, 43 min. Documentário que conta a história do seringueiro e ativista ambiental Chico Mendes. Mostra, entre outras coisas, como ele aprendeu a ler, a escrever e como se tornou o grande líder da luta dos seringueiros contra os latifundiários e a devastação florestal.

O ciclo do petróleo. Produção: Instituto Akatu Mirim, 4 min. Animação que aborda desde a formação do petróleo até a maneira de extraí-lo. Apresenta também as diversas aplicações dessa matéria-prima no dia a dia da sociedade, além de alertar e conscientizar o público do impacto que o petróleo pode causar se for utilizado de modo indiscriminado e irresponsável.

Carro orbita a Terra, 2018.

TEMA 3
A Terra no Universo

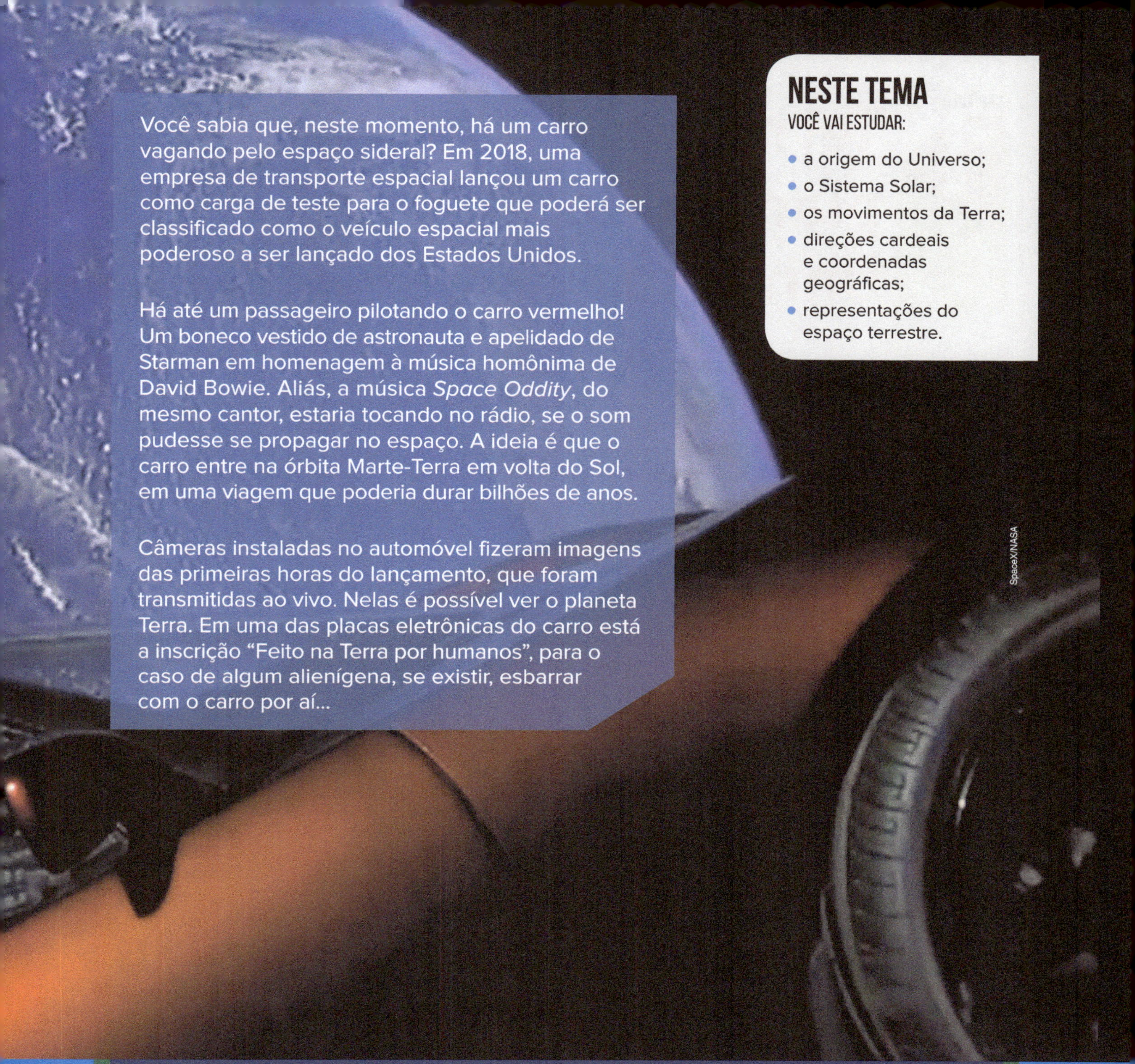

Você sabia que, neste momento, há um carro vagando pelo espaço sideral? Em 2018, uma empresa de transporte espacial lançou um carro como carga de teste para o foguete que poderá ser classificado como o veículo espacial mais poderoso a ser lançado dos Estados Unidos.

Há até um passageiro pilotando o carro vermelho! Um boneco vestido de astronauta e apelidado de Starman em homenagem à música homônima de David Bowie. Aliás, a música *Space Oddity*, do mesmo cantor, estaria tocando no rádio, se o som pudesse se propagar no espaço. A ideia é que o carro entre na órbita Marte-Terra em volta do Sol, em uma viagem que poderia durar bilhões de anos.

Câmeras instaladas no automóvel fizeram imagens das primeiras horas do lançamento, que foram transmitidas ao vivo. Nelas é possível ver o planeta Terra. Em uma das placas eletrônicas do carro está a inscrição "Feito na Terra por humanos", para o caso de algum alienígena, se existir, esbarrar com o carro por aí...

NESTE TEMA
VOCÊ VAI ESTUDAR:

- a origem do Universo;
- o Sistema Solar;
- os movimentos da Terra;
- direções cardeais e coordenadas geográficas;
- representações do espaço terrestre.

SpaceX/NASA

Você pode observar na imagem o planeta Terra como é visto do espaço: redondo e azul.

1. Para você, qual é a diferença entre espaço no Universo (espaço sideral) e espaço geográfico?
2. Como você acha que o Sol e as estrelas nasceram?
3. O que existe além das estrelas e do Sol no espaço? Faça um desenho para representar sua ideia e compare-o com o dos colegas.

CAPÍTULO 1
Terra: um planeta do Universo

> No capítulo anterior, você estudou a indústria, o comércio e a prestação de serviços. Neste capítulo, você vai estudar a origem do Universo, o planeta Terra e o Sistema Solar.

Nosso lugar no espaço

Você já aprendeu que lugar é o local onde vivemos, construímos nossa história, vivemos experiências. O lugar onde você está, assim como as paisagens e os espaços geográficos, compõem um elemento de dimensões maiores: a **superfície terrestre**.

É na superfície do planeta Terra que estão as águas e os **continentes**, e é onde diversos povos constroem e reconstroem os espaços de vivência.

Mas onde está localizado o planeta Terra? E, afinal, o que é um planeta? Antes de responder a essas questões, vamos entender como tudo começou.

Quando olhamos para o céu à noite, conseguimos observar apenas uma pequena parte de tudo o que há no **Universo**. Alguns dos astros que vemos estão mais próximos de nós; outros, muito distantes. Isso não é fascinante? Durante o dia podemos ver o Sol – estrela que nos aquece e ilumina.

> **GLOSSÁRIO**
>
> **Continente:** grande porção de terra na superfície terrestre, emersa e limitada pelo mar. Existem seis continentes: América, África, Ásia, Europa, Oceania e Antártica.

← A Terra é um pequeno corpo localizado no Universo em meio a bilhões e bilhões de outros corpos celestes. Imagem de 2017.

A origem de tudo

A origem e a dimensão do Universo sempre despertaram a curiosidade dos seres humanos, que estudam até hoje para tentar entendê-lo, chegando a diferentes conclusões, de acordo com diversas visões e crenças.

Atualmente, a teoria mais aceita é a do **Big Bang**, que pode ser traduzida como "grande explosão". Segundo alguns cientistas, há cerca de 13,7 bilhões de anos ocorreu a explosão de uma partícula primordial, que se expandiu e originou o Universo. Cerca de 3 bilhões de anos após a explosão inicial, começaram a se formar as galáxias.

As **galáxias** são porções do Universo formadas por inúmeros corpos celestes: estrelas, planetas, satélites, entre outros. Não se sabe ao certo quantas galáxias existem. Os astrônomos estimam que esse número varie entre 80 bilhões e 120 bilhões.

Agora vamos voltar às questões iniciais.

Planeta é um astro que orbita uma estrela, ou seja, gira em torno dela, e não emite luz – é um astro iluminado.

Nosso planeta, a Terra, encontra-se em uma galáxia que recebeu o nome de Via Láctea, que em latim significa "caminho de leite". Esse nome foi dado porque, ao ser observada da Terra, a Via Láctea parece uma mancha branca no céu, que lembra leite derramado.

Na **Via Láctea** há bilhões de sistemas compostos de uma estrela principal e astros que giram ao redor dela. O sistema onde nosso planeta está localizado denomina-se **Sistema Solar**.

Sistema Solar na Via Láctea

Na imagem, a dimensão e as distâncias dos astros não correspondem à realidade, são ilustrativas.

Representação da Via Láctea com destaque para o Sistema Solar.

Fonte: Renato Las Casas. Nossa localização na Via Láctea. Observatório Astronômico Frei Rosário/UFMG, 1º ago. 2001. Disponível em: <www.observatorio.ufmg.br/pas33.htm>. Acesso em: ago. 2018.

O Sistema Solar

O **Sistema Solar** compreende um conjunto de corpos celestes composto de planetas, asteroides, cometas, satélites, além de poeira e gases que giram ao redor do Sol.

O **Sol** é uma estrela, um astro luminoso que emite luz, assim como uma infinidade de outras estrelas dispersas pelo Universo. Entretanto, é a mais importante para nós por irradiar calor e fornecer luz a nosso planeta, possibilitando o desenvolvimento da vida.

Oito planetas fazem parte do Sistema Solar: Mercúrio, Vênus, Terra, Marte, Júpiter, Saturno, Urano e Netuno. Os quatro primeiros são planetas menores e mais próximos do Sol, formados por rochas e metais. Já os quatro últimos são gasosos, maiores e mais distantes do Sol.

GLOSSÁRIO

Asteroide: pequeno objeto rochoso e metálico que orbita o Sol.
Cometa: corpo menor do Sistema Solar que faz órbitas elípticas ao redor do Sol.
Primordial: relacionado ao primitivo ou original.
Satélite: corpo que orbita um planeta.

Observe a imagem a seguir.

Fonte: *Atlas geográfico escolar*. 7. ed. Rio de Janeiro: IBGE, 2016. p. 9.

↑ Os planetas do Sistema Solar movimentam-se em órbita ao redor do Sol, atraídos pela força gravitacional dessa estrela.

AQUI TEM MAIS

Geocêntrico ou heliocêntrico?

[...] Até o início do século 17, acreditava-se que a Terra ficava imóvel no centro do Universo e que o Sol, os planetas e as estrelas giravam ao seu redor. Na época, pensava-se até que, se a Terra girasse, os animais acabariam tontos! A hipótese de que o nosso planeta estava no centro do Universo constava nas escrituras sagradas e era defendida pelos padres. Como eles eram os maiores detentores de conhecimento, quem ousaria duvidar?

O cientista que imaginou um universo diferente do que a Igreja pregava foi o astrônomo polonês Nicolau Copérnico (1473-1543). Segundo sua teoria, o Sol estava no centro do Universo e os planetas giravam ao seu redor. Na época, Copérnico não conseguiu provar que o universo se organizava dessa maneira. Mesmo assim, foi advertido pela Igreja por estar se intrometendo em assuntos religiosos. Quem primeiro verificou que o Universo era bem diferente daquele que a Igreja aceitava foi o cientista italiano Galileu Galilei (1564-1642). Isso fez com que cada vez mais cientistas mudassem sua maneira de pensar, chegando a provar, finalmente, que era a Terra que se movia.

Mara Figueira. A história de Galileu Galilei. *Ciência Hoje das Crianças*, 11 ago. 2010. Disponível em: <http://chc.org.br/acervo/a-historia-de-galileu-galilei/>. Acesso em: abr. 2018.

1. No caderno, elabore um desenho que represente a teoria geocêntrica, defendida pela Igreja Católica no período, e outro que represente a teoria heliocêntrica, comprovada cientificamente por Galileu Galilei. Explique o que cada uma das teorias defende.

O planeta vivo

Entre todos os planetas do Sistema Solar, a Terra é o único que apresenta superfície com condições adequadas para o desenvolvimento da vida animal e vegetal tal como a conhecemos, além da grande variedade de minerais.

Nosso planeta é um astro iluminado e está afastado do Sol por uma distância média de 149,6 milhões de quilômetros. Se a Terra estivesse mais próxima ou mais afastada do Sol, não haveria água em estado líquido e a vida não seria possível.

A Terra tem, aproximadamente, 4,56 bilhões de anos, e se formou por meio da concentração de poeira e gases que flutuavam em nossa galáxia. Ao longo de todo esse tempo, ela passou por inúmeras transformações até adquirir o aspecto atual.

Visto do espaço, nosso planeta pode parecer uma esfera perfeita; no entanto, ele apresenta um leve achatamento nos polos e **abaulamento** na faixa em que está a Linha do Equador, onde seu diâmetro é um pouco maior que nos polos.

De longe, a Terra parece ter uma superfície lisa, mas, se pudéssemos passar a mão sobre o planeta, perceberíamos que sua superfície não é uniforme. Essas características, acrescidas da moldagem da gravidade, dão ao planeta um formato próprio, denominado **geoide**. A representação do geoide, vista na ilustração a seguir, revela as variações da superfície, fato que comprovamos ao nos deslocar pelo planeta.

GLOSSÁRIO

Abaulamento: forma curvada para fora.
Astrolábio: antigo instrumento naval, usado para medir a altura dos astros acima do horizonte.

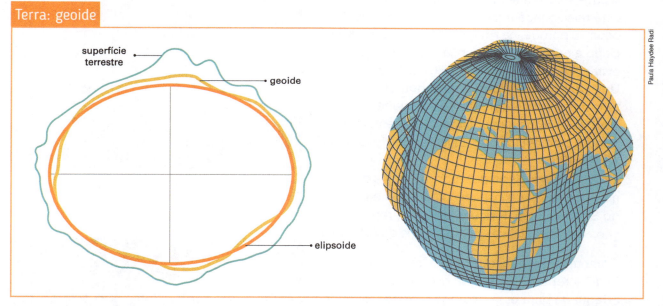

Fonte: *Atlas geográfico escolar*. 7. ed. Rio de Janeiro: IBGE, 2016. p. 17.

↑Vista do espaço, a Terra parece uma esfera perfeita. A representação do geoide revela as variações da superfície.

A forma esférica da Terra foi deduzida por vários estudiosos da Antiguidade, entre eles, Eratóstenes (276 a.C.-194 a.C.), que calculou o tamanho e a forma de nosso planeta com bastante precisão para a época.

Com o desenvolvimento da Cartografia, revelou-se o verdadeiro tamanho da Terra, com medidas mais precisas.

E o aprimoramento de técnicas de navegação por diferentes povos, a invenção de instrumentos de navegação, como o **astrolábio**, e o conhecimento dos astros também contribuíram para compreendermos melhor a geografia da Terra.

ATIVIDADES

SISTEMATIZAR

1. O Big Bang é a teoria mais aceita sobre o surgimento do Universo. O que essa teoria diz?

2. A Terra é um astro iluminado e o Sol, um astro luminoso. Explique a diferença entre eles.

3. Escreva o que é:

   a) galáxia;
   b) Sistema Solar;
   c) planeta.

4. Faça um quadro, como abaixo, no caderno, e complete-o com seu "endereço" no Universo.

Galáxia	
Sistema	
Planeta	

5. A Terra é uma esfera perfeita? Qual é o nome dado a sua forma?

DESAFIO

1. A origem do nome dos planetas do Sistema Solar está relacionada à mitologia greco-romana. Isso ocorreu porque, na Antiguidade, o céu era associado a deuses, e essa opção também ajudou a evitar possíveis polêmicas religiosas ou políticas. Uma das deusas que foram homenageadas, tendo seu nome atribuído a um planeta, é Vênus, que ganhou esta linda representação de Sandro Botticelli, pintor italiano que viveu entre 1445 e 1510.

   Faça uma pesquisa e descubra a história de cada mito que serviu de inspiração para nomear astros do Sistema Solar. Procure, também, representações artísticas desses personagens da mitologia.

↑ Sandro Botticelli. *O nascimento da Vênus*, c. 1485. Têmpera sobre tela, 172,5 cm × 278,5 cm.

2. Cometa, em grego, quer dizer "astro com cabeleira" – repare que é uma definição realmente adequada para esses corpos celestes, quando vistos da Terra.

   O Sistema Solar é percorrido por cometas cujas órbitas são tão imensas que eles levam décadas ou até séculos para retornar aos pontos por onde passam. O mais famoso de todos é o Cometa Halley, que passa perto da Terra a cada 76 anos, aproximadamente. A última vez que isso aconteceu foi em 1986. Sabendo disso, responda:

↑ Cometa Halley fotografado na Carolina do Sul, Estados Unidos, 1986.

   a) Em qual ano o Cometa Halley passará novamente próximo à Terra?
   b) Quantos anos você terá na próxima passagem do Cometa Halley?

CAPÍTULO 2

A Terra em movimento

No capítulo anterior, você conheceu a definição de Universo, o Sistema Solar e o planeta Terra – suas características e seus elementos. Neste capítulo, você vai estudar os movimentos da Terra, sua relação com a circulação geral da atmosfera e suas consequências.

Estamos em constante movimento

Vamos fazer um exercício. Imagine que você está dentro de um carro em movimento. Se alguém perguntasse se você está parado, o que responderia? Seu corpo estaria parado, mas, ao mesmo tempo, deslocando-se com o carro. O que acontece com os movimentos da Terra é algo parecido: consideramos que estamos parados, porém estamos sempre em constante deslocamento pelo Universo.

Atualmente, sabemos que, assim como os demais astros do Universo, a Terra está em constante movimento. No entanto, durante muito tempo, acreditou-se que ela fosse um ponto fixo no Universo, sem movimento algum, e que era o Sol que se movia ao redor dela, como vimos no Capítulo 1.

Entre os vários movimentos da Terra, dois deles são considerados principais: o movimento de rotação e o movimento de translação.

Movimento de rotação

Rotação é o movimento que a Terra realiza ao redor do próprio eixo. Esse movimento demora aproximadamente 24 horas – ou seja, um dia – para se completar, o que chamamos de dia terrestre, e ocorre no sentido de oeste para leste.

Observe a imagem para entender como se dá esse movimento. Perceba que o eixo de rotação do planeta é inclinado (aproximadamente 23°27'30") em relação ao plano orbital da Terra (plano da eclíptica).

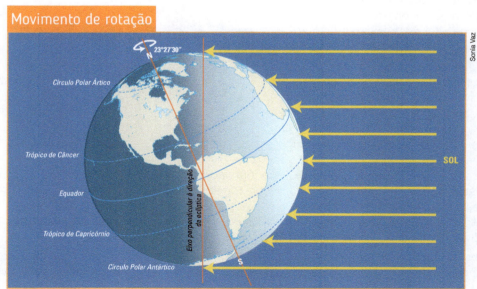

Representação do movimento de rotação da Terra.

Alice Marlene Grimm. *Apostila de meteorologia básica*.
Disponível em: <http://fisica.ufpr.br/grimm/aposmeteo>. Acesso em: abr. 2018.

75

Algumas consequências do movimento de rotação são:

- **sucessão** dos dias (períodos claros) e das noites (períodos escuros) – quando é dia numa face da Terra, é noite em outra. Por isso, há diferença de horas entre lugares distantes um do outro (faces opostas da Terra);
- criação dos fusos horários para organizar as diferentes horas no mundo;
- diferenças na distribuição da **radiação solar** pelo planeta.

> **GLOSSÁRIO**
> **Radiação solar:** energia em forma de calor e luz emitida pelo Sol.
> **Sucessão:** sequência sem interrupção.

É difícil perceber o movimento de rotação da Terra porque não sentimos o planeta girar. Quando a Terra gira, tudo o que está sobre ela – incluindo seres vivos, atmosfera, edifícios, escolas, cidades etc. – acompanha esse movimento.

O movimento de rotação faz com que, do ponto de vista de quem está na Terra, o Sol pareça estar em movimento, no sentido de leste para oeste. Contudo, já sabemos que não é isso que ocorre, motivo pelo qual o chamamos de "movimento aparente do Sol". Veja a imagem ao lado.

Movimento aparente do Sol

→ Representação do movimento aparente do Sol do ponto de vista do observador, na Terra. A impressão de que o Sol surge e desaparece no horizonte gerou as expressões "nascer" e "pôr do Sol".

! CURIOSO É...

A rotação de nosso planeta é tão natural que nem nos damos conta de que ela existe. Entretanto, não só existe como ocorre em grande velocidade: na Linha do Equador ultrapassa os 1600 quilômetros por hora. Você já se perguntou o que aconteceria se a Terra parasse de girar neste exato momento?

Se você estivesse próximo da Linha do Equador, seu corpo voaria para o leste a uma incrível velocidade de mais de 400 metros por segundo. Você poderia sobreviver a esse choque inicial se estivesse próximo dos polos ou em um avião em pleno voo, mas provavelmente apenas por alguns minutos, já que as massas de ar reagiriam à parada da Terra formando fortes ventos e tempestades. Os oceanos, por sua vez, seriam palco de grandes *tsunamis*, com fortes massas de água se deslocando em direção aos polos. Nas cidades, praticamente todas as casas e prédios não resistiriam e desabariam. O núcleo de ferro da Terra cessaria paulatinamente sua rotação, alterando o campo magnético do planeta, responsável por proteger os seres vivos da radiação solar.

Por fim, não haveria mais dia e noite: o lado do planeta voltado para o Sol se transformaria em um deserto com temperaturas altíssimas, enquanto o outro, que ficaria sempre no escuro, congelaria. Tal diferença térmica causaria fortes rajadas de vento.

Movimento de translação

Enquanto realiza o movimento de rotação, a Terra também gira ao redor do Sol fazendo um movimento denominado translação, que dura aproximadamente 365 dias e seis horas, ou seja, pouco mais de um ano.

O movimento de translação serviu de base para a divisão e a organização do tempo. Assim, a cada quatro anos, essas seis horas "extras" são somadas e acrescenta-se um dia ao mês de fevereiro, que fica então com 29 dias. São os anos bissextos.

A principal consequência do movimento de translação é a ocorrência das estações do ano. Observe a imagem abaixo, que representa o movimento de translação da Terra.

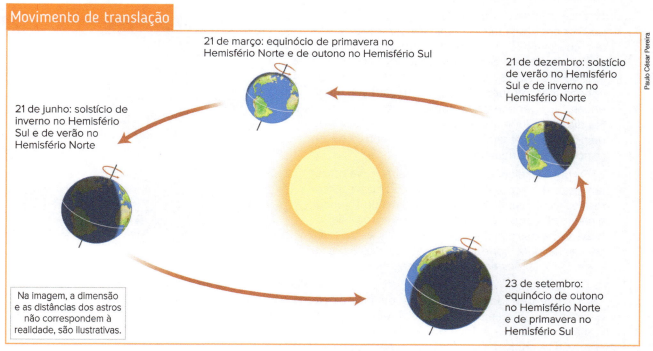

Movimento de translação

21 de março: equinócio de primavera no Hemisfério Norte e de outono no Hemisfério Sul

21 de dezembro: solstício de verão no Hemisfério Sul e de inverno no Hemisfério Norte

21 de junho: solstício de inverno no Hemisfério Sul e de verão no Hemisfério Norte

23 de setembro: equinócio de outono no Hemisfério Norte e de primavera no Hemisfério Sul

Na imagem, a dimensão e as distâncias dos astros não correspondem à realidade, são ilustrativas.

Fonte: *Atlas geográfico escolar*. 7. ed. Rio de Janeiro: IBGE, 2016. p. 10.

Durante o ciclo de uma translação, que dura 12 meses, temos quatro diferentes estações com três meses de duração cada. O início de cada uma delas é marcado por **solstícios – dias e noites com durações diferentes** (dias em que a incidência da luz solar ocorre diretamente sobre o Trópico de Capricórnio – 21 de dezembro – ou sobre o Trópico de Câncer – 21 de junho) ou **equinócios – dias e noites com durações semelhantes** (indicam o alinhamento dos raios solares em relação à Linha do Equador, propiciando dias de igual duração em toda a zona intertropical – 21 de março e 23 de setembro).

Ao longo de cada ciclo do movimento, devido à inclinação do eixo de rotação da Terra, diferentes porções, como os **hemisférios**, recebem radiação solar com intensidade diferente. No mês de junho, por exemplo, os raios solares incidem diretamente em algumas áreas do Hemisfério Norte e menos intensamente no Hemisfério Sul. Seis meses depois, ocorre o contrário, pois a Terra está do lado oposto de sua órbita, mas a inclinação de seu eixo permanece a mesma. Dessa forma, enquanto é verão no Hemisfério Sul, é inverno no Hemisfério Norte. A mesma lógica permanece entre os hemisférios durante a primavera e o outono, apesar de as diferenças não serem tão nítidas, já que, nesse período, a distribuição da luminosidade solar ocorre de forma menos desigual pelo planeta.

> **GLOSSÁRIO**
>
> **Hemisfério:** metade de uma esfera; uma das partes do planeta, quando dividido em dois (Norte e Sul, por exemplo).

AQUI TEM MAIS

A percepção ancestral dos movimentos da Terra

A observação do céu e a identificação dos fenômenos cíclicos da natureza sempre estiveram na base do conhecimento das sociedades antigas e primitivas.

Os babilônios, os chineses, os egípcios e os assírios, por exemplo, utilizavam a observação dos astros e dos fenômenos naturais como parâmetro para medir a passagem do tempo, prever o melhor momento de plantar e colher e até para fazer previsões sobre o futuro, pois acreditavam que os deuses tinham poder sobre as condições climáticas. Evidências materiais sobre o conhecimento astronômico de outros povos antigos podem ser observadas na Irlanda e na Inglaterra.

Você conhece o monumento ao lado? Trata-se do Stonehenge, um complexo de enormes pedras que chegam a ter 5 metros de altura e a pesar quase 50 toneladas. Sua construção foi iniciada em c. 3100 a.C. Não se sabe como nossos ancestrais conseguiram erguer pedras tão pesadas e ainda encaixá-las perfeitamente sobre os blocos verticais. No dia 21 de junho, a perspectiva que se tem é de que o Sol nasce em perfeito alinhamento à pedra principal do monumento.

Os povos indígenas, de modo geral, sempre utilizaram as observações dos fenômenos cíclicos resultantes dos movimentos da Terra como forma de entender a natureza e organizar suas atividades em prol da sobrevivência das comunidades. As atividades da caça, pesca e lavoura, por exemplo, estão sujeitas às variações das estações do ano e à posição da Lua.

↑ Stonehenge. Amesbury, Reino Unido, 2015.

De acordo com o conhecimento dos indígenas guaranis, o camarão é mais abundante entre fevereiro e abril, período de maré alta, enquanto o linguado tem mais oferta no inverno. O ritual de batismo das crianças guaranis também está relacionado ao movimento da Terra em torno do Sol e ao posicionamento da Lua e deve ocorrer próximo ao solstício de verão, período caracterizado pelos fortes ventos e temporais, que simbolizam renovação e recomeço.

Diversos povos indígenas têm o costume de olhar o céu e as **constelações** para identificar o início das estações do ano. Ao surgir totalmente no céu, a constelação da Ema, por exemplo, indica o início do inverno para os guaranis e o início do período de seca para as tribos amazônicas.

O conhecimento dos diversos povos das sociedades antigas e dos povos indígenas a respeito dos movimentos da Terra e suas consequências foram e ainda são, no caso dos povos indígenas, fundamentais para a organização das atividades desses grupos. Dessa forma, é evidente a necessidade da preservação e da disseminação desses conhecimentos, que, além de serem patrimônios culturais, podem, de certa forma, ser aproveitados pela comunidade científica e pela sociedade em geral.

GLOSSÁRIO

Constelação: grupo de estrelas, próximas umas às outras, que, quando ligadas por linhas imaginárias, formam a imagem de um animal, de um objeto ou de um ser fictício.

1. De forma geral, para os povos indígenas, qual é a importância de conhecer os movimentos da Terra e suas consequências?

2. Por que era importante, para as sociedades antigas e originárias, entender os movimentos da Terra e os ciclos da natureza?

ATIVIDADES

SISTEMATIZAR

1. Copie o quadro abaixo no caderno e complete-o diferenciando os movimentos da Terra.

	Rotação	Translação
O que é?		
Qual é o tempo de duração?		
O que causa?		

2. Quais são os dois principais fatores que explicam as estações do ano?

3. Explique como o movimento de translação interferiu na divisão e na organização do tempo.

REFLETIR

1. O que aconteceria se a Terra não fizesse o movimento de rotação?

2. Observe as duas paisagens e leia atentamente as legendas a seguir. As cidades retratadas estão localizadas em hemisférios diferentes, e é possível perceber a variação de estação do ano. Considerando que as fotografias foram tiradas na mesma época, responda às questões.

↑ Londres, Reino Unido, agosto de 2016.

↑ Curitiba (PR), junho de 2016.

a) Qual é a estação do ano em cada local? O que levou você a essa conclusão?

b) Por que as estações são diferentes nesses locais se é o mesmo período do ano?

c) Haveria essa diferença caso não existissem a translação da Terra e a inclinação do eixo terrestre? Por quê?

3. Pesquise o significado e a origem das palavras **geocêntrico** e **heliocêntrico**. Como elas estão relacionadas aos movimentos da Terra?

79

CAPÍTULO 3
Orientação e localização no espaço terrestre

> No capítulo anterior você estudou os movimentos de rotação e translação da Terra. Neste capítulo, você vai estudar a importância da orientação geográfica, pontos cardeais e como se localizar no espaço.

Localizando-se no espaço

Você certamente já conhece bem o lugar onde vive: consegue descrever a paisagem, apontar mudanças recentes, contar histórias do passado. Sabe, também, indicar sua localização a uma pessoa com base em pontos de referência e fornecer a ela seu endereço. Mas você saberia localizar com exatidão onde se situa esse endereço na superfície terrestre? Caso estivesse perdido numa floresta, saberia o que fazer para se localizar?

Com a evolução constante da tecnologia, é fácil conectar-se a um GPS ou a outros equipamentos digitais para calcular um trajeto previamente. Mas você sabe em que se baseiam essas tecnologias? Sabe como interpretar as informações de localização fornecidas por um mapa? Tudo isso iremos aprender neste capítulo!

Direções cardeais

Já na Antiguidade, os seres humanos observavam o céu e, por meio dos corpos celestes e de seus movimentos, estabeleciam pontos de orientação e direção. Isso era necessário para que pudessem se localizar e se deslocar de um lugar a outro, desbravando novos territórios.

Com base na trajetória do Sol no céu, ou seja, em seu movimento aparente, foram estabelecidas as **direções cardeais**: **norte**, **sul**, **leste** e **oeste**. O leste é onde o Sol "nasce" pela manhã, e o oeste, onde o Sol se "põe" ao entardecer.

O movimento aparente do Sol é um fenômeno que se repete diariamente; no entanto, ao longo do ano, ele ocorre em posições diferentes no céu – ainda que próximas. Por isso, o leste verdadeiro nem sempre é onde o Sol "nasce", pois durante o ano esse fenômeno ocorre em pontos diferentes dessa direção.

Pela manhã, é fácil nos orientarmos pelo Sol e indicarmos as direções cardeais de forma aproximada. Nesse período, aponte seu braço direito na direção onde o Sol "nasce" para determinar o leste; se estender o braço esquerdo, estará apontando para o oeste; à sua frente, estará o norte e, atrás, o sul, como representado na ilustração ao lado.

Direções cardeais aproximadas

Sabendo a direção onde o Sol nasce, podemos conhecer aproximadamente as direções cardeais.

Fonte: Fundação Planetário da Cidade do Rio de Janeiro. Disponível em: <www.planetariodorio.com.br/o-movimento-da-terra>. Acesso em: ago. 2018.

Direções colaterais e subcolaterais

As quatro direções cardeais não são suficientes para uma orientação mais precisa. Para indicar mais direções, temos aquelas intermediárias, denominadas colaterais, e as subcolaterais, que indicam direções entre as cardeais e as colaterais. Todas elas estão representadas graficamente na **rosa dos ventos**, que tem a forma de uma estrela:

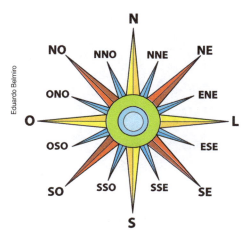

Cardeais	Colaterais	Subcolaterais
N – norte	**NE** – nordeste	**NNE** – nor-nordeste
S – sul	**SE** – sudeste	**NNO** – nor-noroeste
L – leste	**NO** – noroeste	**SSE** – sul-sudeste
O – oeste	**SO** – sudoeste	**SSO** – sul-sudoeste
		ENE – lés-nordeste
		ESE – lés-sudeste
		OSO – oés-sudoeste
		ONO – oés-noroeste

À noite, no Hemisfério Sul, a orientação pode ser feita por meio da observação da Constelação do Cruzeiro do Sul – conjunto de cinco estrelas que formam no céu um desenho que lembra uma cruz, que indica a direção sul. No Hemisfério Norte, a orientação pode ser feita pela observação da Estrela Polar, que indica a direção norte.

Você já conseguiu localizar a Constelação do Cruzeiro do Sul em um dia de céu sem nuvens?

→ Representação da Constelação Cruzeiro do Sul.

Na imagem, a dimensão e as distâncias dos astros não correspondem à realidade, são ilustrativas.

Fonte: Centro de Divulgação da Astronomia/USP. Painel do Cruzeiro do Sul. Disponível em: <www.cdcc.usp.br/cda/jct/cruzeiro-sul/index.html>. Acesso em: ago. 2018.

Bússola

A **bússola** é uma das maiores invenções da humanidade. Desde que ela passou a ser utilizada, especialmente a partir do século XIII, ocorreram grandes avanços; por exemplo, ela possibilitou a exploração, por grandes embarcações, de mares antes nunca navegados.

Esse instrumento foi desenvolvido com base na propriedade magnética da Terra. O princípio de seu funcionamento é utilizar os polos magnéticos dos extremos norte e sul do planeta. O magnetismo desses polos se origina no interior da Terra – composto basicamente de ferro e níquel –, que libera uma força magnética para os pontos extremos do planeta.

O ponteiro da bússola é uma agulha imantada (como um ímã), que sempre aponta para o norte magnético da Terra. Atualmente, há bússolas digitais em diversos aparelhos eletrônicos, como computadores e telefones celulares.

Norte geográfico e norte magnético

O norte que vemos retratado na rosa dos ventos dos mapas, chamado de norte geográfico, não é o mesmo norte apontado pela bússola. O campo magnético da Terra não está alinhado com a direção geográfica norte-sul. A agulha da bússola não aponta para o **norte geográfico**, mas sim para o **norte magnético**. O ângulo formado entre as direções norte magnético e norte geográfico denomina-se **declinação magnética**. Atualmente, a declinação magnética está em torno de 23°. Você poderá compreendê-la melhor observando a ilustração ao lado.

Você deve estar se perguntando: Então, como os barcos, os navios e os aviões não erram suas rotas e conseguem chegar corretamente a seus destinos, até mesmo ao próprio Polo Norte?

Ao longo do tempo, pesquisas científicas possibilitaram a criação de mapas que indicam esse desvio, as chamadas cartas de navegação. Hoje já podemos contar também com instrumentos eletrônicos de orientação que oferecem mais precisão e segurança para navegação marítima, voo e deslocamento terrestre.

Norte geográfico da Terra

Fonte: *Atlas geográfico escolar*. 7. ed. Rio de Janeiro: IBGE, 2016. p. 10.

DIÁLOGO

O céu dos índios no Brasil

[...]
O Sol sempre nasce do lado leste e se põe do lado oeste. No entanto, somente nos dias do início da primavera e do outono, o Sol nasce exatamente no ponto cardeal leste e se põe exatamente no ponto cardeal oeste. Para um observador no Hemisfério Sul, o nascer e o pôr do sol ocorrem um pouco mais para o norte no inverno e um pouco mais para o sul no verão, em relação à linha Leste-Oeste. Utilizando rochas, por exemplo, os indígenas marcam as direções dos pontos cardeais e do nascer e do pôr do sol no início das estações do ano.

À noite, os pontos cardeais e as estações do ano são determinados pela constelação do Cruzeiro do Sul, que eles chamam dos seguintes nomes, dependendo da etnia: Curaça, Curusu, Pata de Ema, Garça, entre outros. [...]

Ao anoitecer, no equinócio do outono, a constelação do Cruzeiro do Sul aparece deitada do lado sudeste; no solstício do inverno, fica em pé, com seu braço maior apontando para o ponto cardeal sul; no equinócio da primavera, ela se encontra deitada no lado sudoeste; e no solstício do verão, a cruz fica de cabeça para baixo, sendo visível somente após a meia noite.
[...]

Germano Bruno Afonso. O céu dos índios no Brasil. In: Reunião Anual da SBPC, 66, 2014, Rio Branco. *Anais...* Disponível em: <www.sbpcnet.org.br/livro/66ra/PDFs/arq_1506_1176.pdf>. Acesso em: jun. 2018.

1. As direções cardeais não são pontos fixos. Destaque um fragmento do texto que exemplifique essa afirmação.

2. De acordo com as informações do texto, entende-se que os indígenas utilizavam os movimentos dos astros como parâmetro para indicar certos fenômenos ou direções. Cite exemplos desse fato.

Coordenadas geográficas

Para que um ponto ou lugar na superfície terrestre – um objeto, uma cidade, uma ilha – seja localizado com precisão, utilizamos as **coordenadas geográficas**. Elas compreendem um sistema de linhas imaginárias traçadas sobre a superfície terrestre, no qual existe a *interseção* de duas linhas: os **paralelos** e os **meridianos**. Primeiramente, vamos entender cada uma dessas linhas.

GLOSSÁRIO

Interseção: encontro ou cruzamento de duas linhas.

Paralelos

As linhas imaginárias foram criadas para facilitar a divisão da esfera terrestre, orientar a direção e localizar com precisão qualquer ponto na superfície do planeta. Os **paralelos** são as linhas circulares traçadas com base no Equador, que também é o paralelo principal. A **Linha do Equador, também conhecida como Plano Equatorial**, divide a Terra em Hemisfério Norte e Hemisfério Sul. Ela é o círculo máximo, pois divide o planeta onde a circunferência é maior, por isso está bem no centro e representa o grau zero. Os demais paralelos apresentam circunferências menores à medida que se afastam do Equador. Todos os paralelos abrangem 360°. Observe ao lado os desenhos dos paralelos da Terra no globo.

Como você pôde perceber na ilustração, além do Equador, outros paralelos são considerados principais: o Trópico de Capricórnio e o Círculo Polar Antártico, no Hemisfério Sul, e o Trópico de Câncer e o Círculo Polar Ártico, no Hemisfério Norte.

Fonte: *Atlas geográfico escolar*. 7. ed. Rio de Janeiro: IBGE, 2016. p. 34.

Meridianos

Os **meridianos** são linhas imaginárias traçadas de norte a sul na superfície terrestre, de polo a polo. Cada uma dessas linhas poderia dividir a Terra em duas metades, assim, para cada meridiano, existe um meridiano oposto – o antimeridiano. Cada meridiano e seu antimeridiano completam uma volta em torno da Terra. Enquanto as circunferências dos paralelos apresentam tamanhos diferentes, todos os meridianos têm o mesmo tamanho.

O principal meridiano é o **Meridiano de Greenwich**, que divide a Terra em dois hemisférios: o Ocidental, ou Oeste, e o Oriental, ou Leste. Ele representa o grau zero e delimita o que se convencionou ser o "meio da Terra".

O meridiano que passa pelo antigo Observatório de Greenwich, nas proximidades de Londres, na Inglaterra, foi definido como o principal. Observe os meridianos da Terra na representação ao lado.

Fonte: *Atlas geográfico escolar*. 7. ed. Rio de Janeiro: IBGE, 2016. p. 34.

CARTOGRAFIA

Com 40 mil quilômetros de extensão, a Linha do Equador atravessa 14 países, entre eles o Brasil. Devido à sua localização e grande extensão norte-sul, o Brasil é o único país atravessado ao mesmo tempo pela Linha do Equador e pelo Trópico de Capricórnio.

Observe o mapa do Brasil abaixo, consulte as ilustrações da página 83 e localize os paralelos que atravessam o território brasileiro para responder às questões.

Fonte: *Atlas geográfico escolar*. 7. ed. Rio de Janeiro: IBGE, 2016. p. 90.

1. Em relação à Linha do Equador, em quais hemisférios o Brasil está localizado?

2. Em relação ao Meridiano de Greenwich, em qual hemisfério o Brasil se localiza?

3. Quais estados brasileiros são atravessados pela Linha do Equador?

4. Que outro paralelo principal atravessa o Brasil? Quais estados brasileiros são atravessados por essa linha imaginária?

5. No mapa está destacado um meridiano. Quantos graus da linha do Meridiano de Greenwich as localidades situadas nesse meridiano estão distantes?

Latitudes e longitudes

Agora que você já compreendeu o que são os paralelos e os meridianos, vamos retomar o sistema de **coordenadas geográficas**. O ponto de partida para entendê-lo é: como em todo ponto da superfície terrestre passa um paralelo e também um meridiano, essas linhas se cruzam e possibilitam situá-lo. Assim, da interseção de um paralelo com um meridiano tem-se a coordenada geográfica de qualquer lugar ou ponto na superfície terrestre. Observe a imagem a seguir.

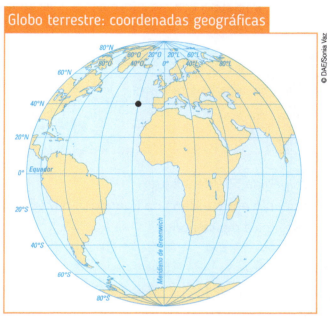

Fonte: *Atlas geográfico escolar*. 7. ed. Rio de Janeiro: IBGE, 2016. p. 18.

Os **paralelos** indicam a **latitude** de um lugar ou ponto na superfície terrestre. A latitude corresponde à variação angular, em graus, de um ponto qualquer na superfície da Terra até a Linha do Equador. As latitudes podem variar de 0° a 90°, para o norte ou para o sul. Todos os pontos situados no mesmo paralelo têm a mesma latitude.

Já os **meridianos** indicam a **longitude** de um lugar, ou seja, a variação angular, em graus, de um ponto qualquer na superfície terrestre até o **Meridiano de Greenwich**. As longitudes variam de 0° a 180°, para o oeste ou para o leste. Todos os pontos situados num mesmo meridiano têm a mesma longitude.

Para saber a latitude do lugar assinalado no globo acima, utilizamos a Linha do Equador como principal referência. Perceba que ele está 40° ao norte dessa linha; isso significa que "40° ao norte" é a latitude dele e, em relação ao Meridiano de Greenwich, ele está 20° a oeste dele, logo a longitude dele é "20° a oeste". A **coordenada geográfica** desse ponto é, portanto: latitude 40° N e longitude 20° O.

A latitude e a longitude de um lugar são dadas em graus porque correspondem ao ângulo que se forma entre ele e a linha de referência. A latitude é 0° quando o lugar está na Linha do Equador, e ela aumenta à medida que nos afastamos do Equador. Do mesmo modo, a longitude de um lugar é 0° se estiver sobre o Meridiano de Greenwich; quanto mais afastado dessa linha, maior a longitude.

Cada ponto na superfície da Terra tem um endereço, uma localização. A coordenada geográfica oferece essa localização. Uma praça ou um estabelecimento comercial em seu município, e até mesmo sua casa, estão no cruzamento de um paralelo com um meridiano, por isso estão situados em determinada coordenada geográfica. A coordenada geográfica da cidade de Manaus (AM), por exemplo, localizada no norte do país, é 3° S e 60° O, enquanto a de Porto Alegre (RS), no sul do país, é 30° S e 51° O.

ATIVIDADES

SISTEMATIZAR

1. Como pode ser feita a orientação e a indicação das direções cardeais tendo o Sol como referência?

2. Por que a bússola indica a direção norte?

3. Copie o quadro no caderno e complete-o com as informações solicitadas sobre latitude e longitude.

	Latitude	Longitude
Variação angular de um ponto na superfície terrestre		
Medidas máximas em graus		
Hemisférios		

4. Observe o mapa-múndi da página 55. Identifique:
    a) onde se localiza o cruzamento entre a Linha do Equador e o Meridiano de Greenwich;
    b) qual é a coordenada geográfica desse ponto.

REFLETIR

1. Com base na observação e na disposição dos pontos localizados no mapa-múndi a seguir, indique a alternativa correta.

Fonte: *Atlas geográfico escolar*. 7. ed. Rio de Janeiro: IBGE, 2016. p. 32.

a) Os pontos A e B apresentam a maior latitude, pois estão mais próximos do Equador.

b) Os pontos C e D apresentam a mesma distância do Meridiano de Greenwich.

c) Os pontos B e C estão localizados no Hemisfério Oriental, enquanto os pontos A e D estão no Hemisfério Ocidental.

d) A maior longitude está representada pelo ponto D, no Hemisfério Oriental.

e) Os pontos A e B apresentam a mesma distância em relação ao Equador.

CAPÍTULO 4

Representações do espaço terrestre

No capítulo anterior você estudou paralelos, meridianos, hemisférios, coordenadas geográficas e instrumentos de localização. Neste capítulo, você vai estudar representações espaciais e mapas.

Diferentes representações cartográficas

Agora que você já compreendeu como se localizar e se orientar pelo espaço terrestre, como faria para representar esse espaço em um papel? Como poderia mostrar a uma pessoa que nunca visitou seu bairro como ele é? E como poderia representar todo o espaço terrestre de uma só vez?

Para conhecermos e investigarmos o espaço geográfico onde vivemos, além da orientação e da localização, é preciso compreendê-lo espacialmente. Isso pode ser feito por meio de representações cartográficas. Elas possibilitam a leitura do espaço e revelam a interligação dele com espaços maiores.

Há diferentes formas de representar a superfície terrestre. Utilizar uma ou outra depende da finalidade a que ela se destina e do espaço que se pretende representar. Vamos conhecer e estudar algumas dessas formas.

Cartas

As **cartas** são representações planas de média ou grande escala que podem retratar, por exemplo, bairros, linhas de ônibus, área de extração mineral, localização de nascentes de rios etc. Elas também demarcam distâncias, direções e localização geográfica dos pontos representados.

Observe a carta ao lado. Você consegue perceber o que ela representa?

→ A reprodução da carta topográfica do IBGE mostra que o Pico das Agulhas Negras está localizado entre os municípios fluminenses de Itatiaia e Resende e o município mineiro de Bocaina de Minas.

Croquis

O **croqui** é um desenho simplificado feito a mão, um esboço que representa graficamente determinado espaço geográfico ou lugar. Os croquis são usados, principalmente, para representar pequenas áreas. Embora não exijam rigores técnicos, como os mapas, eles trazem informações importantes para o leitor.

Muitas vezes, fazemos um croqui para orientar uma pessoa sobre um percurso a ser feito por ela, como o caminho até o local de sua festa de aniversário. Veja um exemplo acima.

↑ Croqui do Centro da cidade de Poções (BA).

Globo terrestre

O **globo terrestre** é a representação de um espaço bem maior: o da superfície terrestre. Observe ao lado a fotografia de um globo terrestre. Você consegue imaginar qual é a principal vantagem desse método de representação? E a desvantagem?

Algumas das vantagens em utilizar um globo: ele tem forma semelhante à da Terra; nele, continentes e oceanos estão proporcionalmente bem representados; possibilita simular o movimento de rotação da Terra e entender a inclinação do eixo terrestre.

No entanto, o globo não possibilita a visualização de toda a superfície terrestre ao mesmo tempo, já que temos de girá-lo para observar uma ou outra face. Além disso, nele não é possível detalhar todos os elementos da superfície terrestre, porque se representa um espaço muito grande (o maior de todos) num tamanho pequeno, ou seja, é preciso reduzir muito o espaço real.

↑ Representação do globo terrestre.

Já que os globos impõem algumas limitações, como podemos visualizar toda a superfície terrestre ao mesmo tempo? A alternativa é utilizar um mapa em que ela possa ser representada em um único plano – o planisfério.

Mapas

Ao longo deste livro, você já observou alguns mapas. Em seus estudos de Geografia dos anos anteriores, também. E fora do ambiente escolar, você já utilizou algum mapa? Lembra-se de como ele era? Quais informações ele continha?

Os **mapas** são representações planas em que a esfera terrestre se encontra total ou parcialmente representada. No mapa, o espaço representado deve ser compreendido em visão vertical, como se estivéssemos vendo-o de dentro de um avião – portanto, do alto e de cima para baixo. Como são desenhos elaborados, no qual se podem inserir os elementos desejados, trata-se de importante fonte de informação e de conhecimento dos espaços geográficos.

Os mapas são utilizados desde a Antiguidade. Os povos que viveram há milhares de anos já os utilizavam para expressar seus deslocamentos e registrar informações importantes sobre os lugares. Muito diferentes dos mapas atuais – elaborados com o auxílio de técnicas como fotografias aéreas, imagens de satélites e computadores –, os antigos eram confeccionados em cerâmica, casca de coco, pedra, pele de animais, entre outros materiais.

Plantas

As **plantas** assemelham-se aos mapas, mas se referem a espaços menores e mais detalhados, sendo possível representar, por exemplo, bairros, ruas, casas, parques e praças.

Abaixo temos uma planta cujo objetivo é mostrar a distribuição espacial dos bairros em Belo Horizonte, capital do estado de Minas Gerais. Temos também um mapa no qual se pretende mostrar as regiões que compõem o estado de Minas Gerais. Que informações você pode obter ao observar a planta e o mapa?

Fonte: Prefeitura de Belo Horizonte. Disponível em: <https://prefeitura.pbh.gov.br/noticias/bh-em-pauta-conheca-o-sistema-de-numeros-e-cores-dos-onibus>. Acesso em: jun. 2018.

Fonte: Governo de Minas Gerais. *Plano Mineiro de Desenvolvimento Integrado: PDMI 2011-2030*. Belo Horizonte: Governo de Minas Gerais, 2011. p. 103. Disponível em: <www.almg.gov.br/export/sites/default/acompanhe/planejamento_orcamento_publico/pmdi/pmdi/2011/documentos/pmdi_2011_2030.pdf>. Acesso em: jun. 2018.

CARTOGRAFIA

Observe abaixo a fotografia e a planta de um mesmo espaço geográfico.

↑ Imagem de satélite do centro da cidade do Recife (PE), 2018.

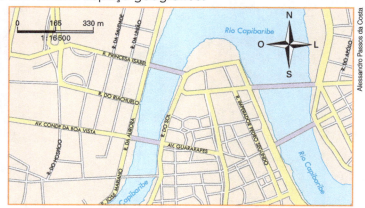

↑ Planta do centro da cidade do Recife (PE).

1. Em sua opinião, qual é a importância da fotografia na elaboração de plantas e mapas?

2. Que recursos utilizados na planta facilitam a compreensão espacial desse lugar?

Tipos de mapa

Os mapas podem fornecer, em um espaço específico, variados tipos de informação – natural, humana, política, econômica, entre outras. Por isso, a Cartografia é imprescindível à compreensão dos principais temas que envolvem o mundo. Diferentes mapas são produzidos para atender a diversas necessidades. Veja alguns exemplos a seguir.

- Mapa político: limites entre países, estados, regiões e municípios.

- Mapa físico: aspectos naturais, como as altitudes do terreno cartografado e os rios.

Fonte: IBGE. Disponível em: <www.ibge.gov.br/estadosat/>. Acesso em: ago. 2018.

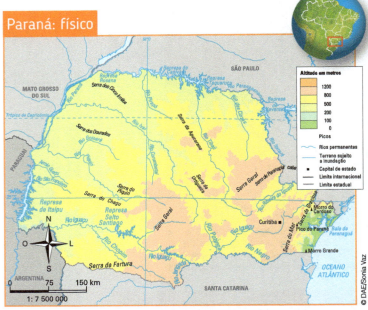

Fonte: IBGE. Disponível em: <ftp://geoftp.ibge.gov.br/cartas_e_mapas/mapas_estaduais_e_distrito_federal/fisico/rj_fisico700k_2012.pdf>. Acesso em: jul. 2018; Ceperj/Secretaria de Planejamento e Gestão do Estado do Rio de Janeiro, 2010.

- Mapa demográfico: distribuição espacial da população em determinada região.

- Mapa temático: informações sobre temas específicos, por exemplo, os recursos minerais da Região Norte do Brasil.

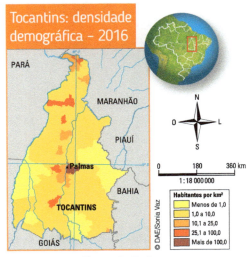

Fonte: *Atlas geográfico escolar*. 7. ed. Rio de Janeiro: IBGE, 2016. p. 114.

Fonte: Gisele Girardi e Jussara Vaz Rosa. *Atlas geográfico do estudante*. São Paulo: FTD, 2011. p. 35.

ATIVIDADES

SISTEMATIZAR

1. O que são mapas?

2. Sobre a utilização do globo terrestre, copie no caderno apenas as afirmações verdadeiras.

   a) Os globos são pouco utilizados, principalmente porque não são uma boa representação do planeta Terra.

   b) O globo representa com mais precisão o formato da Terra.

   c) O globo possibilita a visualização de toda superfície terrestre de uma só vez, como os planisférios.

   d) Os globos podem ser girados e imitam o movimento de rotação da Terra.

3. O mapa mostra perfeitamente a realidade que vemos?

4. Quais são os elementos mais frequentes utilizados na criação de um mapa com a intenção de representar um fenômeno geográfico?

REFLETIR

1. O estudo de imagens possibilita ligar o presente ao passado, reconstruindo o cenário dos espaços nas diversas épocas vividas. Observe a sequência de imagens abaixo e relacione-as:
   - à transformação da paisagem;
   - ao avanço da tecnologia;
   - ao desenvolvimento da Cartografia quanto à precisão e à clareza das imagens.

↑ Mapa da cidade do Rio de Janeiro (RJ), 1769.

↑ Imagem de satélite da cidade do Rio de Janeiro (RJ), 2018.

DESAFIO

1. Faça um croqui dos arredores de sua escola e crie símbolos para identificar os elementos da paisagem que servem como pontos de referência: rua principal, escola, loja, supermercado, árvores, entre outros. Depois, trace o caminho a ser percorrido para ir de sua casa até ela.

2. Em grupos, pesquisem diferentes tipos de mapas que retratem o estado onde vocês vivem. Comparem os dados políticos, físicos, demográficos e outros que conseguirem encontrar com dados dos mapas dos estados vizinhos ao de vocês. Os mapas mostram dados semelhantes ou informações muito diferentes entre si?

FIQUE POR DENTRO

Como funciona o GPS?

O GPS (sigla em inglês para Sistema de Posicionamento Global) é uma "grade" de 24-30 satélites que orbitam o planeta Terra. Eles estão dispostos de forma que, a todo instante, pelo menos quatro satélites estão sobre qualquer ponto do planeta. Desenvolvido na década de 1970 pelo Departamento de Defesa dos Estados Unidos da América, o GPS foi disponibilizado para o público nos anos 1980.

COMO O GPS FUNCIONA
Cada satélite manda constantemente um sinal eletromagnético para a Terra com seu código, o horário em que enviou o sinal e um guia com as coordenadas de todos os satélites. O receptor GPS recebe essa informação e calcula a que distância está do satélite emissor. A distância entre o receptor GPS e o satélite pode indicar sua posição por meio de um processo de **trilateração**.

SATÉLITE 1
Quando existe apenas um ponto de referência (satélite), a distância desse ponto nos indica que podemos estar em qualquer lugar **deste círculo**.

CURIOSIDADES

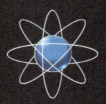

Os satélites têm um relógio atômico especialmente criado para compensar a diferença de tempo entre a Terra e os lugares mais distantes dela.

14 000 km/h

Cada satélite está a mais ou menos 20 mil quilômetros da Terra, que tem 12 742 quilômetros de diâmetro. Eles viajam a uma velocidade aproximada de 14 mil quilômetros por hora, o que significa completar duas voltas ao redor do planeta por dia.

MAS EM QUE É ÚTIL UM GPS?

 Em sistemas de navegação de carros, aviões e barcos.

 Para monitoramento de catástrofes naturais, como incêndios e terremotos.

 Para orientar equipamentos não controlados, como *drones* e carros automáticos.

 Para indicar lugares, pessoas e eventos próximos ao receptor.

 Na localização de objetos perdidos ou roubados que tenham rastreador. No monitoramento de espécies animais e rotas migratórias para pesquisa e conservação.

SATÉLITE 2
Com um segundo satélite, o cruzamento entre os círculos das duas distâncias reduz as potenciais localidades para os **dois pontos** onde os círculos se cruzam.

SATÉLITE 3
Utilizando a distância de um terceiro satélite, temos apenas **um ponto** em que podemos estar.

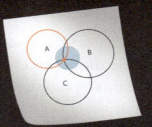
Erika Onodera

SATÉLITE 4
Normalmente, o GPS utiliza quatro ou mais satélites para evitar que elementos como mau tempo ou grandes prédios atrapalhem o sinal.

 Existem mais de 1 bilhão de receptores de sinal no mundo todo.

1. Qual é a origem do GPS?
2. Que equipamento tecnológico possibilita o funcionamento do GPS?

Fontes: Nasa. Disponível em: <www.nasa.gov>; Usos não convencionais para o GPS. *Olhar Digital*, 25 nov. 2014. Disponível em: <http://olhardigital.uol.com.br/noticia/infografico-5-usos-naoconvencionais-para-gps/45378>. Acesso em: jun. 2018.

PANORAMA

FAÇA AS ATIVIDADES A SEGUIR E REVEJA O QUE VOCÊ APRENDEU.

1. Observe a imagem abaixo. No caderno, escreva o nome dos planetas que compreendem o Sistema Solar seguindo a numeração apresentada.

A imagem é ilustrativa, mostra um alinhamento de planetas que, na realidade, raramente acontece, além de não respeitar as proporções entre os astros.

2. Sobre o Sistema Solar, responda às questões a seguir.
   a) A que galáxia pertence?
   b) Qual é o nome do astro central de nosso sistema? Que tipo de astro ele é?
   c) Que nome recebe a trajetória dos planetas ao redor do Sol?

3. Quais são os dois principais movimentos da Terra? Desenhe-os no caderno e explique-os.

4. Observe o mapa do Brasil e o desenho da rosa dos ventos e responda às questões.
   a) Para quem está no estado do Tocantins, em que sentido está o estado do Paraná?
   b) Para quem está no estado do Maranhão, em que sentido está o estado do Amazonas?
   c) Para quem está no estado do Mato Grosso, em que sentido está o estado da Bahia?
   d) Que estado está ao norte ou ao sul do estado onde você mora?

Fonte: *Atlas geográfico escolar*. 7. ed. Rio de Janeiro: IBGE, 2016. p. 90.

5. Observe as ilustrações a seguir e faça o que se pede, respectivamente, para cada uma delas.

Hemisférios e paralelo principal	Meridiano principal e paralelos
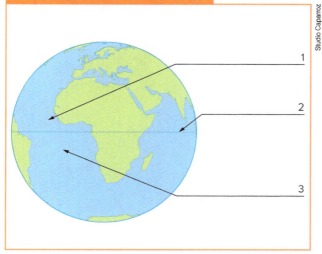	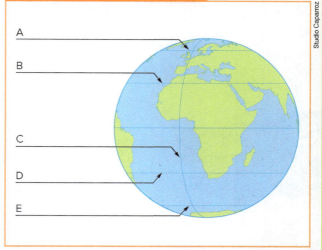
Fonte: *Atlas geográfico escolar: Ensino Fundamental do 6º ao 9º ano*. Rio de Janeiro. IBGE, 2015. p. 79.	Fonte: *Atlas geográfico escolar: Ensino Fundamental do 6º ao 9º ano*. Rio de Janeiro. IBGE, 2015. p. 79.

a) Identifique e escreva no caderno o nome do paralelo principal e dos hemisférios.

b) Identifique e escreva no caderno o nome dos paralelos e do meridiano principal.

6. Escreva a que elementos cartográficos as frases a seguir se referem.

a) Linha imaginária que divide a Terra em hemisférios Ocidental e Oriental.

b) Distância em graus de qualquer lugar da superfície terrestre à Linha do Equador. Pode variar de 0 grau a 90 graus norte ou sul.

c) Distância em graus de qualquer lugar da superfície terrestre ao Meridiano de Greenwich. Pode variar de 0 grau a 180 graus leste ou oeste.

d) Medidas de latitude e longitude que estabelecem a localização de um ponto qualquer na superfície da Terra.

DICAS

ACESSE

Brasil Escola: <http://educador.brasilescola.com/estrategias-ensino/construindo-uma-bussola.htm>. Essa página da internet mostra os materiais necessários e o passo a passo para construir a própria bússola.

LEIA

O Universo, o Sistema Solar e a Terra: descobrindo as fronteiras do Universo, de Anselmo Lazaro Branco e Elian Alabi Lucci (Atual). O livro apresenta ao leitor mistérios e curiosidades do Sistema Solar e do Universo.

O nascimento do Universo, de Judith Nuria Maida (Ática). O mistério da origem do Universo intriga a humanidade desde o início da civilização. Nesse livro, a teoria do surgimento do Universo é explicada com simplicidade, lirismo e belas ilustrações.

Atlas geográfico ilustrado, de Graça Maria Lemos Ferreira e Marcelo Martinelli (Moderna). Esse atlas ajuda a entender a Cartografia de forma bastante didática, com recursos visuais muito interessantes.

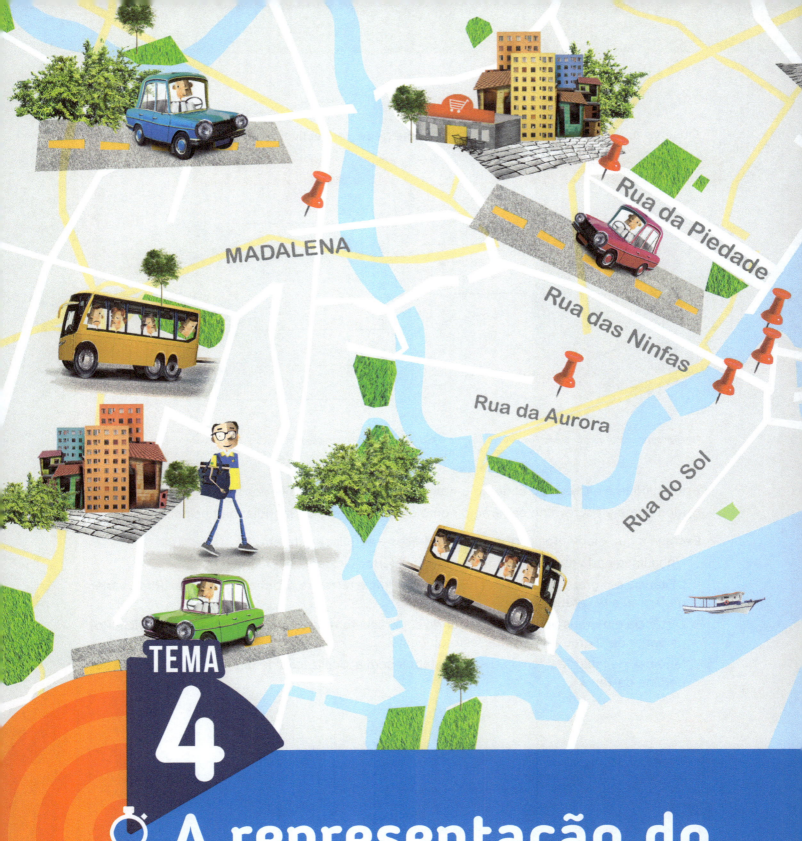

TEMA 4
A representação do espaço geográfico

NESTE TEMA
VOCÊ VAI ESTUDAR:

- formas de representação do espaço;
- métodos de projeção;
- elementos que compõem um mapa;
- como calcular e compreender as escalas;
- como ler as representações cartográficas.

Pelas ruas que andei

Na Madalena
Revi teu nome
Na Boa Vista
Quis te encontrar
Rua do Sol da Boa Hora
Rua da Aurora
Vou caminhar
Rua das Ninfas
Matriz Saudade
Da Soledade de quem passou
Rua Benfica Boa Viagem
Na Piedade tanta dor
Pelas ruas que andei procurei
Procurei, procurei
Te encontrar

Alceu Valença. *Cavalo de pau*, 1982.
Disponível em: <http://alceuvalenca.com.br/letra/4-pelas-ruas-que-andei/>.
Acesso em: jul. 2018.

Alceu Valença, cantor e compositor pernambucano, compôs essa música para falar dos lugares que frequentava em sua juventude no Recife. No mapa, você pode observar a localização dessas ruas. É por meio dos mapas que localizamos e compreendemos os espaços.

1. Você conhecia essa música? Conhece outras que também descrevem ou citam lugares?
2. Crie, você também, uma música e um mapa das principais ruas por onde passa diariamente. O que esses lugares têm de especial?

CAPÍTULO 1
Mapas e projeções cartográficas

> No capítulo anterior, você estudou os diferentes tipos de representação cartográfica. Neste capítulo, você vai estudar os tipos de projeção cartográfica utilizados nos mapas.

Representando os espaços

Você estudou as diferentes formas de retratar o espaço geográfico. Podemos usar palavras para descrever um local, como foi feito na abertura deste tema com a citação de uma música. É possível também desenhá-lo ou tirar uma fotografia. Outra opção é representá-lo por meio de um **mapa**.

O mapa é uma boa maneira de representar um espaço, é a representação dos elementos que compõem determinado local. No entanto, ele tem uma linguagem própria, uma série de informações, códigos e símbolos que necessitamos conhecer para entendê-lo. Pela leitura de um mapa podemos identificar, comparar e localizar determinados trechos do planeta.

Ao conjunto de mapas e cartas geográficas damos o nome de **atlas**. No atlas, alguns mapas representam o mesmo local, mas fornecem informações diferentes sobre ele. Portanto, saber ler essas informações e interpretar corretamente o que transmitem leva-nos a conhecer melhor o mundo que habitamos.

Os mapas são representações planas, ao passo que nosso planeta tem a forma esférica; assim, de que modo os **cartógrafos** conseguem representar o planeta, ou parte dele, em uma superfície plana? Vamos ver como isso é feito.

> **GLOSSÁRIO**
> **Cartógrafo:** profissional que trabalha na elaboração de mapas e cartas geográficas.

Pense em uma bola de futebol, que tem o formato esférico. Agora imagine que você precisa transformar essa bola em algo plano esticando-a sobre uma mesa. Será preciso cortá-la para esticá-la. Ela ficará esquisita, com muitos cortes e aberturas, e não será possível juntar todas as partes. Veja a imagem abaixo.

Para tentar resolver esse problema, são feitas diversas **projeções cartográficas**. É importante lembrar, porém, que nenhuma delas representa o planeta Terra de maneira perfeita.

Como representar a esfera terrestre em um plano

Fonte: Olly Phillipson. *Atlas geográfico mundial*. São Paulo: Fundamento, 2010. p. 7.

↑ Para representar o globo terrestre em um plano, foi preciso "cortá-lo em fatias". O trabalho dos cartógrafos é emendar essas "fatias" de forma organizada e clara. Para isso, foram criadas diferentes formas de projeção.

Métodos de projeção

Por causa dessa dificuldade de representar objetos tridimensionais em uma superfície plana e bidimensional, todas as representações da Terra feitas pela Cartografia têm algum tipo de distorção ou deformação. Para diminuir essas variações, os cartógrafos usam diversos recursos, entre eles diferentes métodos de projeção. Veja a seguir algumas das projeções mais utilizadas.

Projeção cilíndrica

A projeção cilíndrica é utilizada para representar o planisfério, ou seja, todo o planeta. Ao pensar na projeção cilíndrica, imagine que o planeta Terra foi envolvido por uma imensa folha de papel muito sensível e, depois, ao abrir essa folha, vemos os continentes estampados nela, como na ilustração ao lado.

Há vários tipos de projeções cilíndricas, cada uma feita por um estudioso do assunto e batizada com o nome de seu autor. A projeção cilíndrica mais conhecida é a de Mercator, cartógrafo que viveu no século XVI. Mas há outras, mais recentes, como a de Robinson (1961) e a de Peters (1973).

Veja a diferença entre as projeções cilíndricas de diferentes autores.

Representação da projeção cilíndrica

→ O globo é projetado sobre um cilindro tangente ao Equador.

Fonte: *Atlas geográfico escolar*. 7. ed. Rio de Janeiro: IBGE, 2016. p. 24.

Fonte: *Atlas geográfico escolar*. 7. ed. Rio de Janeiro: IBGE, 2016. p. 23.

Fonte: *Atlas geográfico escolar*. 7. ed. Rio de Janeiro: IBGE, 2016. p. 21.

Fonte: *Atlas geográfico escolar*. 7. ed. Rio de Janeiro: IBGE, 2016. p. 24.

Projeção cônica

Nas projeções cônicas, as imagens do globo são projetadas em um cone. São utilizadas para representar porções do planeta, como um continente ou um hemisfério. Veja um exemplo.

Representação da projeção cônica

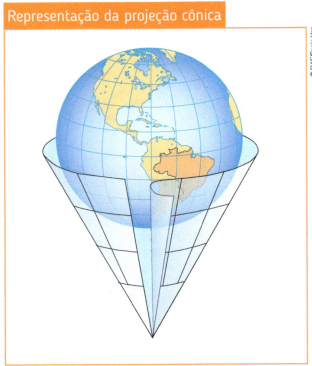

Fonte: *Atlas geográfico escolar*. 7. ed. Rio de Janeiro: IBGE, 2016. p. 21.

Mapa da projeção cônica

↑ Representação de projeção cônica.

Fonte: *Atlas geográfico escolar*. 7. ed. Rio de Janeiro: IBGE, 2016. p. 21.

 O globo terrestre é projetado sobre um cone tangente a um paralelo.

Projeção azimutal

A projeção azimutal representa a real distância entre um lugar e outro. É uma projeção muito utilizada na navegação e na aviação para representar os deslocamentos. É também usada pelas Forças Armadas em treinamentos ou mesmo em conflitos militares. Observe as imagens.

Representação da projeção azimutal

↑ O globo é projetado sobre um plano tangente a um polo, ao Equador ou a um paralelo.

Fonte: *Atlas geográfico escolar*. 7. ed. Rio de Janeiro: IBGE, 2016. p. 21.

Mapa da projeção azimutal ou polar

Fonte: *Atlas geográfico escolar*. 7. ed. Rio de Janeiro: IBGE, 2016. p. 21.

↑ Representação de projeção azimutal.

AQUI TEM MAIS

Anamorfose

De maneira geral, os mapas convencionais são diferentes uns dos outros por causa das particularidades do que pretendem representar. Por exemplo, diferentes mapas mostram a localização e a distribuição de fenômenos e recursos distintos no território brasileiro: tipos de clima ou de relevo, distribuição da população ou os diversos ramos da atividade industrial, entre muitos outros. O que normalmente é comum em todos os mapas é a base utilizada para representar a localização dos fenômenos, objetos ou recursos.

Assim, em uma coletânea de mapas do Brasil, frequentemente observamos a mudança da localização do recurso destacado em cada um, ao passo que o "pano de fundo" – os contornos do território brasileiro e das unidades federativas – permanece igual. A projeção é mantida, mas mudam a legenda e as áreas do mapa em que está cada recurso.

Todavia, é possível representar os fenômenos nesse mesmo território nacional de maneira que o próprio "pano de fundo" varie em razão da distribuição espacial de determinado fenômeno. É o mapa em **anamorfose**, no qual os contornos do território e das divisas das unidades federativas são distorcidos para indicar maior ou menor densidade do recurso a ser representado. Nesse caso, a base é relativa, já que a própria forma varia para indicar as diferenças dos atributos do espaço geográfico.

Observe a seguir um exemplo de mapa em anamorfose. Ele mostra a distribuição de usuários de internet pelo mundo em 2015. Note que a quantidade de usuários de internet por país está relacionada à intensidade da distorção nos limites territoriais.

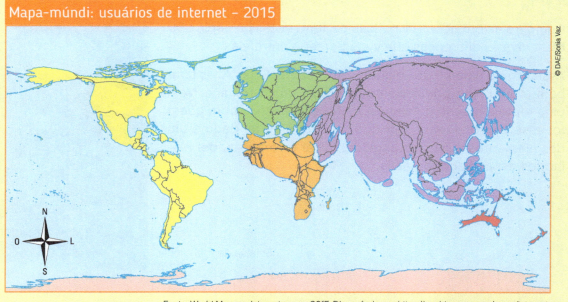

Mapa-múndi: usuários de internet – 2015

Fonte: World Mapper. *Internet usage 2015*. Disponível em: <https://worldmapper.org/maps/internet-usage-2015/?_sft_product_cat=communication,work,pollution,general-resources>. Acesso em: jul. 2018.

1. Qual é a principal diferença entre os mapas convencionais e os mapas em anamorfose?

2. Qual é a importância dos mapas em anamorfose?

3. Observe o mapa e, com a ajuda de um atlas, cite dois países que tinham muitos e dois que tinham poucos usuários de internet em 2015.

101

ATIVIDADES

SISTEMATIZAR

1. Qual é a importância da projeção cartográfica?

2. Qual é o melhor tipo de projeção cartográfica para representar toda a superfície terrestre?

3. Um mapa é um retrato correto e perfeito da Terra? Por quê?

4. Qual é o tipo de projeção mais utilizada para representar deslocamentos em navegação e aviação? Por quê?

5. O que é um atlas?

6. Qual é o principal uso da projeção cônica?

7. Indique a opção correta.
   a) A projeção cilíndrica é usada para representar pequenos espaços, como bairros.
   b) As projeções cônicas são ideais para representar porções do planeta, como um continente ou um hemisfério.
   c) A projeção azimutal apresenta distorções na distância entre um lugar e outro.

REFLETIR

1. Compare as projeções cilíndricas da Terra vistas na página 99 e escreva as diferenças que você percebe entre elas.

2. Assim como o nome dos planetas do Sistema Solar, Atlas também é um nome originado na mitologia greco-romana. Veja uma representação dele ao lado. Pesquise e descubra quem foi esse personagem e por que o nome dele foi dado a um dos elementos utilizados para identificar e compreender melhor os espaços geográficos.

→ Estátua de Atlas. Índia, 2012.

DESAFIO

1. Muitas pessoas não acham fácil explicar o melhor caminho para se chegar a determinado endereço. Agora, imagine desenhar isso! Vamos para o desafio: tente desenhar, em uma folha de papel, um mapa que represente o caminho entre sua casa e a escola, com o nome de ruas, avenidas, praças etc.

2. Ao longo deste capítulo, você estudou os mapas em anamorfose. Forme um grupo com alguns colegas e busquem diferentes tipos de mapa em anamorfose. Escolham o que acharem mais interessante, tragam-no para a sala de aula e o apresentem ao restante da turma. Expliquem por que escolheram esse mapa.

CAPÍTULO 2
Elementos do mapa

No capítulo anterior, você estudou algumas formas de representação do planeta. Neste capítulo, você vai estudar os elementos de um mapa que nos auxiliam a entender qualquer representação do planeta ou de parte dele.

Para ler um mapa

Você provavelmente já se deparou com alguns mapas, seja na indicação do endereço de uma festa, seja em um livro sobre um reino de fantasia ou até mesmo percorrendo um caminho guiado por GPS.

No estudo de Geografia, os mapas tendem a ser mais completos – e complexos. Eles têm elementos que servem para nos ajudar a interpretar as informações. Saber ler os elementos de um mapa e interpretá-los corretamente nos leva a conhecer melhor o mundo em que vivemos.

Observe alguns elementos essenciais contidos em um mapa, os quais compreenderemos melhor a seguir.

Fonte: *Atlas geográfico escolar*. 7. ed. Rio de Janeiro: IBGE, 2016. p. 90.

103

Título

Geralmente localizado fora do espaço destinado à área representada, na parte superior, o título indica o assunto da representação. Ele deve conter a especificação do espaço retratado, o fenômeno em destaque e a data ou período ao qual se refere, quando for o caso.

O título do mapa anterior, por exemplo, traz a identificação do espaço (Brasil), o tipo de representação (político, ou seja, representa o limite entre os estados do país) e a data correspondente (2016).

Orientação

Leia a tirinha abaixo. Nela, a personagem Mafalda se depara com uma importante constatação sobre um elemento do mapa. Você imagina qual seja?

Observe que no mapa da página anterior há uma rosa dos ventos no canto esquerdo inferior. Ela serve para demonstrar a orientação do espaço geográfico retratado. Geralmente, o norte aponta para a parte superior do mapa, e o sul, para a inferior. Essa forma de indicação, porém, é apenas uma convenção, pois o planeta não obedece a uma forma de referenciamento específica. No espaço não há "em cima" ou "embaixo", como explica a personagem Liberdade na tirinha.

Observe o mapa ao lado. Ele representa o território brasileiro e parte da América do Sul de maneira "invertida" em relação ao posicionamento convencional. Preste atenção na rosa dos ventos. Ela continua indicando corretamente a orientação da porção da superfície terrestre representada no mapa.

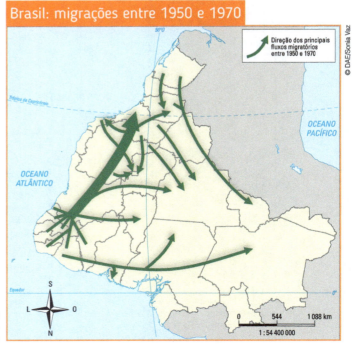

Fonte: Gisele Girardi e Jussara Vaz Rosa. *Atlas geográfico do estudante*. São Paulo: FTD, 2011. p. 19.

↑ A rosa dos ventos indica o norte geográfico.

104

Escala cartográfica

Imagine que você precise desenhar o mapa de sua cidade. Se você fosse desenhar todo o espaço exatamente do tamanho que ele é, seria impossível! Afinal, não há uma folha de papel tão grande!

A imagem de todo o planeta pode caber em um pedaço de papel, mas, para isso, é preciso reduzir os espaços. Essa redução é mostrada no mapa por meio da **escala**, que indica a proporção entre as medidas reais do espaço geográfico representado e as medidas no mapa. Assim, é possível calcular as distâncias entre os lugares e os tamanhos dos espaços. No mapa desta página, por exemplo, 1 cm equivale a 430 km em distâncias reais.

No Capítulo 3, aprofundaremos o estudo desse importante elemento dos mapas, que merece destaque.

Fonte

Localizada fora do espaço destinado à área representada, na parte inferior, a fonte indica a origem dos dados e das informações utilizadas para a elaboração do mapa. Geralmente, são indicados atlas ou órgãos coletores e emissores de dados, como o Instituto Brasileiro de Geografia e Estatística (IBGE) e a Organização das Nações Unidas (ONU).

Deve-se detalhar a fonte o máximo possível indicando o nome do livro ou da publicação, o autor (que pode ser pessoa física ou instituição), a editora, o número da página ou o endereço na internet (quando for o caso) etc.

Legenda

Quando assistimos a um filme cujas falas são ditas em uma língua que não o português, geralmente ativamos as legendas, que exibem a tradução do que é dito para conseguirmos entender as frases. Com os mapas ocorre algo semelhante: a legenda explica o significado das cores, dos símbolos, das linhas e de outros elementos representados neles, para que possamos compreender as informações.

Observe o mapa ao lado. Você consegue interpretar o que a legenda informa?

→ Neste mapa, o significado das cores, das linhas, dos pontos e das setas são explicados na legenda.

Fonte: José Jobson de A. Arruda. *Atlas histórico básico*. 17. ed. São Paulo: Ática, 2011. p. 38.

105

CARTOGRAFIA

Observe o mapa e responda, no caderno, às questões propostas.

Fonte: Gisele Girardi e Jussara Vaz Rosa. *Atlas geográfico do estudante*. São Paulo: FTD, 2011. p. 35.

1. O que o mapa informa?
2. Que elementos faltam no mapa?
3. O que os ícones coloridos representam?
4. O que as cores do mapa representam?
5. Há predomínio de quais tipos de rocha no território brasileiro?
6. Quais estados se destacam pela presença de carvão?
7. Quais estados se destacam pela presença de ouro?
8. O estado em que você vive se destaca pela presença de algum mineral?
9. Que título você daria ao mapa?

ATIVIDADES

SISTEMATIZAR

1. Por que o título é um elemento importante nos mapas?

2. Quais informações devem constar no título de um mapa?

3. Qual elemento do mapa tem a função de indicar a orientação do espaço retratado? Por que esse elemento é importante para a leitura do mapa?

4. O que é a escala do mapa?

5. O que indica a fonte do mapa?

6. Explique o que é a legenda e por que ela é um elemento importante para a leitura do mapa.

REFLETIR

1. Observe o mapa.

   Com base em seus conhecimentos sobre os elementos que compõem o mapa, faça o que se pede no caderno.

   a) Que elementos estão presentes no mapa?

   b) Que elementos faltam nesse mapa?

   c) É possível fazer a leitura e a interpretação completa desse mapa?

   d) Crie os elementos que estão faltando.

Fonte: *Atlas geográfico escolar*. 7. ed. Rio de Janeiro: IBGE, 2016. p. 94.

DESAFIO

1. Com uma folha de papel vegetal, copie o mapa do Brasil (da atividade anterior) com a divisão dos estados. Crie, então, uma nova legenda para o mapa. Use a criatividade! Não se esqueça de adicionar todos os elementos do mapa, como título, rosa dos ventos e fonte.

107

CAPÍTULO 3
Medindo distâncias

No capítulo anterior, você estudou os elementos essenciais para a leitura dos mapas. Neste capítulo, você vai compreender como funcionam as escalas gráfica e numérica, como calcular a escala de um mapa e diferenciar escalas (grande e pequena).

Entendendo a escala

Como vimos no capítulo anterior, desenhar a cidade em que você mora em um pedaço de papel, exatamente do tamanho que ela é, seria impossível. Imagine desenhar o país, o continente, todo o planeta com as terras e os oceanos! Como fazer, então? É preciso reduzir para caber.

Reduzir os espaços geográficos, porém, não é uma tarefa fácil. Para isso, usa-se uma escala, que indica a proporção entre as medidas reais do espaço representado e as medidas do desenho.

Para ficar mais fácil de entender, vamos fazer um pequeno exercício. Você precisará de uma folha de papel sulfite e uma tesoura ou régua de 30 cm.

1. Dobre uma das partes da folha de forma a obter um quadrado grande e um retângulo, como mostrado abaixo.

2. Dobre o retângulo ao meio, formando duas folhas quadradas, como um caderno. Mas atenção: você não deve recortar o retângulo, apenas dobrá-lo.

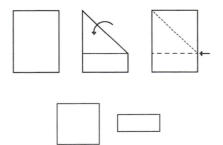

3. O desafio é colocar o quadrado grande dentro desse "caderno" formado pelos quadrados menores, sem cortá-lo nem rasgá-lo. Dobre o quadrado grande em partes menores, quantas vezes forem necessárias, de forma que nenhum pedaço do papel fique de fora ao ser colocado dentro das "folhas" do caderno.

4. Quando tiver chegado ao tamanho ideal, desenhe o contorno do papel dobrado dentro do caderno.

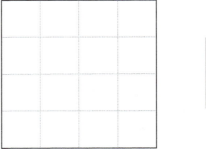

1 × 16

Ilustrações: Eduardo Belmiro

5. Agora, verifique quantas vezes você precisou dobrar o quadrado maior, ou seja, diminuí-lo, até que ele coubesse entre os quadrados menores. Para isso, desdobre o quadrado grande e conte quantos quadradinhos ficaram marcados com as dobras.

Você perceberá que o papel foi reduzido 16 vezes. Assim, a escala do desenho que você fez no pequeno "caderno" é 1/16, ou 1 : 16.

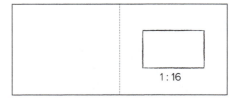

1 : 16

Escala gráfica e escala numérica

Você já sabe: para representar a Terra em um mapa é preciso reduzir suas medidas. O tamanho dessa redução é mostrado na **escala**, que é a relação matemática entre o mapa e a realidade.

Fonte: *Atlas geográfico escolar*. 7. ed. Rio de Janeiro: IBGE, 2016. p. 34.

A escala indicada pela letra **A** é **numérica**. Nesse tipo de escala lê-se "1 para 265 000 000". Isso quer dizer que, para confeccionar esse mapa, houve uma redução de 265 milhões de vezes. A escala é dada em centímetros, representada por uma fração em que o numerador e o denominador indicam, respectivamente, a medida no mapa e a medida do terreno representado. Assim, nesse caso, 1 cm no mapa corresponde a 265 000 000 cm do espaço real.

A escala indicada pela letra **B** é do tipo **gráfica**. Ela é representada em um gráfico de barras na horizontal, parecido com uma régua, e indica quantos quilômetros do espaço real estão representados em cada centímetro do mapa. No caso do mapa acima, cada 1 cm no mapa corresponde a 2 650 km no espaço real. Veja como se escreve essa relação:

1 : 265 000 000
numerador : denominador
Um centímetro do mapa equivale (ou seja, é igual) a 265 milhões de centímetros da realidade cartografada (representada) no mapa.

Como é difícil ter ideia do espaço real representado pelos centímetros indicados na escala de um mapa, uma vez que estamos acostumados a medir distâncias maiores em metros ou quilômetros, precisamos fazer essa transformação. Observe a tabela abaixo.

Eliminar casas (dividir) ←						
km	hm	dam	m	dm	cm	mm
quilômetro 1 000 m	hectômetro 100 m	decâmetro 10 m	metro 1 m	decímetro 0,1 m	centímetro 0,01 m	milímetro 0,001 m
→ Acrescentar casas (multiplicar)						

109

Para transformar 265 000 000 cm em metros, devemos eliminar duas casas decimais, ou seja, 2 650 000 m. Mas essa ainda é uma medida muito grande para ser dada em metros, não é mesmo? Para transformar centímetros em quilômetros, devemos eliminar cinco casas; assim, 265 000 000 cm equivalem a 2 650 km.

Confira na tabela abaixo algumas escalas mais comuns e as medidas equivalentes.

Escala do mapa	1 cm no mapa representa	1 km na realidade corresponde no mapa a
1 : 10 000	100 m	10 cm
1 : 25 000	250 m	4 cm
1 : 100 000	1000 m (1 km)	1 cm
1 : 500 000	5000 m (5 km)	2 mm

Cálculo de escala

Utilizando a escala você poderá saber a distância entre lugares apenas observando o mapa. Vamos calcular um exemplo com base no mapa da Região Norte a seguir.

Fonte: *Atlas geográfico escolar*. 7. ed. Rio de Janeiro: IBGE, 2016. p. 90.

Se desenharmos uma linha reta de Manaus, no Amazonas, a Palmas, no Tocantins, qual é a distância real entre os dois pontos?

A distância entre os pontos é de aproximadamente 5,2 cm. A escala é de 1 : 31 500 000.

Solução

Se, neste mapa, cada 1 cm corresponde a 31 500 000 cm da realidade, para obter a distância real multiplicamos a distância no mapa pela escala.

5,2 × 31 500 000 = 163 800 000 cm

Agora, fazemos a conversão de centímetros para quilômetros eliminando cinco zeros.

163 800 000 = 1 638 km

A distância entre os municípios de Manaus e Palmas é de, aproximadamente, 1 638 km.

AQUI TEM MAIS

Escalas grandes e pequenas

Observe as representações a seguir. Elas mostram como a escala interfere na extensão da área e nos detalhes representados.

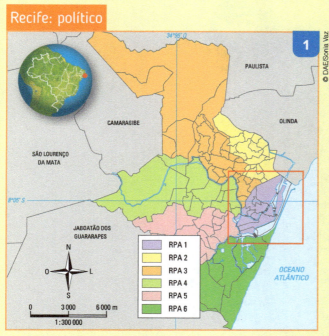

Fonte: Governo do Estado de Pernambuco. Disponível em: <www.recife.pe.gov.br/pr/secplanejamento/pnud2005/mapa_rpas.jpg>. Acesso em: ago. 2018.

A escolha da escala é muito importante, pois ela define a quantidade de informações e detalhes a serem representados no mapa. Se for uma área pequena, como um bairro, é possível mostrar mais detalhes no mapa – nome de ruas, pontos de interesse etc. Se a área for muito extensa, porém, como um país, não é possível representar esses detalhes. Dizemos que um mapa tem **escala grande** quando abrange uma área de pequena extensão e apresenta muitos detalhes; e que o mapa tem **escala pequena** quando a área é de grande extensão e apresenta menos detalhes.

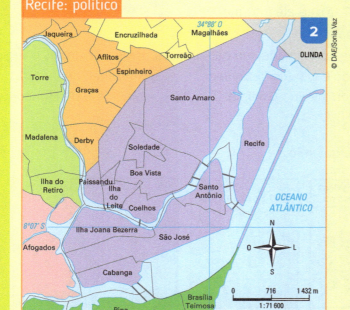

Fonte: Governo do Estado de Pernambuco. Disponível em: <www.recife.pe.gov.br/pr/secplanejamento/pnud2005/mapa_rpas.jpg>. Acesso em: ago. 2018.

1. Observe os mapas acima e responda às questões.

a) Qual tem escala maior? E qual tem escala menor?

b) Qual é a principal característica dos mapas com escala grande? E dos mapas com escala pequena?

111

ATIVIDADES

SISTEMATIZAR

1. Para que serve a escala no mapa?

2. Observe o mapa a seguir e faça o que se pede.

Fonte: *Atlas geográfico escolar*. 7. ed. Rio de Janeiro: IBGE, 2016. p. 90.

a) Qual é o tipo de mapa representado? O que ele informa?

b) Que tipo de escala foi usada no mapa?

c) Utilize uma régua e calcule a distância aproximada, em quilômetros, entre as cidades a seguir.
- Porto Alegre-Boa Vista.
- São Paulo-Rio de Janeiro.
- Brasília-Florianópolis.
- Recife-Fortaleza.
- Porto Velho-Goiânia.
- Maceió-Belo Horizonte.

REFLETIR

1. Interprete a tirinha abaixo e responda à questão.

Seguindo a sequência dos quadros, você diria que a escala aumentou ou diminuiu? Justifique sua resposta.

112

CAPÍTULO

4 Convenções cartográficas

No capítulo anterior, você estudou os tipos de escala e como fazer o cálculo da escala de um mapa. Neste capítulo, você vai estudar as convenções cartográficas estabelecidas para que todos possam ler os diversos mapas produzidos pelo mundo.

Lendo as representações cartográficas

Um mapa é uma grande fonte de informação. Ele pode indicar, além da localização e das distâncias entre os espaços, a população de um país, a distribuição dos tipos de vegetação, as altitudes do relevo e os recursos econômicos de diferentes áreas, entre outros dados.

Se todas as informações aparecessem de forma textual sobre o mapa, seria impossível ler todas elas. Por isso, os mapas usam símbolos, cores e linhas — esse conjunto compõe as **convenções cartográficas**, que servem para facilitar a **leitura do mapa**.

As convenções cartográficas foram estabelecidas para que qualquer pessoa, em qualquer lugar do mundo, consiga ler e entender as informações de um mapa, independentemente de onde ele tenha sido produzido. A intensidade das cores utilizadas em alguns mapas, por exemplo, é uma convenção cartográfica: as cores mais intensas indicam maior índice do fenômeno retratado.

Fonte: IBGE. Censo Demográfico 2010. Disponível em: <https://censo2010.ibge.gov.br/sinopse/index.php?uf=33&dados=1>. Acesso em: ago. 2018.

Neste mapa do Rio de Janeiro, a cor verde mais intensa indica maior quantidade de habitantes, enquanto os tons mais claros de verde indicam quantidades menores de habitantes.

Símbolos e abordagens

Os símbolos usados nas representações cartográficas podem ser pontos, linhas e áreas.

- Os **pontos** são utilizados para indicar elementos de localização precisa e que sejam pequenos em relação à área total representada, como uma cidade em um mapa do Brasil.
- As **linhas** são utilizadas para representar fenômenos ou elementos contínuos de grande extensão no espaço geográfico, mas de largura pequena em relação à área do mapa, como rodovias, estradas, ferrovias e rios.
- As **áreas** são utilizadas para representar fenômenos espaciais de grandes extensões em relação à superfície terrestre, como reservas florestais, tipos de clima e unidades do relevo.

113

A escolha do uso de cada tipo de símbolo depende da abordagem do mapa, ou seja, da informação que se pretende fornecer. Veja o quadro a seguir.

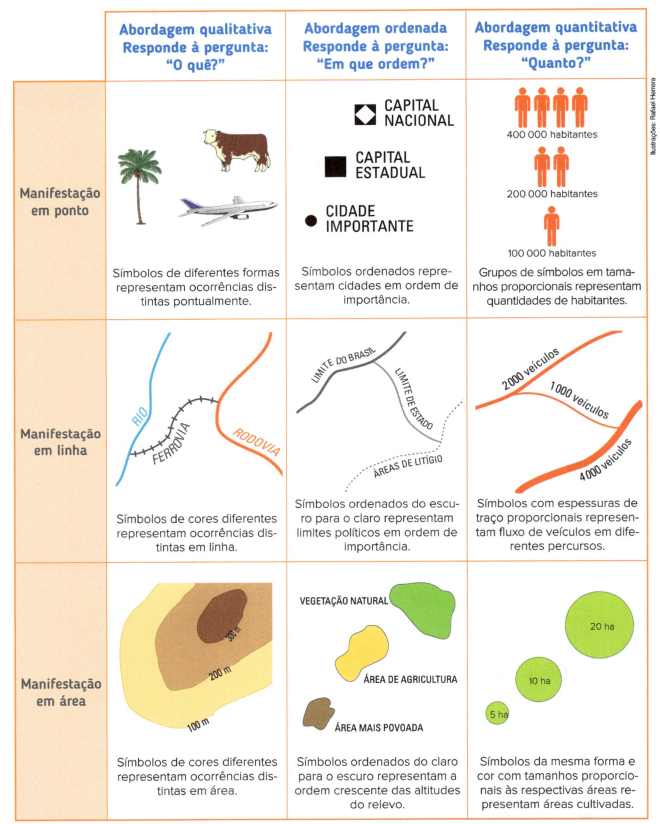

Fonte: Graça Maria Lemos Ferreira e Marcelo Martinelli. *Atlas geográfico ilustrado*. 4. ed. São Paulo: Moderna, 2012. p. 12.

Vamos ver, agora, como algumas convenções cartográficas foram utilizadas no mapa a seguir.

Fonte: *Atlas geográfico escolar*. 7. ed. Rio de Janeiro: IBGE, 2016. p. 142.

Veja quantas informações diferentes esse mapa traz.

Nele há duas abordagens: a qualitativa, que mostra onde estão os portos, aeroportos e vias de acesso de transportes no Brasil, e a quantitativa, que representa a movimentação, em toneladas, de cargas dos portos.

E como podemos "decifrar" essa quantidade enorme de símbolos do mapa? Por meio da legenda.

Como você já estudou, as legendas que acompanham os mapas têm a função de traduzir e explicar os elementos neles representados. É por meio da legenda que entendemos o que um mapa quer informar.

Como interpretar um mapa

Para interpretar um mapa, siga estes passos.

1. Veja se o mapa tem um **título**, pois ele indica o assunto representado.
2. Leia as informações da **legenda** e **interprete** seus símbolos e cores.
3. Para se orientar, observe a referência de algum **ponto cardeal** ou da **rosa dos ventos**.
4. Pela **escala** do mapa é possível calcular as distâncias. Além disso, você saberá a redução dessa representação em relação à realidade cartografada.
5. Identifique a **Linha do Equador** e o **Meridiano de Greenwich**. Por meio deles é possível identificar a latitude e a longitude dos locais.
6. Entenda onde o fenômeno representado ocorre e pense em quais foram as razões que levaram a concentrar o mapa naquele trecho.

CURIOSO É...

Ao estudar, neste capítulo, a linguagem dos mapas, você pôde perceber que ela é essencialmente visual. Então, como ficam as pessoas que enxergam pouco ou não enxergam nada? Será que os cegos estão impossibilitados de aprender Cartografia?

Ainda bem que a resposta é não! Existem mapas feitos para serem utilizados por pessoas com deficiência visual: os mapas táteis. Todos os símbolos cartográficos desses mapas são substituídos por símbolos em relevo, que são sentidos pelo tato.

No Brasil, muitos mapas táteis ainda são feitos de maneira artesanal, utilizando materiais do dia a dia, como linhas e fios para a representação de símbolos lineares (rios, estradas, limites e fronteiras); botões ou outros pequenos objetos para representar símbolos pontuais, como cidades; e tecidos, lixas ou papéis com textura para indicar as áreas, que nos mapas impressos são representadas por cores.

Os mapas táteis podem ter linguagem visual (letras e cores) combinada com linguagem tátil (símbolos em relevo, letras em braile) e serem utilizados por todos.

← Menino cego utiliza globo terrestre tátil em sala de aula. São Paulo (SP), 2014.

ATIVIDADES

SISTEMATIZAR

1. O que são convenções cartográficas? Indique a alternativa correta.

   a) São os elementos e parâmetros estabelecidos para que qualquer pessoa do mundo possa ler as informações de um mapa.

   b) São as linhas imaginárias de latitude e longitude que possibilitam a qualquer pessoa localizar-se na superfície terrestre.

   c) São os elementos que compõem o mapa — como título, legenda e fonte — e que devem estar em inglês para facilitar a leitura em qualquer parte do mundo.

2. Sobre os símbolos utilizados nos mapas, complete as frases corretamente com as palavras do quadro.

Pontos	Linhas	Áreas

   a) .... servem para representar fenômenos espaciais de grande extensão em relação à área do mapa.

   b) .... são utilizados para representar elementos considerados pequenos em relação à área total do mapa.

   c) .... representam fenômenos ou elementos contínuos de grande extensão, mas largura pequena em relação à área do mapa.

REFLETIR

1. Leia o texto atentamente e faça o que se pede.

Era uma vez uma cidadezinha, dessas muito antigas. Pequena, mal tinha umas cinco ruas meio tortas e desencontradas. As casas, nessas ruas, eram quase todas baixinhas. No meio delas uns dois sobrados, o casarão da escola e o outro casarão muito feio, com janelas gradeadas, onde ficava a cadeia.

Mas a graça daquela cidade era a igreja, que a gente até poderia chamar de igrejinha. Ficava no alto do morro, toda branca, de portas azuis, parecia leve, muito linda. [...] Tinha as paredes **caiadas**, era muito simples, quadradinha, com uma torre também quadrada. E, bem debaixo do telhado da torre, no **campanário**, ficava o sino [...].

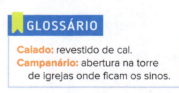

GLOSSÁRIO

Caiado: revestido de cal.
Campanário: abertura na torre de igrejas onde ficam os sinos.

Rachel de Queiroz. *Andira*. São Paulo: Caramelo, 2004. (Coleção Rachel de Queiroz para Crianças).

a) Desenhe em uma folha de papel a cidadezinha descrita no texto. Preocupe-se em incluir todos os detalhes indicados pela autora.

b) Agora, faça um mapa dessa cidade com título, legenda e rosa dos ventos.

Você também pode inventar a escala para mostrar se esse lugar é muito grande ou muito pequeno. Indique ao lado dela se é uma escala grande ou pequena.

DESAFIO

1. Faça um croqui dos arredores da escola e crie símbolos para identificar os elementos da paisagem que servem de pontos de referência: rua principal, escola, loja, supermercado, árvores etc. Depois, trace o caminho a ser percorrido para você chegar a ela.

FIQUE POR DENTRO
Como é feito um mapa

A representação gráfica de uma área da superfície da Terra é baseada em diferentes fontes documentais, entre elas: as fotografias aéreas que possibilitam o reconhecimento do terreno, as medições do terreno, o trabalho de interpretação dessas informações e o desenho do mapa.

1 VOO FOTOGRAMÉTRICO (FOTOGRAFIAS AÉREAS)
Um avião equipado com uma câmera fotográfica especial, alojada em sua parte inferior, que faz cerca de 250 fotos por área de voo.

PLANO DE VOO

As fotografias são feitas sequencialmente ao longo de vários trajetos que cobrem a área escolhida para ser mapeada.

2 VISTA ESTEREOSCÓPICA
Após o voo, é feita uma montagem com as fotografias. Elas são sobrepostas de modo que cada par consecutivo conte com duas perspectivas de uma mesma zona. Isso possibilita a observação estereoscópica, ou seja, em três dimensões.

ALTURA DO VOO
O avião voa a uma altura proporcional à escala requerida no mapa.

3 APOIO TOPOGRÁFICO
Para ajustar cada par de fotografias entre si, sobrepondo uma à outra, é necessário vincular pontos de referência no terreno a ser fotografado, obtendo-se suas coordenadas com um GPS e identificando esses pontos nas fotografias.

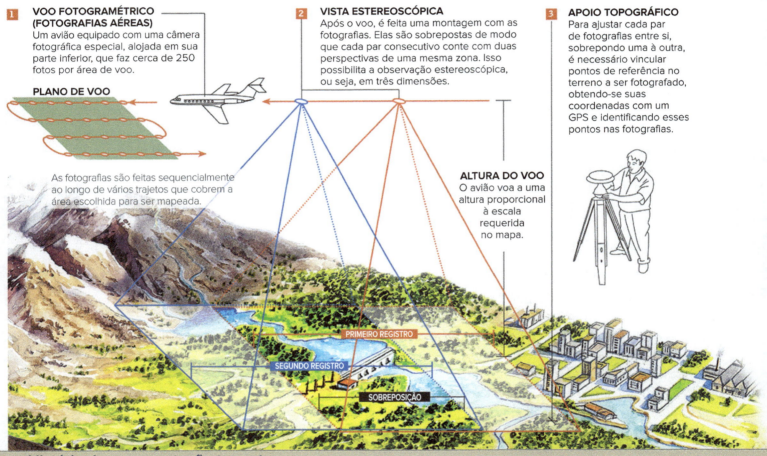

PRIMEIRO REGISTRO
SEGUNDO REGISTRO
SOBREPOSIÇÃO

História da representação terrestre

A Terra era considerada um disco plano rodeado por um oceano.

A Terra segundo Anaximandro.

Ao se admitir que a Terra tem forma esférica, introduziu-se o sistema de longitudes e latitudes e realizaram-se as primeiras projeções cartográficas. Erastóstenes calculou o diâmetro terrestre. Essa foi a base para a representação científica da superfície da Terra.

Ptolomeu elaborou o primeiro atlas universal com coordenadas geográficas e projeções cônicas.

Mapa-múndi de Ptolomeu.

Por influência dos romanos, que voltaram ao modelo circular para representar a Terra simbolicamente, perdeu-se a ideia de esfericidade e foram introduzidas imagens religiosas nos mapas.

Mapa-múndi do séc. XI.

Em Maiorca, Gênova e Veneza apareceram os portulanos, cartas náuticas detalhadas da área do Mediterrâneo. Descreviam as costas e os portos.

A Carta Pisana, anônima, a mais antiga conservada.

Séc. VI a.C. | Séc. IV e III a.C. | Séc. II d.C. | Idade Média | Séc. XIII

Diferentes sistemas de informação geográfica auxiliam a projetar a superfície esférica da Terra em uma representação plana. Esta representação baseia-se em imagens de satélite, fotografias aéreas e representações do relevo.

Na Idade Média negava-se a esfericidade da Terra. A gravura, feita nessa época, pretende demonstrar a possível existência de regiões situadas do outro lado da Terra — considerando-se a Europa como ponto de referência —, as chamadas antípodas.

Graças ao aumento da capacidade dos telescópios e ao lançamento de sondas que enviam fotografias precisas da superfície da Lua, foi possível a elaboração de mapas desse local. Uma das duas aplicações dos mapas da Lua foi ajudar na seleção do Mar da Tranquilidade como local de aterrissagem da expedição Apolo XI.

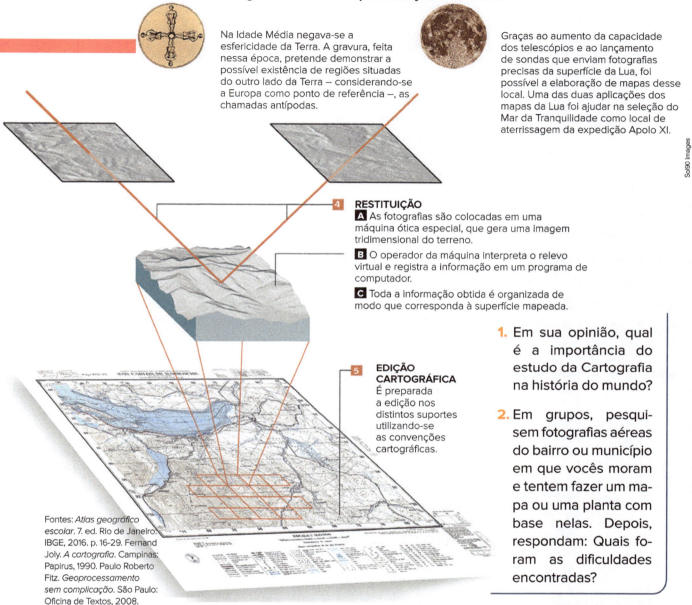

4 RESTITUIÇÃO

A As fotografias são colocadas em uma máquina ótica especial, que gera uma imagem tridimensional do terreno.

B O operador da máquina interpreta o relevo virtual e registra a informação em um programa de computador.

C Toda a informação obtida é organizada de modo que corresponda à superfície mapeada.

5 EDIÇÃO CARTOGRÁFICA

É preparada a edição nos distintos suportes utilizando-se as convenções cartográficas.

Fontes: *Atlas geográfico escolar*. 7. ed. Rio de Janeiro: IBGE, 2016. p. 16-29. Fernand Joly. *A cartografia*. Campinas: Papirus, 1990. Paulo Roberto Fitz. *Geoprocessamento sem complicação*. São Paulo: Oficina de Textos, 2008.

1. Em sua opinião, qual é a importância do estudo da Cartografia na história do mundo?

2. Em grupos, pesquisem fotografias aéreas do bairro ou município em que vocês moram e tentem fazer um mapa ou uma planta com base nelas. Depois, respondam: Quais foram as dificuldades encontradas?

Reaparecem as obras antigas (Atlas, de Ptolomeu). e retoma-se a ideia de esfericidade terrestre confirmada pelas explorações portuguesas e espanholas.

Os holandeses eram grandes produtores de mapas; eles utilizavam muito a projeção de Mercator como base.

América traçada por Mercator.

Época de rigor científico em que foram criados aparatos de medição precisos e organizadas explorações para traçar novas cartas. Voltou-se a medir a Terra.

Mapa-múndi de 1719.

Foram criadas organizações (associações) geográficas nacionais em muitos países.

Os avanços tecnológicos possibilitam traçar os mapas com base em fotografias aéreas e imagens de satélite.

| Séc. XV e XVI | Séc. XVII | Séc. XVIII | Séc. XIX | Séc. XX |

SOCIEDADE E CIÊNCIA

Mapas digitais

As tecnologias de mapeamento digital são cada vez mais acessíveis. Navegadores, aparelhos de GPS, computadores e telefones celulares são alguns exemplos de equipamentos que acessam essas tecnologias. Mas, afinal, o que é um mapa digital e como ele é produzido?

O mapa digital é a representação em linguagem matemática de um lugar – como um bairro ou uma cidade –, que pode ser decifrada e transformada em imagem pelo computador. Alguns desses mapas estão disponíveis em *sites* e possibilitam a observação de um lugar ou do caminho que devemos fazer para ir de um lugar a outro.

E como se faz um mapa no computador? Tudo teve início quando a humanidade começou a descobrir e redescobrir tecnologias que mudaram o jeito de compreender, interpretar e representar o mundo – e de viver nele. Uma verdadeira revolução trouxe novidades como os computadores e a internet, além de acesso mais fácil aos aparelhos que utilizam essas tecnologias. Assim, mudamos a maneira de nos comunicar, de consumir, de trabalhar e de fazer mapas.

Atualmente, os mapas digitais são mais usados porque têm algumas vantagens em relação aos de papel, como a rapidez com que podem ser atualizados, se necessário.

Conseguimos alcançar o espaço sideral e lançar satélites artificiais na órbita terrestre. Os satélites transmitem sinais de comunicação – de rádio, televisão e internet – e são responsáveis pela geração de imagens do planeta. Essas imagens, as orbitais, chegam a cobrir toda a superfície da Terra e são importantes para o mapeamento digital.

Ao lado das imagens orbitais, o mapeamento digital conta com outra tecnologia de obtenção de imagens, chamada de aerofotografia: uma fotografia da superfície do planeta tirada de um avião. Assim como as imagens orbitais, ela é muito importante para o mapeamento.

Por meio de programas de computador, unem-se diversas imagens de uma mesma região em um quebra-cabeça – também conhecido como composição –, que é a base para a produção de mapas. As imagens são detalhadas, possibilitando que se identifiquem florestas, rios, cidades, rodovias… Algumas vezes são tão detalhadas que é possível perceber até pessoas caminhando pelas ruas.

Imagine que você desenhou um mapa de sua rua. Algum tempo depois, foram feitas alterações no bairro que transformaram a rua em que você mora em uma avenida, isto é, uma passagem mais larga para os automóveis. Para essa mudança, foram necessárias algumas modificações na via dos carros e nas calçadas. Depois de pronta a avenida, o mapa da rua que você havia desenhado não seria mais a representação do lugar onde você mora, e você precisaria refazê-lo. Se tivesse feito um mapa digital em um computador, bastaria atualizá-lo, evitando todo o trabalho demorado no papel.

120

Talvez você já tenha visto *sites* nos quais é possível visualizar um local como se estivesse caminhando por ele – ou talvez já tenha ouvido falar deles. Esse tipo de material é feito por uma "maquete virtual" do terreno.

Maquete é um modelo da realidade no qual um objeto é retratado seguindo as proporções e a aparência real, mas geralmente com outro tamanho. Há maquetes que "aumentam" a realidade, para que seja possível observá-la em detalhes, como a de uma **célula**. Há maquetes que "diminuem" a realidade, para que seja possível ter a noção da totalidade, como a do Sistema Solar. Uma maquete digital do terreno segue a mesma lógica: é uma versão digital de um lugar que mantém a aparência e as proporções, porém, de maneira virtual.

E como será que se faz uma maquete tão complicada? Para fazer vistas digitais de rua, um grande projeto utilizou muitas tecnologias ao mesmo tempo, seguindo três passos.

> **GLOSSÁRIO**
> **Célula:** menor unidade de um organismo. Todos os organismos vivos são formados por células.
> **Palafita:** casa construída sobre estacas em cima de um rio ou lago.

Primeiramente, automóveis foram equipados com localizadores GPS, que possibilitam que se tome nota da posição exata do veículo enquanto ele passa por bairros e cidades. Em seguida, várias câmeras fotográficas também foram acopladas ao teto dos veículos, de maneira que fosse possível fotografar o espaço ao redor em muitas direções enquanto o veículo faz seu percurso. Por fim, junto às câmeras foram instalados medidores digitais que registraram as distâncias reais entre os objetos nas ruas e o carro.

Bairro do Guamá, Belém (PA): imagem de satélite – 2015

Nos lugares onde um carro não pode chegar (calçadões de pedestres, vielas, casas construídas sobre a água, como as **palafitas**), os técnicos tiveram de optar por outros tipos de transporte – como bicicletas e barcos – para levar os equipamentos. Os lugares inacessíveis aos carros não permanecem inacessíveis à tecnologia de vista de rua, e as maquetes digitais do terreno seguem sendo montadas.

Observe ao lado o mapa digital e a imagem de satélite do bairro Guamá, em Belém do Pará, e interprete-os.

Bairro do Guamá, Belém (PA): mapa digital – 2015

1. Em sua opinião, que alternativas existem para que a tecnologia de vistas de rua chegue ao bairro do Guamá? Justifique sua resposta.

2. Com a ajuda do professor, explore o mapa digital de sua cidade na internet. Localize sua moradia, a escola e os pontos importantes do bairro.

121

 # PANORAMA

FAÇA AS ATIVIDADES A SEGUIR E REVEJA O QUE VOCÊ APRENDEU.

1. Identifique os tipos de projeção cartográfica utilizados nos mapas a seguir.

a)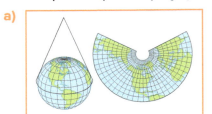
Fonte: *Atlas geográfico escolar*. 7. ed. Rio de Janeiro: IBGE, 2016. p. 21.

b)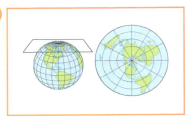
Fonte: *Atlas geográfico escolar*. 7. ed. Rio de Janeiro: IBGE, 2016. p. 21.

c)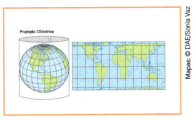
Fonte: *Atlas geográfico escolar*. 7. ed. Rio de Janeiro: IBGE, 2016. p. 21.

2. Observe o mapa a seguir e responda às questões.

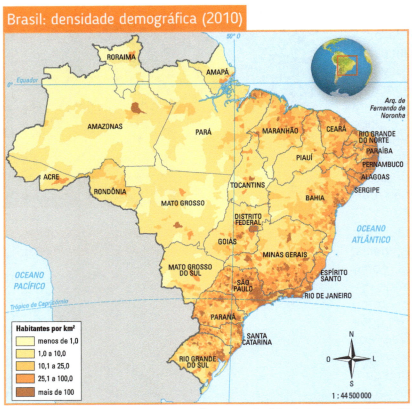
Fonte: *Atlas geográfico escolar*. 7. ed. Rio de Janeiro: IBGE, 2016. p. 114.

a) Qual é o título do mapa?

b) Que tipo de escala foi usada?

c) Na legenda, o que as diferentes cores indicam?

d) O que você entendeu do mapa depois de lê-lo?

3. Considere as duas escalas representadas a seguir.

A   1 : 300 000

B

Identifique a alternativa correta.

a) A escala A é do tipo gráfica e a escala B é do tipo numérica.

b) As duas escalas têm a mesma função em um mapa.

c) A escala B contém erros, pois deveria estar em centímetros.

d) A escala A também poderia ser representada com 1 : 300 km.

4. Sobre os tipos de abordagem em um mapa (qualitativa, quantitativa e ordenada), indique a alternativa correta.

   a) A abordagem qualitativa indica apenas por meio de pontos os fenômenos distintos representados em um mapa, servindo somente para representar dados pontuais.

   b) A abordagem ordenada apresenta sempre em ordem de importância ou hierárquica os fenômenos lineares em um mapa. É utilizada para representar fronteiras, hierarquia de rios e redes de transporte.

   c) A abordagem quantitativa apresenta dados numéricos em ordem crescente ou decrescente, demonstrando a proporção entre eles. Pode ser representada por meio de linhas, pontos e áreas.

   d) A abordagem qualitativa só é possível em mapas que tenham também abordagem quantitativa. Ambas podem ser representadas por meio de linhas, pontos e áreas.

5. Observe o mapa abaixo.

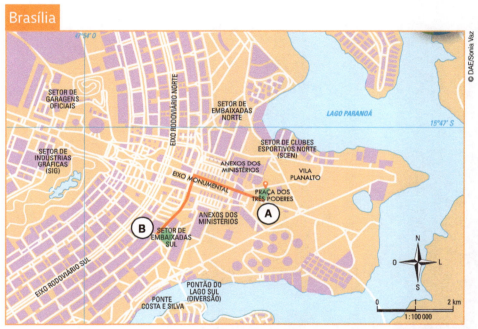

Fontes: <http://avaicorrea1.hospedagemdesites.ws/site/wp-content/uploads/2015/04/MAPAS-MAPA-BRASILIA.jpg>; <www.dados.df.gov.br/dataset/dados-georreferenciados-siturb-segeth>. Acessos em: jul. 2018.

Considerando a escala do mapa, calcule:

a) a distância, em linha reta, entre os pontos A e B;

b) a distância real percorrida nesse trajeto com base na rota indicada em vermelho.

DICAS

ACESSE

Mapas históricos: <www.mapas-historicos.com>. No *site* você pode conhecer melhor a história da Cartografia e dos mapas antigos, além de entrar em contato com os primeiros mapas que representavam o Brasil.

Google Maps: <www.google.com.br/maps>. Acesse a barra de pesquisa e visualize mapas e imagens de satélite de vários lugares do planeta.

LEIA

A quarta parte do mundo, de Carlos Leite da Silva (Objetiva). Conta a história do mapa de Waldseemüller e Ringmann, primeiro mapa a identificar e nomear a América como continente.

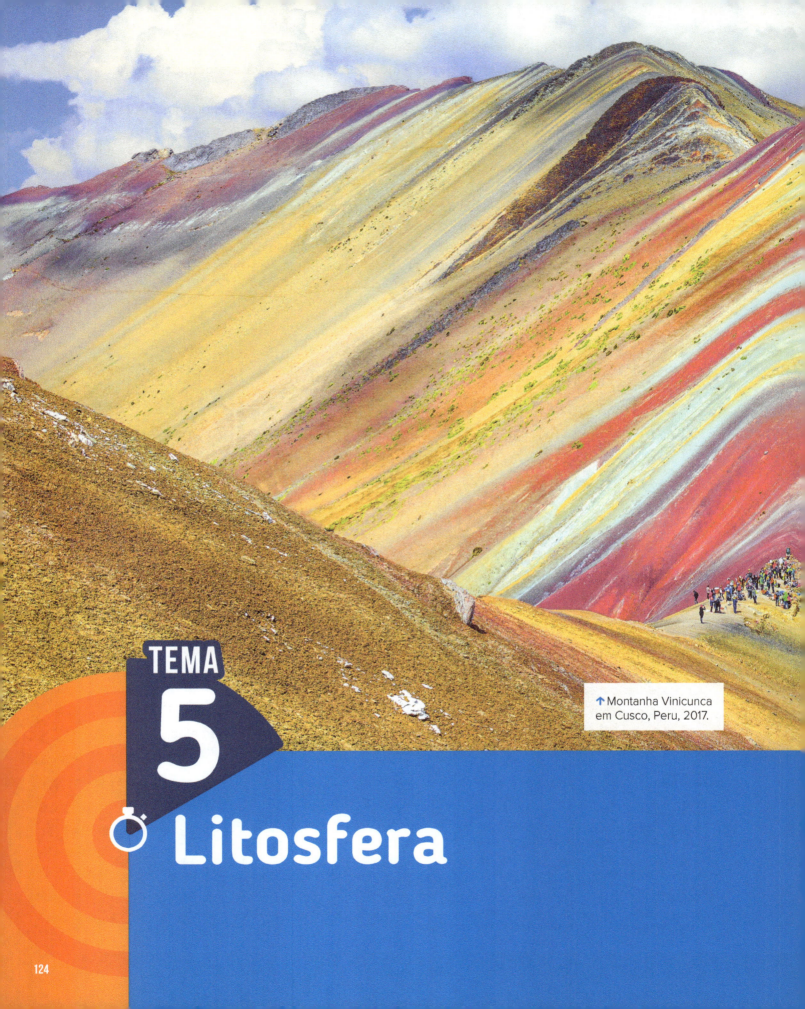

TEMA 5

Litosfera

Montanha Vinicunca em Cusco, Peru, 2017.

NESTE TEMA
VOCÊ VAI ESTUDAR:

- a litosfera;
- a composição interna da Terra;
- deriva continental;
- as formas de relevo,
- os agentes modeladores do terreno;
- tipos de solo.

Emperorcosar/Shutterstock.com

Conhecida como Montanha de Sete Cores ou Montanha Arco-íris, a Vinicunca é a quinta montanha mais alta do Peru, com uma altitude de 5 200 m. Todavia, seu principal atrativo é a mistura incomum de cores, resultado do acúmulo de sedimentos com diferentes composições minerais.

1. Você sabia que existiam montanhas como essa? Gostaria de conhecê-las?

2. Observe as camadas de cores da montanha. Você tem alguma hipótese sobre como elas podem ter se formado?

CAPÍTULO 1
Litosfera e superfície terrestre

> No capítulo anterior, você estudou as convenções cartográficas na elaboração de mapas. Neste capítulo, você vai estudar a dinâmica da crosta terrestre e o que são tempo geológico e deriva continental.

As esferas terrestres

Entre todos os astros do Sistema Solar, por que será que, até esse momento, encontramos vida apenas aqui, em nosso pequeno planeta azul? O que faz da Terra tão especial para comportar toda essa variedade de seres vivos? A resposta não é simples: a vida, como ocorre na Terra, depende de uma combinação de fatores — a distância do Sol, que possibilita temperaturas amenas; a existência de atmosfera, que protege os seres vivos; e a presença de água líquida são alguns deles.

Ao conjunto de todas as partes do planeta onde existe vida damos o nome de **biosfera** (do grego *bios*: "vida"; e *sfaira*: "esfera"; ou seja, "esfera da vida"). Ela se desenvolve da interseção de outras três esferas:

- **atmosfera** — camada de ar que envolve a Terra, composta de diversos gases que possibilitam a vida;
- **litosfera** — porção sólida da Terra, formada por rochas e minerais;
- **hidrosfera** — camada constituída pela água presente na superfície terrestre, nos leitos subterrâneos e no ar, na forma gasosa.

É na **superfície terrestre** que vivem os seres humanos e estão os espaços geográficos onde constantemente fazemos e refazemos construções. Por isso, iniciaremos nossos estudos explorando a litosfera.

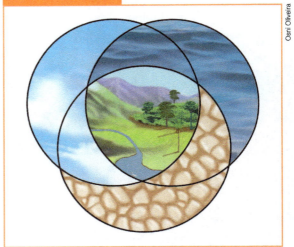

Esferas terrestres

↑ Representação das três esferas terrestres.

As dimensões das estruturas representadas estão fora de escala; as cores usadas não são as reais.

Da litosfera ao interior da Terra

A litosfera (do grego *lithos*, que significa "pedra"), porção rígida da Terra, é formada pela crosta terrestre — a mais importante camada para os seres vivos — e porções superiores do manto.

Se pudéssemos chegar ao interior da Terra partindo da superfície percorreríamos aproximadamente 6 300 km, a mesma distância de uma viagem de ida e volta da cidade do Rio de Janeiro a Belém, no Pará. Contudo, não é possível atingirmos o interior do planeta, pois ele é composto de materiais com temperaturas muito elevadas e sob alta pressão.

Observe, na página seguinte, um modelo de estrutura interna da Terra e localize as principais camadas.

- **Crosta terrestre**: camada fina que envolve a Terra, com média de 20 km a 30 km de espessura, podendo variar de 7 km a 70 km. É nela que vivemos e dela dependemos muito, pois compõe os continentes e os oceanos. É dividida em crosta continental e oceânica, de composições e espessuras diversas.

- **Manto**: camada mais espessa, formada por material rochoso em estado pastoso e muito quente, chamado **magma**. Esse material atinge a superfície terrestre quando ocorrem as atividades vulcânicas. A parte superior do manto, junto à crosta, tem composição mais rígida.
- **Núcleo**: é a camada mais profunda da Terra. No núcleo externo, a temperatura pode chegar a 4 000 °C, e o material encontra-se em estado líquido. O núcleo interno apresenta temperatura em torno de 6 000 °C, e acredita-se que seja sólido.

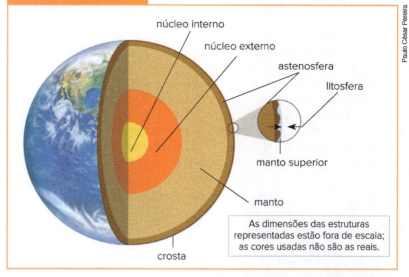

↑ Estrutura do interior da Terra.

Fonte: Wilson Teixeira et al. (Org.). *Decifrando a Terra*. 2. ed. São Paulo: Companhia Editora Nacional, 2009. p. 59.

Mas como os cientistas chegaram a essas conclusões?

A investigação do interior da Terra é feita com base nas características de propagação das ondas sísmicas registradas pelo **sismógrafo**. Quando há tremores de terra, a energia se dissipa na forma de ondas, que se propagam em velocidades diferentes ao passarem pelos materiais que compõem as camadas interiores do planeta. Com base na análise desses dados, foram idealizados modelos que representam a estrutura da Terra em camadas com composições químicas diversas. Assim, grande parte dos estudos feitos pela Sismologia, ramo científico que analisa a estrutura do planeta, foi realizada por meio de instrumentos e deduções.

↑ Sismógrafo.

A idade da Terra

Tudo que existe tem uma idade ou um tempo de existência – seres humanos, animais, vegetais, montanhas, oceanos e o planeta Terra. Uma pessoa raramente ultrapassa os 100 anos, algumas espécies de animais vivem apenas um dia, há vegetais que vivem 300 anos. E nosso planeta, quantos anos tem?

Alguns cientistas acreditam que, há cerca de 4,6 bilhões de anos, a Terra era uma massa **incandescente** que, com o passar dos milhões de anos, foi se resfriando e se consolidando na forma e estrutura atuais. Durante esse longo período, muitos fenômenos e transformações ocorreram: continentes se deslocaram, montanhas se elevaram, onde havia terra se formou o mar...

Sabemos que muitas das transformações pelas quais a Terra passou ocorreram antes da existência humana, e uma das maneiras de investigarmos o passado do planeta é estudando os **fósseis** – restos de animais e vegetais, suas evidências ou vestígios das atividades e características desses seres vivos que ficaram preservadas em rochas ao longo de milhões ou até bilhões de anos.

> **GLOSSÁRIO**
>
> **Incandescente:** muito quente, ardente.
> **Sismógrafo:** aparelho que registra a ocorrência de ondas sísmicas e gera gráficos que mostram oscilações do terreno em caso de tremor de terra.

CURIOSO É...

O processo de fossilização pode ocorrer de diversas maneiras. Observe o exemplo ilustrado abaixo. Depois de morto, o corpo de um peixe deposita-se no fundo de um lago (1). Ele, então, é soterrado por outros materiais (sedimentos) e as partes mais moles do peixe são decompostas (2). Ao longo do tempo, os minerais presentes na água e no fundo do lago vão substituindo os elementos mais resistentes do peixe, que podem se incorporar às camadas de sedimentos que o soterraram (3). Com o passar do tempo, essas camadas de **sedimentos** sofrem pressão e se transformam em rochas, que sofrem deformações (4). As camadas mais externas dessas rochas podem ser desgastadas (5) e, com o tempo, aflorar à superfície (6).

> **GLOSSÁRIO**
> **Sedimento:** material originado da desagregação de rochas preexistentes depois de transportado e deposto.

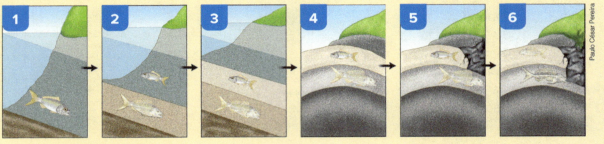

Fonte: Serviço Geológico do Brasil. *O que são e como se formam os fósseis?* Disponível em: <www.cprm.gov.br/publique/Redes-Institucionais/Rede-de-Bibliotecas---Rede-Ametista/Canal-Escola/O-que-sao-e-como-se-formam-os-fosseis%3F-1048.html>. Acesso em: set. 2018.

↑ Ilustração de sequência de acontecimentos que levam à exposição dos fósseis à superfície terrestre.

O tempo geológico

Como dissemos, a história da Terra é muito longa, por isso ela foi dividida em grandes intervalos de tempo, que, diferentemente do que estamos habituados, é contado em milhões de anos. Assim, os 4,6 bilhões de anos são divididos em éons, que são subdivididos em eras, períodos e épocas. Na seção **Fique por dentro**, nas páginas 150 e 151, você identificará alguns dos principais eventos geológicos e biológicos que ocorreram ao longo do tempo.

→ A tabela apresenta as eras e os períodos da história da Terra.

Tempo geológico

Éon	Era	Período	Época	Milhões de anos
Fanerozoico	Cenozoico	Quaternário	Holoceno	0,01
			Pleistoceno	1,8
		Terciário	Plioceno	5,3
			Mioceno	23,0
			Oligoceno	33,3
			Eoceno	55,8
			Paleoceno	65
	Mesozoico	Cretáceo		146
		Jurássico		200
		Triássico		251
	Paleozoico	Permiano		299
		Carbonífero		359
		Devoniano		416
		Siluriano		444
		Ordoviciano		488
		Cambriano		542
Proterozoico				2 500
Arqueano				3 850
Hadeano				4 566

Fonte: Laboratório de Paleontologia da Amazônia. Tempo geológico. Disponível em: <http://ufrr.br/lapa/index.php?option=com_content&view=article&id=%2096>. Acesso em: ago. 2018.

Deriva continental

Viver sobre a superfície do planeta nos dá, na maior parte do tempo, uma sensação de segurança e estabilidade, pois temos a impressão de que a crosta terrestre é contínua e imutável. Por outro lado, não é raro vermos nos noticiários vulcões em erupção e locais atingidos por terremotos e *tsunamis*. Diante disso, podemos perguntar: Como esses fenômenos são explicados? Será que a crosta e as camadas inferiores da Terra são estáticas?

Hoje, com base na constatação de fortes indícios, podemos supor que há milhões de anos os continentes e os oceanos tinham uma disposição completamente diferente da atual. Segundo o cientista alemão Alfred Wegener (1880-1930), há cerca de 250 milhões de anos existia uma única massa continental, conhecida como **Pangeia** (do grego, *pan*: "toda"; e *geo*: "terra"), que ao longo dos anos foi se separando até chegar à configuração que conhecemos. A teoria de Wegener, conhecida como **deriva continental**, baseou-se nas semelhanças entre:

- o formato dos limites e das bordas dos continentes (as costas dos atuais continentes sul-americano e africano se encaixariam, evidenciando a existência de uma única massa de terra no passado);
- os fósseis encontrados nas terras pertencentes aos atuais territórios sul-americano e africano;
- os tipos de rochas encontrados nos dois territórios, atualmente separados pelo Oceano Atlântico.

Acredita-se que, ao longo de milhões de anos, a Pangeia tenha se fragmentado. Inicialmente, formaram-se duas

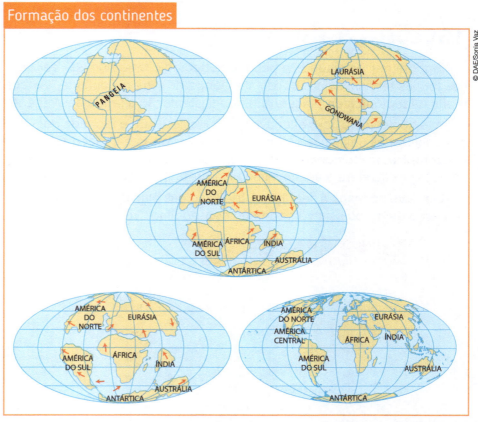

Formação dos continentes

Fonte: *Atlas geográfico escolar*. 7. ed. Rio de Janeiro: IBGE, 2016. p. 12.

grandes porções denominadas de Gondwana, ao sul, e Laurásia, ao norte, nomes dados por Wegener. Com o passar do tempo, essas partes também foram se separando e, no Cretáceo (Era Cenozoica), os continentes já tinham a configuração próxima da atual. Estudos científicos provaram que a deriva continental continua acontecendo, ou seja, os continentes estão mudando de posição lentamente e deverão ter nova distribuição daqui a alguns milhares ou milhões de anos.

Em um mapa-múndi, podemos observar a configuração da superfície terrestre e entender como estão distribuídos os continentes e os oceanos que recobrem o planeta. Os **continentes** são as grandes porções de terras emersas da superfície, acima do nível do mar. As partes mais baixas da superfície são as terras imersas recobertas pelos **oceanos**. Veja o mapa da página a seguir.

Fonte: *Atlas geográfico escolar.* 7. ed. Rio de Janeiro: IBGE, 2016. p. 34.

Tectônica de placas

Embora muitos estudos e pesquisas geológicas tenham se realizado há mais de 100 anos e várias teorias tenham sido propostas ao longo do tempo, somente na década de 1960 foi elaborada a teoria da **tectônica de placas**, que deu sustentação à teoria de Wegener.

A tectônica de placas afirmava que a litosfera não é formada por um pedaço único, e sim por placas encaixadas umas nas outras, como em um quebra-cabeça. Cada uma delas foi chamada de **placa tectônica** ou **litosférica**. Elas são grandes blocos rochosos, de diferentes tamanhos e formas, que compõem a litosfera e se movimentam constantemente sobre o manto pastoso.

Observe no mapa a seguir a distribuição das placas litosféricas. Atenção: esse mapa traz a representação delas, pois na verdade não conseguimos vê-las assim.

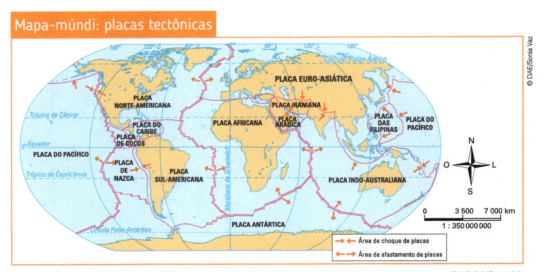

Fonte: *Atlas geográfico escolar: Ensino Fundamental do 6º ao 9º ano.* Rio de Janeiro: IBGE, 2015. p. 103.

Por não estarem fixas, as placas tectônicas flutuam sobre o manto, chocando-se entre si, afastando-se umas das outras ou deslocando-se lateralmente.

As bordas das placas são as áreas mais instáveis da crosta terrestre. Esses movimentos são ocasionados pela pressão que o magma faz na crosta, por causa de sua consistência fluida e das altas temperaturas. O movimento das placas tectônicas foi responsável pelo surgimento de montanhas e ilhas, sendo responsável também pelas erupções vulcânicas, terremotos e *tsunamis*, como estudaremos adiante.

ATIVIDADES

SISTEMATIZAR

1. Quais são as esferas terrestres? Explique cada uma delas.

2. Identifique as camadas da Terra apresentadas na imagem e associe-as às características a seguir.

   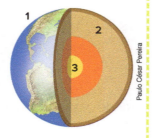

   a) Camada constituída pelo magma, material pastoso e muito quente.

   b) Camada de fina espessura que envolve a Terra, onde estão os continentes e os oceanos.

   c) Divide-se em externo e interno, apresentando as temperaturas mais altas da Terra.

3. Como é possível saber o que há no interior da Terra?

REFLETIR

1. Leia os textos e responda às questões.

   I *A Origem dos Continentes e Oceanos.* Esse é o título do livro que provocou as maiores e mais furiosas discussões da década de 1920. [...]

   Wegener [...] publicou pela primeira vez o livro que continha não somente a teoria da deriva continental, mas uma vasta coletânea de evidências geológicas, paleontológicas e paleoclimáticas. Por exemplo, o fato de as formações rochosas de ambos os lados do Atlântico serem muito semelhantes em diversos aspectos, além de conterem fósseis de seres que não poderiam ter atravessado o oceano ou surgido à mesma época em locais tão distantes.

   [...]

   Os opositores de Wegener, em geral, acusavam-no de ser seletivo em relação à busca de provas, mas os geofísicos foram os únicos a conseguir refutar algumas bases de sustentação da teoria.

   [...] Wegener não conseguiu propor um mecanismo para sua teoria. Que forças seriam capazes de transportar tão grandes blocos, como os continentes, a tão largas distâncias? [...]

   Depois de ter sido abandonada na década de 1940, até mesmo por antigos defensores, a teoria de Wegener foi retomada devido a novas descobertas na área da Geofísica.

   Daniel Perdigão. Deriva continental: a genialidade de Wegener. *Cultura Secular*, ano 7, n. 14, jul./dez. 2009. Disponível em: <http://cultura.secular.com.br/14-nov2009/wegener.html>. Acesso em: maio 2018.

   II [...] O Oceano Atlântico, que vemos hoje em todas as praias do Brasil, não existia nos primeiros milhões de anos da Terra. Ele iniciou sua formação há 150 milhões de anos, quando os blocos de terra começaram a se afastar e abriu-se um espaço para a entrada das águas entre os atuais continentes americano, europeu e africano. [...]. Não conseguimos perceber esse afastamento pela sua lentidão, mas daqui a alguns milhares ou milhões de anos o mapa das terras e dos oceanos novamente estará diferente. As Américas estarão bem mais longe da África e da Europa, aumentando as dimensões do Oceano Atlântico, entre outras alterações.

   Karen Gimenez. *Os oceanos: o movimento da vida em um universo pouco conhecido.* São Paulo: Atual, 2008. p. 10-11.

   a) A teoria da deriva dos continentes proposta por Wegener foi aceita pelos cientistas daquela época? Por quê?

   b) Qual teoria, elaborada posteriormente à morte de Wegener, comprovou a existência de uma grande massa de terra que se separou ao longo de milhões de anos?

   c) Se vivêssemos uns 250 milhões de anos atrás no Brasil, nosso território seria banhado pelo Oceano Atlântico? Justifique.

   d) As informações contidas no texto podem ser relacionadas a uma das evidências levantadas para elaborar a teoria da deriva continental. Qual é essa evidência?

CAPÍTULO 2

O relevo terrestre

No capítulo anterior, você estudou a evolução e a dinâmica da crosta terrestre. Neste capítulo, você vai estudar as principais formas de relevo e como representá-lo.

O que é relevo?

Você costuma prestar atenção nas paisagens por onde passa? Nos caminhos que percorre diariamente ou quando faz um passeio a um lugar diferente, já notou que, às vezes, há subidas, descidas e trechos planos? Ao olhar para o horizonte, você consegue perceber lugares mais altos que outros?

Esse conjunto de formas da superfície, que são resultantes das ações das forças internas e externas da Terra, é chamado de **relevo**.

É sobre o relevo que as sociedades constroem e transformam seu espaço; é sobre ele que estão os campos, as cidades, as casas e as escolas. Por isso, as diversas formas de relevo influenciam o modo de vida da população. É mais difícil, por exemplo, cultivar a terra e construir moradias em áreas inclinadas do que em áreas planas. A navegação em rios que passam por formas de relevo planas é mais segura do que em rios que passam por formas de relevo íngremes, mais propícios à geração de energia hidrelétrica.

Conhecer o tipo de relevo em que se vive é fundamental para planejar a produção e a transformação do espaço da melhor maneira possível. Além disso, o relevo, em constante transformação, está entre os elementos naturais mais sujeitos a mudanças, ocorridas não somente por causa da evolução da própria natureza mas também pela ação dos seres humanos.

Observe na imagem a seguir os principais tipos de relevo. Vamos estudá-los melhor nas próximas páginas.

Tipos de relevo

As dimensões das estruturas representadas estão fora de escala; as cores usadas não são as reais.

← Principais tipos de relevo.

Principais formas de relevo

Montanhas

São as maiores elevações naturais da superfície terrestre. Um conjunto de montanhas alinhadas forma uma serra. Um conjunto de montanhas muito altas constitui uma cordilheira. As montanhas caracterizam-se pela perda de sedimentos devido aos processos **erosivos** que lentamente as desgastam. Existem montanhas de formações antigas e recentes. Em geral, elas são consideradas áreas de difícil ocupação pelas sociedades humanas.

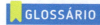

GLOSSÁRIO

Erosivo: relativo ao desgaste de rochas.

↑ Cordilheira de montanhas do Himalaia. Nepal, 2017.

↑ Relevo de planalto em Uiramutã (RR), 2017.

Planaltos

Os planaltos são formas de relevo com altitudes variadas, menores do que as montanhas. No Brasil, encontramos planaltos planos e altos, como o Planalto Central, e planaltos originários do desgaste de antigas montanhas, como o Planalto Atlântico do Leste-Sudeste. Os planaltos do território brasileiro caracterizam-se pelos processos de desgaste erosivos, principalmente por causa das chuvas, da ação dos rios, da variação de temperatura e da ação humana. Assim como as planícies, os planaltos tendem a ser áreas de maior ocupação humana.

Planícies

São áreas geralmente planas e de baixas altitudes, menores do que as montanhas e os planaltos. Caracterizam-se pelo processo de acumulação de parte dos materiais — sedimentos — que as montanhas e os planaltos perdem por desgaste. Desde as civilizações mais antigas, as áreas de planície são muito povoadas, pois nelas o deslocamento é mais fácil e os solos são férteis devido à presença de rios. Elas são áreas de fácil ocupação.

↑ Relevo de planície em Corumbá (MS), 2017.

↑ Relevo de depressão em Barra do Garças (MT), 2018.

Depressões

As depressões são terrenos menos elevados do que os encontrados a seu redor. Na depressão também predomina o processo de acúmulo de sedimentos. Se ela estiver acima do nível do mar, denomina-se "relativa"; se estiver abaixo, denomina-se "absoluta".

Formas de representação do relevo

As diferentes formas do relevo podem ser representadas por **mapas** e **perfis topográficos**. Esses tipos de representação informam a variação de altitude das formas da superfície terrestre em relação ao nível do mar usando como base as **curvas de nível** – linhas que representam todos os pontos do terreno de mesma altitude.

↑ As linhas representam todos os pontos com os mesmos valores de altitude da superfície.

↑ Formas de terreno obtidas pela interpretação das curvas de nível. Quanto mais próximas as linhas estão umas das outras, mais íngreme é o terreno. Quanto mais distantes, mais plano é o terreno.

Perfil topográfico

É uma representação em duas dimensões de um corte vertical do terreno. O perfil topográfico informa os valores das altitudes do terreno do trecho representado. Os perfis são elaborados com base nas curvas de nível. Observe as imagens: elas exemplificam o processo de elaboração do perfil topográfico do Pão de Açúcar e do Morro da Urca, no Rio de Janeiro.

As cartas com as curvas de nível, que representam as altitudes do terreno, são chamadas **cartas topográficas**.

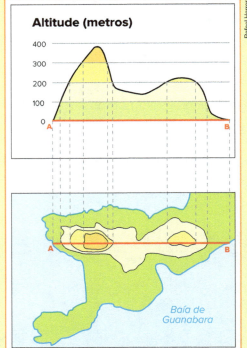

Fonte: *Atlas geográfico escolar: Ensino Fundamental do 6º ao 9º ano*. Rio de Janeiro: IBGE, 2015. p. 12.

↑ Vista frontal do Pão de Açúcar e Morro da Urca. Rio de Janeiro (RJ), 2018.

Fonte: *Atlas geográfico escolar: Ensino Fundamental do 6º ao 9º ano*. Rio de Janeiro: IBGE, 2015. p. 12.

Mapa físico

Os mapas geralmente utilizam uma sequência de cores para diferenciar os intervalos ou níveis de altitudes representados. Eles são conhecidos como mapas físicos. Observe o mapa ao lado. As cores quentes representam as partes da superfície do território brasileiro com maior altitude, enquanto as cores frias representam as áreas de menor altitude.

Fonte: *Atlas geográfico escolar*. 7. ed. Rio de Janeiro: IBGE, 2016. p. 88.

1. Explique a relação entre o perfil e o mapa topográfico.

2. Observe o mapa "Brasil: físico" e responda: No território brasileiro, predominam as formas com altas, médias ou baixas altitudes? Justifique.

O relevo do Brasil

De modo geral, a formação e a estrutura do relevo brasileiro são antigas. A ação das chuvas, ventos e rios e a variação de temperatura são seus principais agentes transformadores. Portanto, as diversas formas do relevo do país resultam dos processos de desgaste erosivo típicos do clima tropical.

Como você observou no mapa da página anterior, a maior parte das terras brasileiras apresenta altitudes médias abaixo dos 1200 metros. O ponto mais alto é o Pico da Neblina, com aproximadamente 2 995 metros. Se compararmos o Brasil com outras partes da América do Sul, como a Cordilheira dos Andes, que chega a atingir mais de 6 mil metros em alguns trechos, podemos afirmar que em nosso país não há grandes elevações.

O mapa abaixo mostra a distribuição das três principais formas do relevo brasileiro – planaltos, depressões e planícies – divididas em 28 unidades. Note que os planaltos abrangem a maior parte das terras (11 unidades), seguidos pelas depressões (11 unidades) e pelas planícies (6 unidades).

Como você já viu, os planaltos brasileiros caracterizam-se pelo processo de desgaste erosivo. Destacam-se, pela extensão, os planaltos e chapadas da Bacia do Paraná (Unidade 3), os planaltos e chapadas da Bacia do Parnaíba (Unidade 2) e os planaltos e serras do Atlântico-Leste-Sudeste (Unidade 7).

Formadas pelo acúmulo de sedimentos oriundos de terrenos mais altos, as Depressões Amazônicas (Unidades 12, 13 e 14), a Depressão Sertaneja e do São Francisco (Unidade 19) e a Depressão Periférica da Borda Leste da Bacia do Paraná (Unidade 21) são as mais extensas.

As planícies, formadas pela deposição de sedimentos, são formas relativamente planas. No território brasileiro, destacam-se a Planície do Rio Amazonas (Unidade 23) e a Planície Litorânea (Unidade 28).

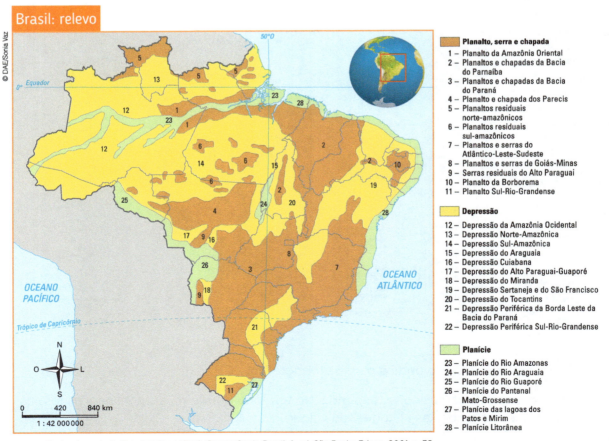

Fonte: Jurandyr L. Sanches Ross (Org.). *Geografia do Brasil*. 4. ed. São Paulo: Edusp, 2001. p. 53.

ATIVIDADES

SISTEMATIZAR

1. Descreva, com suas palavras, o que é relevo.

2. Qual é a importância de estudarmos o relevo? De que forma o relevo interfere nas atividades humanas?

3. Quais formas de relevo predominam no Brasil? Elabore um texto para descrevê-las.

4. Identifique, nas fotos a seguir, as formas de relevo descritas neste capítulo.

↑ Mucuri (BA), 2018.

↑ Parque Nacional Torres del Paine, Chile, 2018.

↑ Leopoldina (MG), 2018.

↑ Quixadá (CE), 2015.

DESAFIO

1. Observando o perfil topográfico das páginas 134 e 135, elabore, em uma folha avulsa, um perfil topográfico com base na imagem ao lado.

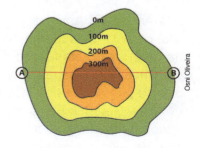

2. Utilizando massa de modelar, argila ou material reciclado (caixas de papel, plásticos etc.), elabore com os colegas uma maquete que represente as formas de relevo. Identifique cada uma delas e acrescente elementos humanizados e naturais para reproduzir melhor a paisagem.

CAPÍTULO 3
Agentes do relevo

No capítulo anterior, você estudou algumas das principais formas do relevo. Neste capítulo, você vai estudar como elas surgiram, aprendendo o que são agentes internos e externos do relevo.

Agentes internos do relevo

Como você já estudou, a superfície terrestre está em constante transformação. A todo momento, novas formas de relevo são criadas e as já existentes são transformadas. Mas o que explica essas transformações? Quais são os agentes formadores e transformadores do relevo?

As forças originadas no interior da Terra – movimento do material que compõe o manto vindo das variações de pressão e temperatura do interior do planeta – causam alterações nas formas da superfície. Essas forças podem provocar mudanças rápidas e de grande intensidade ou ocasionar transformações lentas, percebidas apenas após milhares de anos. Os fenômenos que se originam de movimentos ocorridos dentro do planeta são chamados de **agentes internos do relevo**. Alguns exemplos são o tectonismo, o vulcanismo e os terremotos. Vamos estudá-los a seguir.

Tectonismo

São os movimentos lentos e prolongados que ocorrem no interior da crosta terrestre, provocando deformações nas rochas. Um dos tipos de tectonismo é chamado **orogênese**, responsável pela formação de dobras e falhas no relevo. A orogênese é um movimento tectônico que ocorre de forma horizontal e pode ter duas configurações: convergente, quando duas placas se chocam; e divergente, quando duas placas se afastam. Observe esse processo na imagem ao lado.

Os Alpes, na Europa, a Cordilheira dos Andes, na América do Sul, o Himalaia, na Ásia, e as Montanhas Rochosas, na América do Norte, são exemplos de cordilheiras ou cadeias de montanhas que se originaram dos movimentos orogênicos. Geradas pelos movimentos de encontro de placas tectônicas, essas formas de relevo, por serem de formação recente (Era Cenozoica), são denominadas **cadeias orogênicas** ou **dobramentos modernos**.

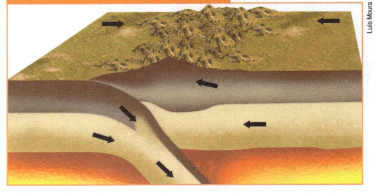

↑ Corte vertical da superfície terrestre que ilustra o encontro de placas tectônicas e a formação de montanhas.

Fonte: Wilson Teixeira et al. (Org.). *Decifrando a Terra*. 2. ed. São Paulo: Companhia Editora Nacional, 2009. p. 102.

↑ Cordilheira Huayhuash, Peru, 2017.

Vulcanismo

O vulcanismo é a atividade pela qual o material rochoso, em estado pastoso e muito quente, conhecido como magma, chega até a superfície terrestre. Essa substância se desloca por meio de fendas, possibilitando que massas rochosas em **fusão** e gases provenientes do interior da Terra atinjam a superfície. A partir de então, o magma pouco a pouco se resfria e se solidifica, formando as rochas conhecidas como ígneas ou magmáticas, o que transforma o relevo e gera novas formas nele. Observe a ilustração ao lado.

Assim como ocorre com as atividades sísmicas, a maioria dos vulcões está localizada em áreas de encontro de placas tectônicas. Essas áreas são, portanto, as mais instáveis do planeta (verifique o mapa da página 130).

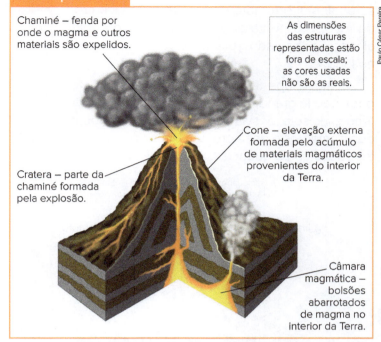

Ilustração que representa as partes internas de um vulcão.
Fonte: Wilson Teixeira et al. (Org.). *Decifrando a Terra*. São Paulo: Companhia Editora Nacional, 2009. p. 176.

Atualmente, não há vulcões no Brasil, mas há milhões de anos ocorreu um grande derramamento de lava nas áreas do centro-sul do país e na região oceânica. O fato justifica a ocorrência de ilhas de origem vulcânica, como o Arquipélago de Abrolhos, na Bahia, e o Arquipélago de Fernando de Noronha, em Pernambuco.

Fernando de Noronha (PE), 2017.

GLOSSÁRIO

Fusão: passagem de uma substância do estado sólido para o líquido.

Terremotos

Terremotos e abalos sísmicos são movimentos vibratórios que ocorrem na crosta terrestre. Eles acontecem, na maioria das vezes, assim como as atividades vulcânicas, em virtude da colisão de placas tectônicas. O movimento de encontro das placas libera energia que se propaga por meio de ondas, que muitas vezes chegam à superfície, onde são percebidas.

Os abalos sísmicos são fenômenos naturais da Terra que acontecem independentemente da ação do ser humano. Contudo, eles podem ser muito prejudiciais à sociedade quando se manifestam de maneira intensa em áreas muito povoadas. No decorrer de um ano, são registrados milhões de abalos sísmicos na Terra, a maioria imperceptível aos humanos.

O ponto no interior da crosta terrestre onde se origina o terremoto denomina-se hipocentro, ou foco, e o ponto sobre a superfície que ele alcança é chamado epicentro. Veja a ilustração ao lado.

O efeito dos terremotos sobre a superfície pode ser de grande proporção. Eles podem abrir fendas no solo, desviar o curso de rios, provocar deslizamentos e desmoronamentos de terra, entre outras consequências.

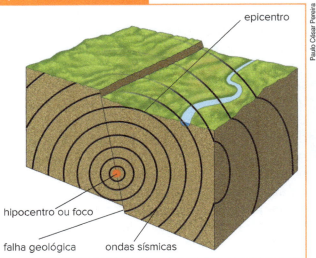

As dimensões das estruturas representadas estão fora de escala; as cores usadas não são as reais.

→ A imagem mostra como se propaga um terremoto.

Fonte: Wilson Teixeira et al. (Org.). *Decifrando a Terra*. São Paulo: Companhia Editora Nacional, 2009. p. 54.

Quando o epicentro ocorre no fundo oceânico se forma um *tsunami*, maremoto com ondas gigantes que se propagam com grande velocidade, arrasando as áreas costeiras. Foi o que ocorreu no Japão em 2011, quando um intenso tremor de terra, originado no fundo do Oceano Pacífico, deixou cerca de 30 mil mortos. Após o *tsunami*, é possível identificar uma grande mudança na paisagem.

← Katmandu, Nepal 2015.

Veja, no mapa a seguir, em quais lugares do mundo mais ocorrem vulcões e terremotos. Perceba que é sempre próximo aos limites das placas tectônicas.

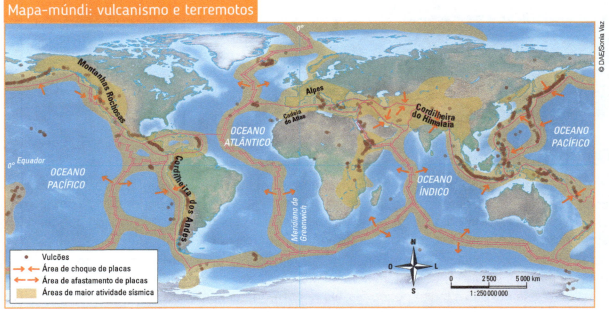

Fonte: *Atlas geográfico escolar: Ensino Fundamental do 6º ao 9º ano*. Rio de Janeiro: IBGE, 2015. p. 103.

140

Com o intuito de classificar a intensidade dos abalos sísmicos, registrados pelos sismógrafos, os cientistas Charles Richter e Beno Gutenberg criaram, em 1935, uma escala que ficou conhecida como Escala Richter. Nessa escala, os tremores classificados entre 1 e 4 pontos são considerados de baixa magnitude. Já os que estão entre 5 e 9 pontos são considerados de alta magnitude. Veja no quadro abaixo alguns exemplos de efeitos de terremotos relacionados às suas magnitudes.

Magnitude	Efeitos associados
1.0	As pessoas não sentem esse nível de vibração. Só os sismógrafos registram o movimento.
3.0	Lustres e lâmpadas podem balançar. A vibração é parecida com a de um caminhão passando por uma rua.
5.0	É sentido por todos. As pessoas caminham com dificuldade, livros caem de estantes; alguns móveis se quebram ou podem virar.
9.0	Destruição total. Grandes pedaços de rocha são deslocados, objetos são lançados no ar.

Observe novamente o mapa de placas tectônicas da página 130. Localize onde fica o território do Brasil na Placa Sul-Americana. Perceba que nosso país se localiza no centro da placa e, por isso, nele raramente há terremotos ou tremores de grande magnitude. Ocorrem algumas vibrações porque a crosta terrestre está constantemente se acomodando, ou podemos senti-las quando o epicentro de terremotos se manifesta nas **regiões andinas** próximo ao Brasil.

GLOSSÁRIO

Região andina: expressão que se refere à Cordilheira dos Andes, cadeia de montanhas localizada na costa oeste da América do Sul.

AQUI TEM MAIS

Terremotos no Brasil

É bastante frequente ouvirmos a afirmação de que no Brasil não ocorrem tremores de terra. Na verdade, o que é incomum por aqui são os abalos sísmicos de grande magnitude, ao passo que os de menor intensidade são registrados em número considerável (por volta de seis eventos por mês, com magnitudes superiores a 1,7 grau e inferiores a 4 graus na escala Richter) pelos sismógrafos instalados no território nacional.

Fonte: Pesquisa Fapesp. Disponível em: <http://revistapesquisa.fapesp.br/wp-content/uploads/2013/05/044-049_MapaCrosta_207-4.jpg>. Acesso em: jul. 2018.

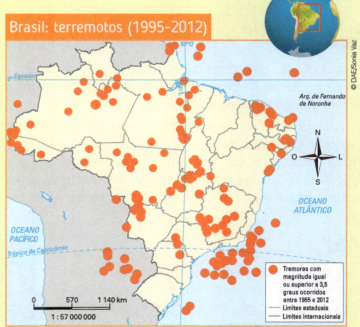

Brasil: terremotos (1995-2012)

1. A afirmação de que o Brasil é um país onde não há tremores de terra é verdadeira? Justifique sua resposta.

2. Você já sentiu um tremor de terra no lugar em que vive? Se não, como acha que seria? Se isso acontecesse, o que faria para se proteger?

Agentes externos do relevo

Como vimos, os agentes internos são responsáveis pelo processo de criação das formas do relevo. Mas será que essas formas permanecem iguais ao longo do tempo?

As rochas da superfície terrestre estão constantemente sujeitas às condições naturais, que alteram sua forma física e sua composição química. O vento, a chuva, a ação do mar e dos rios são exemplos de agentes externos do relevo, que atuam como modeladores das formas da superfície terrestre por meio do processo de erosão – desagregação e transporte de material rochoso.

Vento

Com o passar do tempo, dependendo da velocidade e da intensidade, a ação do vento desgasta as rochas e transporta suas pequenas partículas para lugares distantes. Quando sopra seguidamente na mesma direção, o vento deposita no mesmo lugar grande quantidade de partículas de areia, formando novos elementos e novas paisagens, como as dunas, grandes depósitos de areia encontrados em algumas regiões litorâneas, semidesérticas e desérticas do planeta. A formação geológica da imagem ao lado foi esculpida durante milhares de anos pela ação eólica em rochas.

↑ Moab, Estados Unidos, 2016.

Chuvas

A chuva faz um trabalho fundamental na modelagem das formas da superfície terrestre, especialmente nas áreas de climas mais úmidos. Esse é um dos motivos pelos quais no Brasil não há formas de relevo com grandes altitudes.

Quando em grande quantidade, a água das chuvas transporta para as partes mais baixas do relevo os sedimentos de rochas que foram se desagregando. Caso ocorram enxurradas, a água das chuvas pode provocar muitos danos, sobretudo se a região afetada não contar com uma cobertura vegetal que consiga absorver o grande volume de água. Apesar de ser constituído por uma rocha bastante resistente, o Pão de Açúcar, no Rio de Janeiro, foi "esculpido" pela ação da erosão pluvial.

Mar

A atuação das águas marinhas transforma o relevo das áreas litorâneas. Por meio da deposição de sedimentos, o mar pode originar praias, restingas, tômbolos e outras formas de relevo. As restingas são faixas de areia acumulada paralelamente ao litoral. Os tômbolos são depósitos de areia que ligam as ilhas ao continente.

Quando as ondas do mar se chocam com a costa, provocam a fragmentação de rochas, podendo formar os costões ou falésias, paredões rochosos encontrados ao longo do litoral brasileiro.

↑ Porto Seguro (BA), 2017.

Rios e gelo

Os rios são importantes modeladores do relevo. Em seu percurso, eles escavam o leito (terreno por onde correm), transportando e depositando os sedimentos que se soltam.

Quando se desprendem de áreas elevadas, os grandes blocos de gelo provenientes do acúmulo de neve provocam a erosão glacial (ou glaciária), carregando ampla quantidade de sedimentos. As geleiras podem cavar profundos vales, denominados vales glaciários.

Ação humana

Sem dúvida, o ser humano tem sido um grande agente modificador de relevo, principalmente devido à rapidez com que atua sobre a superfície terrestre. O relevo terrestre está entre os elementos naturais que são mais alterados pela ação **antrópica**.

A mineração, a ocupação de áreas litorâneas, a construção de túneis, estradas, rodovias e barragens, as práticas agrícolas e o desvio de rios são exemplos da atuação humana no relevo e no espaço geográfico. Ações humanas inadequadas e ecologicamente incorretas sobre o relevo, como o mau uso do solo, tendem a acelerar os processos erosivos.

↑ Florianópolis (SC), 2017.

GLOSSÁRIO

Antrópico: relativo à alteração do meio ambiente pelo ser humano.

A montanha pulverizada

Chego à sacada e vejo a minha serra,
a serra de meu pai e meu avô,
de todos os Andrades que passaram
e passarão, a serra que não passa.
Era coisa dos índios e a tomamos
para enfeitar e presidir a vida
neste vale soturno onde a riqueza
maior e a sua vista a contemplá-la
[...]

Esta manhã acordo e
não a encontro.
Britada em milhões de lascas
deslizando em correia transportadora
entupindo 150 vagões
no trem-monstro de 5 locomotivas
– o trem maior do mundo, tomem nota –
foge minha serra, vai
deixando no meu corpo e na paisagem
mísero pó de ferro, e este não passa.

Carlos Drummond de Andrade. A montanha pulverizada. In: ____. *Boitempo*. 7. ed. Rio de Janeiro: Record, 2006.

1. O poeta afirma que a serra que via de sua sacada não existe mais. O que pode ter acontecido? Qual teria sido o papel dos seres humanos na alteração dessa forma de relevo?

2. Em sua opinião, que relação o poeta tinha com o lugar em que nasceu?

ATIVIDADES

SISTEMATIZAR

1. Por que o relevo terrestre está em constante alteração?

2. Identifique no quadro a seguir os agentes do relevo que executam ações internas de transformação da paisagem.

> chuvas – tectonismo – ventos – vulcanismo – seres humanos – terremotos

3. Em que consistem os terremotos e o vulcanismo?

4. Observe as imagens a seguir e identifique os agentes externos que moldaram os relevos.

REFLETIR

1. Leia o infográfico e responda às questões.

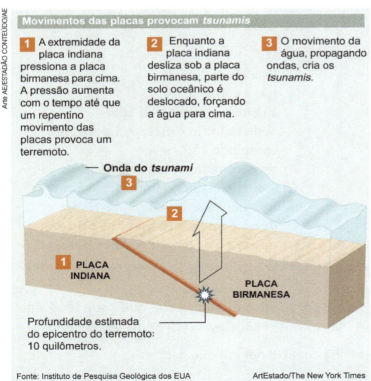

a) Como se forma um *tsunami*?

b) Qual é a consequência de um *tsunami* na costa dos continentes?

O que está acontecendo? *O Estado de S. Paulo*, 28 jan. 2012. Disponível em: <www.estadao.com.br/blogs/estadinho/o-que-esta-acontecendo/>. Acesso em: jul. 2018.

144

CAPÍTULO 4
O solo

No capítulo anterior, você estudou os agentes internos e externos do relevo. Neste capítulo, você vai estudar o que é o solo, como ele é formado e qual é sua importância.

O que é solo?

Você vê, abaixo, uma pintura que retrata a cultura cafeeira, muito importante na história e na economia do país, sendo o Brasil o maior produtor desse grão no mundo. Entre os vários motivos que levam nosso país a ter grande destaque nessa e em outras culturas está o **solo**. Para você, o que é solo? Solo e chão são a mesma coisa? O solo é igual em todo lugar?

O solo é resultante da decomposição de uma ou mais rochas. Ele é a camada superior da superfície terrestre. Geralmente, apresenta os seguintes elementos: minerais, água, matéria orgânica e ar.

O solo forma-se por meio da ação do intemperismo de rochas expostas à atmosfera, que sofrem, ao longo do tempo, a ação de diversos agentes. Um deles, muito comum em países tropicais como o Brasil, é o calor. Tal fenômeno recebe o nome de **intemperismo físico**. Ao observarmos uma rocha, não conseguimos perceber, mas a variação entre a baixa e a alta temperatura faz com que ela se contraia e dilate. Com o passar dos anos, a rocha fratura-se em partes menores, que comporão o solo.

Outro tipo de intemperismo ocorre pela ação da água. Podemos dizer, *grosso modo*, que água mole em pedra dura tanto bate até que **transforma**. E como isso acontece? Devido ao contato permanente com as rochas, a água vai lentamente soltando as partículas delas. Tal fenômeno recebe o nome de **intemperismo químico**.

A partir do momento em que esses pequenos fragmentos se soltam da rocha original, também chamada de rocha-mãe ou rocha-matriz, eles podem sofrer erosão e ser transportados para outros locais. Assim, o solo começa a se formar, organizado em camadas ou seções sobrepostas umas às outras, denominadas **horizontes**. O conjunto de horizontes é chamado **perfil do solo**.

← Jean-Baptiste Debret. *Carregadores de café a caminho da cidade*, 1826. Aquarela sobre papel, 15,6 cm × 21,6 cm.

145

O solo e seus horizontes

Um solo bem desenvolvido apresenta, em geral, os horizontes descritos a seguir.

- O **horizonte O** tem certa quantidade de matéria orgânica; é muito comum em florestas.
- O **horizonte A** destaca-se pela maior presença de matéria orgânica decomposta e é muito permeável. Pode sofrer erosão com grande facilidade quando se retira a cobertura vegetal.
- O **horizonte B** acumula matérias tanto da rocha-matriz quanto de alguns horizontes. Ele é composto de diversos elementos: os orgânicos são geralmente oriundos dos horizontes O e A; e grande parte dos materiais inorgânicos, da rocha-matriz. Entre esses materiais destacam-se argila, areia e minério de alumínio.
- O **horizonte C** é a transição entre o solo e a rocha-mãe e é, em parte, responsável pela formação dos horizontes que estão acima dela. Nesse horizonte encontram-se minerais, fragmentos de rocha muito e pouco alterados.

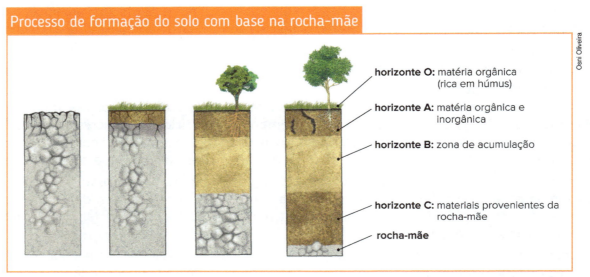

Processo de formação do solo com base na rocha-mãe

Fonte: Wilson Teixeira et al. (Org.). *Decifrando a Terra*. 2. ed. São Paulo: Companhia Editora Nacional, 2009. p. 230.

Profundidade do solo

O **relevo** pode influenciar a formação do solo e de seus horizontes. Em terrenos mais planos, a infiltração da água ocorre de forma mais lenta, gerando solos profundos e mais desenvolvidos, como se observa na porção direita da representação ao lado. Já em locais mais inclinados, a água não penetra em quantidade suficiente para alterar a rocha e formar o solo. Nesses terrenos, os solos são rasos e pouco desenvolvidos, como mostra a porção esquerda da ilustração.

A influência do relevo sobre os solos

Fonte: Wilson Teixeira et al. (Org.). *Decifrando a Terra*. 2. ed. São Paulo: Companhia Editora Nacional, 2009. p. 225.

Tipos de solo

Os solos são constituídos, sobretudo, de matéria mineral e orgânica. Suas características estão relacionadas aos processos de intemperismo físico e químico pelos quais passaram. Você consegue imaginar outros fatores que possam influenciar na formação dos solos? Pense em uma região que recebe chuvas constantes, como a Floresta Amazônica, e outra que quase não recebe chuvas, como o Deserto do Saara. Você acha que os solos desses espaços serão semelhantes ou diferentes?

As características climáticas e os diferentes tipos de rocha também influenciam o processo de formação dos solos. Podemos classificar os solos de diversas maneiras, que levam em consideração fatores como cor, textura, profundidade, fertilidade, porosidade, composição química, entre outros. Veja a seguir.

Por origem

- **Eluviais**: formados no local onde estão, surgindo da desagregação e transformação da rocha-matriz.
- **Aluviais**: formados pela acumulação de materiais deslocados pela água e pelo vento.

Por fatores externos

- **Solos zonais**: o clima é o principal fator responsável por sua formação.
- **Solos interzonais**: a rocha-matriz ou o relevo é a maior influência para sua formação.
- **Solos azonais**: não têm relação com o clima da região.

Por textura e composição orgânica/mineral

Analisando partículas minerais que vieram da decomposição de rochas durante o processo de formação, podemos classificar o solo nos três tipos principais a seguir.

- **Solos arenosos**: apresentam grande quantidade de areia em sua composição, sendo, de forma geral, mais permeáveis e soltos.

↑ Buíque (PE), 2012.

↑ Tarauacá (AC), 2011.

- **Solos argilosos**: compostos de argilas, pequenas partículas minerais que nos dão a sensação de "grudar" quando pegamos entre os dedos uma amostra umedecida e a amassamos. Esse tipo de solo é menos permeável que o arenoso.

- **Solo humoso**: é formado, sobretudo, por ampla quantidade de matéria orgânica em decomposição, motivo pelo qual apresenta grande acúmulo de nutrientes. Além disso, é permeável, possibilitando a infiltração da água. Esses dois fatores são o que o tornam um solo favorável para a agricultura.

Perigos para o solo

Pesquisas mais recentes revelam que 33% dos solos do mundo estão degradados. Além do fato de algumas ações poderem comprometer sua fertilidade, o **selamento** da terra – como a pavimentação das ruas – também impede a infiltração e dificulta o escoamento das águas da chuva e das cheias de rios e lagos, podendo, por exemplo, causar inundações. O peso das máquinas que trabalham no campo pode gerar o fechamento dos poros do solo – **compactação** –, por onde passam os nutrientes e microrganismos responsáveis por sua fertilidade.

Outro grave problema refere-se ao uso exagerado de **agrotóxicos** nas plantações, que são levados para o solo pela água das chuvas ou da irrigação. Esses agrotóxicos matam microrganismos importantes para a fertilidade do solo, podendo também escoar até os cursos de água próximos. Soma-se a isso o **desmatamento**: a falta de cobertura vegetal deixa-o exposto à ocorrência de maior intemperismo e erosão.

Outra grave ação diz respeito às **queimadas** realizadas para limpar o solo para o plantio. O fogo elimina nutrientes fundamentais às culturas vegetativas, matando também microrganismos importantes para a fertilidade. Além disso, a queimada reduz a umidade do solo e provoca sua compactação.

Aterros sanitários

Depois que colocamos o lixo "pra fora", a fim de que seja recolhido pelas companhias de limpeza pública de nossa cidade, não costumamos mais nos preocupar com ele. O problema é que, tratando-se do planeta Terra, não existe "fora": todo o lixo é levado para algum lugar. E o destino de nossos lixos também pode afetar gravemente o solo, pois nem todas as formas de destinação dos resíduos são adequadas.

Segundo a Pesquisa Nacional de Saneamento Básico (PNSB) realizada em 2008 pelo IBGE, em 50,8% dos municípios brasileiros, a destinação final de seus resíduos sólidos são os lixões, em 22,5% são os aterros controlados e em 27,7%, os aterros sanitários.

Os lixões são espaços a céu aberto que não fornecem nenhum tratamento adequado para o lixo. Por não haver nenhum critério sanitário de proteção ao meio ambiente, o lixo acaba contaminando o solo – além da água e do ar –, o que atrai animais vetores de doenças (como mosquitos, baratas e ratos).

Já nos aterros sanitários, os resíduos são depositados em solos que foram impermeabilizados e receberam tratamento para tal fim, o que inclui uma preparação com o nivelamento de terra e a selagem da base com argila e mantas de PVC. Esses aterros contam com um sistema de drenagem para o **chorume** (líquido preto e tóxico resultante da decomposição do lixo), que é levado para tratamento, sendo depois devolvido ao meio ambiente sem risco de contaminação. Além disso, há captação dos gases liberados na atmosfera, como metano, que são aproveitados como potencial energético.

Os aterros controlados são lugares onde o lixo é disposto de forma controlada e os resíduos recebem uma cobertura de solos, mas não são impermeabilizados, nem há sistema de dispersão de gases e de tratamento do chorume gerado. Assim, os aterros controlados são uma categoria intermediária entre o lixão e o aterro sanitário, mas ainda potencialmente perigosos para o meio ambiente.

GLOSSÁRIO

Chorume: substância líquida tóxica, resultante da putrefação (apodrecimento) de matéria orgânica, muito comum em lixões.

ATIVIDADES

SISTEMATIZAR

1. Descreva, com suas palavras, o que é solo.

2. Cite um exemplo de intemperismo físico e explique como ele age no processo de formação do solo.

3. Como o relevo influencia a formação dos solos?

4. Descreva as diferenças entre solos arenosos e argilosos.

5. O que é o selamento do solo e de que maneiras ele ocorre?

6. Escolha uma das formas de degradação do solo que você estudou e explique como ela o prejudica.

7. Qual é a diferença entre lixão e aterro sanitário?

8. Há diferentes formas de classificar os solos. Você aprendeu três tipos delas neste capítulo. Descreva-as, evidenciando as principais características de cada uma.

REFLETIR

1. Em dupla, faça uma pesquisa para descobrir os solos mais férteis do Brasil e as principais atividades desenvolvidas neles. Em seguida, reflitam sobre as consequências dessas atividades para a sociedade e para o próprio solo.

DESAFIO

1. Blocos-diagrama são representações gráficas em que se pode visualizar a relação entre a topografia do terreno e as camadas geológicas que formam o subsolo. Você viu algumas dessas representações neste capítulo, na página 146.
Agora é sua vez de desenhar uma dessas representações. No caderno, faça um bloco-diagrama que mostre como acontece a formação do solo, evidenciando seus horizontes.

2. Forme um grupo com mais três colegas e, juntos, pesquisem um dos 13 principais tipos de solo do Brasil. Vocês podem encontrar essas informações no *site* da Embrapa.
Procurem descobrir as principais características e locais de ocorrência do tipo de solo escolhido. Produzam um cartaz com fotografias ou um desenho desse tipo de solo e suas principais características.
Com base no que descobriram a respeito do solo escolhido, classifiquem-no de acordo com os fatores estudados neste capítulo: origem (eluviais, aluviais), fatores externos de formação (zonais, interzonais e azonais), textura e composição (arenosos, argilosos e humosos).

3. Identifique um local em sua cidade ou bairro onde o solo está parcial ou totalmente degradado. Se possível, tire fotografias e faça um mapa conceitual da área. Finalmente, proponha ações para preservar o solo dessa localidade.

FIQUE POR DENTRO

EVOLUÇÃO

A Terra existe há bilhões de anos. Para um ser humano é impossível conceber o que significa uma escala de tempo tão longa; mas, se imaginarmos que toda a existência do planeta acontece em um único ano, fica mais fácil compreender a formação da Terra. Vamos imaginar que em janeiro o planeta tenha sido formado. Cada mês desse nosso calendário corresponde a mais ou menos 375 milhões de anos. Veja, então, quando os seres humanos surgiram.

- Período Pré-Cambriano
- Era Paleozoica
- Era Mesozoica
- Era Cenozoica

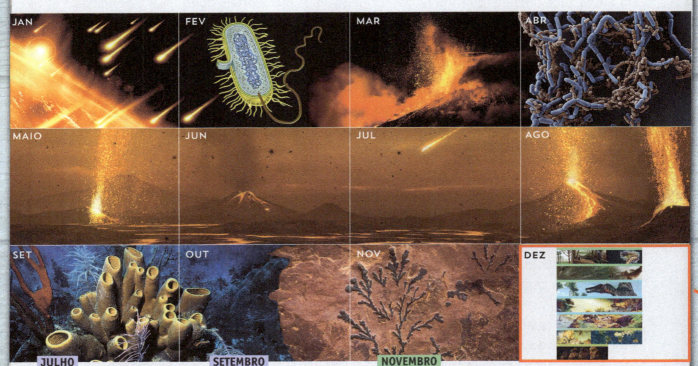

JANEIRO
Há cerca de 4,5 bilhões de anos tinha início a formação do planeta Terra.

FEVEREIRO
No meio do mês, por volta de 3,9 bilhões de anos, surgem as primeiras células.

MARÇO
O planeta começa a esfriar e surgem as primeiras rochas que formaram a crosta terrestre.

ABRIL
As bactérias mais antigas teriam surgido há aproximadamente 3 bilhões de anos.

JULHO
O oxigênio torna-se o principal gás da atmosfera, fator fundamental para o surgimento de formas complexas de vida.

SETEMBRO
Há 2,2 bilhões de anos, a vida torna-se multicelular, com o surgimento de algas.

NOVEMBRO
Surgem os primeiros peixes e as primeiras plantas em solo terrestre.

1. Como podemos dividir a história da evolução da Terra?
2. Identifique as eras geológicas em que ocorreram os seguintes eventos:
   a) formação das rochas mais antigas;
   b) domínio dos répteis gigantescos;
   c) formação das grandes cadeias de montanhas atuais;
   d) aparecimento do ser humano.
3. Em qual era geológica estamos?

 **PANORAMA**

FAÇA AS ATIVIDADES A SEGUIR E REVEJA O QUE VOCÊ APRENDEU.

1. Na imagem ao lado, identifique as três camadas internas da Terra, nomeando-as e citando as principais características delas no caderno.

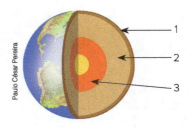

2. Identifique as teorias geológicas por meio das afirmativas a seguir.

   a) Há mais de 250 milhões de anos, os continentes estavam unidos em um só bloco continental e foram separando-se lentamente.

   b) A litosfera não é constituída por um pedaço único, e sim por placas encaixadas umas nas outras, como em um quebra-cabeça, que se movimentam.

3. Que nome foi designado, por Alfred Wegener, ao único bloco continental da Terra?

   a) Tectônica.   b) Pangeia.   c) Eurásia.

4. Observe o mapa a seguir e faça o que se pede.

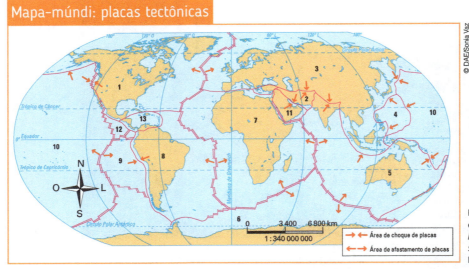

Fonte: *Atlas geográfico escolar: Ensino Fundamental do 6º ao 9º ano*. Rio de Janeiro: IBGE, 2015. p. 103.

   a) Como podemos definir cada um desses pedaços delineados da superfície terrestre? Explique cada um deles.

   b) Identifique, pelos números indicados no mapa, as seguintes placas:
   - Placa Norte-Americana;
   - Placa Euro-Asiática;
   - Placa Africana;
   - Placa Sul-Americana.

5. Identifique, nas frases a seguir, os agentes internos modificadores do relevo.

   a) Movimentos lentos e prolongados que ocorrem no interior da crosta terrestre, provocando deformações nas rochas.

   b) Movimentos naturais vibratórios que ocorrem na crosta terrestre e se propagam pela superfície.

   c) Atividade pela qual o magma do interior da Terra, com forte pressão, transborda pela superfície terrestre.

6. Observe a fotografia ao lado. A formação da cadeia de montanhas é consequência de:

a) abalos sísmicos.
b) tectonismo de orogênese.
c) vulcanismo.

Parque Nacional das Montanhas Rochosas, Estados Unidos, 2016.

7. Por que os seres humanos são agentes externos modificadores do relevo de grande intensidade?

8. Com relação aos processos erosivos, cite as diferenças entre a erosão provocada pela água dos rios e aquela provocada pelos ventos.

9. Que tipo de erosão ocorreu na paisagem representada na fotografia ao lado? Explique como ela ocorreu.

Conde (PB), 2016.

10. Em um levantamento de tipos de solo, um pesquisador encontrou dois tipos, em regiões distantes uma da outra. Buscando classificá-los, ele observou as características a seguir.

I. O primeiro tipo de solo é constituído por pequenas partículas. É pouco permeável, pois a água se empoça nele.

II. O segundo tipo é pouco compactado e muito permeável, deixando passar a água facilmente para as camadas mais profundas.

Em nenhum dos dois solos foi encontrada grande quantidade de matéria orgânica; nenhum deles é favorável à agricultura.

Vamos ajudar o pesquisador a identificar os dois tipos de solo relacionando-os com as características citadas acima.

a) I argiloso e II arenoso
b) I arenoso e II argiloso
c) I rochoso e II arenoso
d) I humoso e II argiloso

11. Com base em seus conhecimentos sobre classificação de solos, explique quais são as diferenças entre solos aluviais e eluviais.

DICAS

LEIA

Viagem ao centro da Terra, de Júlio Verne. Adaptação de Fernando Nuno (DCL). O livro narra as aventuras do professor Lindebrock e de seu sobrinho, Axel, em uma viagem ao centro da Terra.

ASSISTA

A Era do Gelo 4 — A deriva continental, EUA, 2012. Direção: Steve Martino e Mike Thurmeier, 94 min. Os personagens dessa divertida animação enfrentam a separação dos continentes, a deriva continental.

Lava, EUA, 2015. Direção: James Ford Murphy, 7 min. Nesse curta-metragem, passado em uma ilha tropical no Pacífico, um vulcão solitário observa as criaturas selvagens brincarem com seus companheiros e espera encontrar um também. Ele canta uma canção para o oceano todos os dias por milhares de anos, gradualmente liberando sua lava e afundando na água, mas não percebe que um vulcão submarino já ouviu falar dele.

↓ Curvas do Rio Amazonas. Peru, 2016.

TEMA 6

Hidrosfera

NESTE TEMA
VOCÊ VAI ESTUDAR:

- águas continentais e oceânicas;
- ciclo da água;
- o uso da água nos diferentes ambientes;
- os movimentos do mar;
- as bacias hidrográficas;
- o uso consciente da água.

O Rio Amazonas é fonte de lendas, como a Ayakamaé (*aya* significa "rio" e *kamaé*, "amor"), de origem tupi-guarani, que conta que o rio é formado das lágrimas da Lua por não poder ficar junto de seu amado, o Sol.

1. Você conhece o Rio Amazonas? Já o havia visto em fotos ou vídeos?
2. Em seu município, há rios ou outros cursos de água? Qual é o estado de conservação deles?
3. Em grupo, pesquise a lenda Ayakamaé e outras lendas indígenas que falem do Rio Amazonas. Desenhe sua interpretação de uma dessas lendas.

CAPÍTULO 1
A água no planeta

No capítulo anterior, você estudou o solo, seu processo de formação e sua importância. Neste capítulo, você vai estudar a distribuição das águas pelo planeta, o ciclo da água e o escoamento superficial nos ambientes rural e urbano.

A água na superfície terrestre

A hidrosfera – objeto de estudo deste capítulo –, a litosfera e a atmosfera possibilitam, juntas, a existência da biosfera. Você já estudou bastante a litosfera terrestre e sua dinâmica e agora conhecerá o conjunto de águas da superfície terrestre.

Ao observar um globo terrestre ou um mapa-múndi, principais representações de nosso planeta, que cor é predominante? O que ela representa?

A água, representada pela cor azul nos planisférios e globos terrestres, ocupa cerca de dois terços da superfície terrestre e é encontrada em diferentes estados físicos. Devido à predominância da água em relação aos demais elementos da superfície, costuma-se dizer que o nome do planeta deveria ser "água" e não Terra. Yuri Gagarin foi a primeira pessoa a ver a Terra do espaço. Em 1961, o cosmonauta soviético, ao observar a quantidade de água da superfície terrestre, exclamou:

↑ Planeta Terra visto do espaço. Imagem de satélite, 2014.

A Terra é azul!

No mapa da página 129, é possível perceber a desproporção entre água e terra na superfície de nosso planeta. Veja o gráfico ao lado. Qual é a porcentagem de terras emersas em relação à de água em nosso planeta?

A maior parte da água do planeta encontra-se nos oceanos e mares, e a menor, nos continentes. Como rios, lagos, águas subterrâneas e geleiras constituem a porção de águas do planeta que estão no interior dos continentes, são chamadas de águas continentais. Toda essa água corresponde a apenas 2,5% do total de água da superfície terrestre. Já as águas oceânicas ou marinhas, que compreendem os oceanos e os mares, correspondem a 97,5%.

Fonte: Frank Press et al. *Para entender a Terra*. 4. ed. Porto Alegre: Bookman, 2006. p. 314.

↑ O gráfico ilustra a proporção entre água e terra na superfície terrestre.

Devido à grande quantidade de sais e minerais das águas marinhas, elas são chamadas de "águas salgadas", enquanto as águas continentais, por causa da baixa salinidade, são chamadas de "águas doces".

A água se renova

Você sabia que a água do planeta está sempre circulando e que parte das águas dos oceanos, rios e lagos, ao evaporar, forma as nuvens que, depois, voltam para a superfície como chuva?

Esse processo é chamado de **ciclo da água** ou **ciclo hidrológico**. Refere-se à troca contínua de água entre a atmosfera, o solo, as águas superficiais, as águas subterrâneas e as plantas. Nesse processo, a água se renova e, por meio da evaporação, torna-se autolimpante.

Observe abaixo um esquema que representa o processo da água. Perceba as várias etapas pelas quais ela passa em seu ciclo infinito.

Em condições de calor, as partes líquidas do planeta, que abrangem rios, lagos e oceanos, evaporam-se e sobem para a atmosfera. Isso também acontece com a umidade gerada pela água retida na superfície dos solos e nas plantas, assim como pela transpiração delas e dos animais – processo denominado **evapotranspiração**.

As partículas de vapor, resultantes do fenômeno da evaporação e da evapotranspiração, acumulam-se aos poucos nas partes mais elevadas da atmosfera, formando gotas de água, as quais se unem e constituem as nuvens – processo chamado de **condensação**. Quando as nuvens ficam saturadas de gotículas de água, a precipitação acontece – na forma de chuva, orvalho, granizo ou neve –, trazendo a água novamente para a superfície.

Ciclo da água

As dimensões das estruturas representadas estão fora de escala; as cores usadas não são as reais.

↑ Bloco-diagrama do ciclo da água. Observe as diversas etapas do ciclo da água, que acontecem ininterruptamente.

Fonte: Wilson Teixeira et al. (Org.). *Decifrando a Terra*. 2. ed. São Paulo: Companhia Editora Nacional, 2009. p. 189.

A maior parte da água que se precipita preenche os oceanos; outra parte realimenta rios, lagos e córregos ou evapora-se rapidamente. Em terra, a água infiltra-se nas rochas e no solo (formando e alimentando águas subterrâneas), ou escoa superficialmente e segue para rios, lagos e mares, ou, ainda, é absorvida pelas plantas.

O ciclo da água é contínuo. Até mesmo a parte congelada de água nas geleiras, quando submetida ao calor, derrete e segue o mesmo processo.

A água nos ambientes rural e urbano

Como sabemos, a chuva, quando ocorre em grande quantidade e intensidade, pode causar enxurradas, enchentes e inundações. Esses processos naturais, comuns em áreas rebaixadas e próximas a corpos de água, podem intensificar-se e tornar-se catastróficos dependendo do grau de intervenção humana na natureza.

A maneira mais eficaz de reduzir os efeitos danosos das chuvas muito intensas é a manutenção da vegetação. Ao se precipitar, a água é interceptada pelas copas das árvores e arbustos. Parte dela volta à atmosfera pela evapotranspiração, e o restante, que escorre pelos troncos ou goteja das copas, infiltra-se na camada superficial dos solos ou escoa por ela.

No ambiente rural, o nível de intervenção humana na natureza geralmente causa impactos que alteram profundamente a dinâmica do escoamento superficial e da infiltração da água, principalmente quando as paisagens naturais recobertas de vegetação são substituídas pela agricultura, pecuária, mineração e instalação de cidades, entre outras atividades humanas. Quando há retirada significativa da vegetação – queimadas para a formação de pastos, por exemplo –, o solo fica exposto, a absorção da água diminui e a quantidade de água na superfície aumenta. Ao se movimentar, essa água acumulada na superfície pode arrastar os nutrientes do solo, tornando-o infértil. Esse processo é conhecido como **lixiviação**. Dependendo da frequência e da intensidade, a ação da água no solo exposto pode gerar grandes erosões, formando **sulcos**, **ravinas** e **voçorocas**.

↑ Ravina. São Roque de Minas (MG), 2018.

No meio urbano, a cobertura vegetal dá lugar às construções, edifícios, ruas e avenidas. Tudo isso resulta na impermeabilização do solo, que reduz as áreas de infiltração e aumenta o escoamento das águas, que chegam aos rios e córregos mais rapidamente, o que pode agravar a intensidade e a frequência das enchentes e inundações.

As crescentes e constantes alterações provocadas pelas atividades humanas nos espaços geográficos, principalmente no meio urbano, vêm aumentando a magnitude e a frequência de eventos naturais, como as já citadas inundações e enchentes. Além disso, a alteração da capacidade de infiltração dos solos nas cidades diminui a recarga das águas subterrâneas (aquífero subterrâneo ou lençol freático), importante fonte de água para a sociedade atual e as gerações futuras. Você estudará mais profundamente as águas subterrâneas no Capítulo 2 (Águas marinhas e continentais).

↑ Voçoroca. Santa Maria (RS), 2015.

GLOSSÁRIO

Ravina: grande buraco formado pela erosão causada pelas chuvas em solos onde a vegetação é escassa. É um fenômeno prejudicial porque destrói terras cultiváveis.
Sulco: fissura, ranhura; ocorre quando o escoamento da água sobre o solo intensifica o desgaste dele a ponto de formar pequenas "linhas" nos terrenos. Geralmente, é o princípio de erosões mais graves em áreas de declive.
Voçoroca: escavação ou fenda no solo ocasionada pela ação da água em movimento na superfície.

AQUI TEM MAIS

Inundações e enchentes

As grandes cidades, particularmente as regiões metropolitanas, têm muitos problemas com enchente e inundações. Mas por que isso acontece nesses lugares?

Em grandes cidades, é comum a impermeabilização dos solos – causada pelo asfalto, pelas edificações e calçadas –, o que dificulta a infiltração da água e resulta no aumento do escoamento dela pela superfície.

Dessa forma, as águas das chuvas rapidamente chegam aos rios da cidade em um volume muito maior. Mesmo que se façam retificações e canalizações, as enchentes e inundações continuam a ocorrer. A intervenção humana nos rios e cursos de água também altera a dinâmica da vazão, tornando-os mais suscetíveis a enchentes. O descarte inadequado de lixo e entulho nas proximidades dos cursos de água acentua esses problemas.

Esses fatores, aliados à alta densidade populacional dessas áreas, fazem com que um único evento, de enchente ou inundação, possa causar danos extensos a um número elevado de pessoas e instalações.

O número de pessoas atingidas pelos problemas de inundação, enchentes e alagamentos é alto porque esses eventos costumam envolver efeitos diretos e indiretos. Entre os efeitos diretos, podemos citar a destruição de moradias, os danos materiais e as mortes por afogamento; entre os indiretos, as doenças transmitidas por água contaminada, como a leptospirose, a febre tifoide, a hepatite e a cólera.

↑ Inundação em São Paulo, capital, 2018.

1. Cite exemplos de fatores que contribuem para a ocorrência de inundação nas grandes cidades.

2. Quais são os principais efeitos das inundações para a população?

ATIVIDADES

SISTEMATIZAR

1. Leia o texto a seguir e responda às questões.

Quando chove, a água que cai do céu é a mesma água que está na Terra há milhões de anos. Sendo um sistema fechado, o planeta nunca ganha ou perde água, apenas a faz passar por um ciclo de evaporação e precipitação. Parte da água percorre as etapas desse processo dinâmico bem rapidamente – em questão de semanas –, outra parte pode levar milhares de anos para fazê-lo, caso esteja nas profundezas dos oceanos ou presa a uma geleira.

Mark Niemeyer. *Água*. São Paulo: Publifolha, 2012. p. 119.

a) A que ciclo o texto faz referência? Explique-o.

b) O que significa a afirmação: "a água que cai do céu é a mesma água que está na Terra há milhões de anos"?

2. Com base no que você estudou sobre a circulação da água entre a atmosfera, o solo, as águas superficiais e as plantas, elabore um bloco-diagrama do ciclo da água. Não se esqueça de indicar o nome dos principais fenômenos que ocorrem durante esse ciclo.

REFLETIR

1. Muitos pintores brasileiros retratam as águas do Brasil. Observe ao lado o quadro de Vanice Ayres Leite e escreva um texto que descreva a paisagem pintada enfatizando a importância da água para os seres humanos.

→ Vanice Ayres Leite. *Voltando da pesca*, 2015. Nanquim colorido sobre papel, 42 cm × 60 cm.

DESAFIO

1. Em grupo, elabore uma maquete ou um cartaz que represente o ciclo da água. Vocês podem utilizar materiais diversos, ilustrações e desenhos para representá-lo. Escrevam, também, um texto que registre as principais etapas do ciclo da água: evaporação, transpiração, condensação, precipitação, infiltração e escoamento superficial. Depois, acrescentem informações de como a ação humana pode interferir no ciclo da água nos ambientes rural e urbano. No final, apresentem aos colegas a maquete – ou o cartaz – e o texto que fizeram.

CAPÍTULO 2 — Águas marinhas e continentais

No capítulo anterior, você estudou a distribuição das águas na superfície terrestre, o ciclo da água e a diferença do processo de escoamento superficial nos ambientes rural e urbano. Neste capítulo, você vai estudar as águas marinhas e as águas continentais, seus movimentos e principais usos.

Águas marinhas

Você já foi à praia? Entrou no mar e curtiu as ondas nadando ou surfando? Se não teve essa oportunidade, provavelmente você já viu imagens da praia em fotografias, filmes ou programas na televisão. Entretanto, o mar que admiramos nas paisagens litorâneas é uma parte muito pequena da imensidão de água que compõe a maior parte da superfície terrestre.

Os **oceanos** são as grandes massas de água salgada que recobrem a superfície da Terra. Na verdade, eles são um único volume de água, mas recebem denominações diferentes, de acordo com a localização e suas respectivas propriedades.

Os **mares** são porções menores de águas salgadas, divididas em três tipos:

- **costeiros**: têm ligação com o oceano. Exemplo: Mar do Norte, na Europa;
- **interiores ou continentais**: comunicam-se com o oceano por estreitos e canais. Exemplo: Mar Mediterrâneo e Mar Vermelho, entre África, Europa e Ásia;
- **fechados**: não têm comunicação com o oceano. Exemplo: Mar Morto, na Jordânia, e Mar Negro, na Rússia.

Observe o mapa a seguir. Identifique os oceanos e alguns mares da Terra nele representados.

Fonte: *Atlas geográfico escolar*. 7. ed. Rio de Janeiro: IBGE, 2016. p. 32, 34, 36, 37, 42, 44 e 46.

Os oceanos são fundamentais para os seres humanos, pois fornecem alimentos, propiciam lazer e são importantes vias de transporte – servem como "estradas" marítimas pelas quais os navios transportam pessoas e mercadorias, interligando países e continentes.

Os movimentos do mar

Você já surfou ou viu imagens ou vídeos dos surfistas em ação? Já ouviu a expressão "O mar não está para peixe"?

As águas marinhas movimentam-se de forma constante, por meio das ondas, mares e correntes.

As **ondas** são movimentos provenientes da ação dos ventos na superfície dos oceanos. Podem ser também resultado de abalos sísmicos que ocorrem no relevo submarino – as enormes ondas assim formadas são chamadas *tsunamis*.

As **marés** são movimentos periódicos, de subida e descida das águas do mar em relação à costa. Esses movimentos acontecem devido à atração que a Lua e o Sol exercem sobre as massas de água da Terra. Além disso, as marés sofrem interferência do movimento de rotação da Terra. Observe as imagens a seguir. Você consegue perceber a diferença entre as marés nos diversos horários?

↑ Praia de Jericoacoara na maré baixa. Jijoca de Jericoacoara (CE), 2016.

↑ Praia de Jericoacoara na maré-cheia. Jijoca de Jericoacoara (CE), 2016.

As **correntes marinhas** parecem verdadeiros rios gigantes de água salgada que percorrem os oceanos. Entre outros motivos, elas acontecem por causa do movimento de rotação da Terra e da diferença de temperatura da água entre as regiões tropicais e polares.

Mapa-múndi: correntes marítimas

Fonte: *Atlas geográfico escolar*. 7. ed. Rio de Janeiro: IBGE, 2016. p. 58.

Como você pôde perceber ao ler o mapa, existem dois tipos de corrente: as quentes e as frias. Essa variação está relacionada com a origem delas: as correntes quentes se formam na zona tropical (região do planeta com maior incidência dos raios solares), enquanto as correntes frias são provenientes das zonas polares (região do planeta com menor incidência dos raios solares).

As correntes marinhas influenciam a vida do planeta de várias formas. As correntes quentes podem, por exemplo, suavizar os invernos rigorosos nas áreas continentais mais próximas, e as correntes frias podem influenciar a formação de desertos costeiros.

Águas continentais

Rios

Os rios são deslocamentos de água que ocorrem de maneira natural. Eles surgem e se formam de inúmeras nascentes e escoam em direção aos terrenos mais baixos até atingir a foz, onde terminam. Como você já sabe, eles são grandes escultores do relevo.

Origem e partes de um rio

Os rios são formados por um grande conjunto de outros pequenos cursos de água, que podem originar-se das nascentes e fontes subterrâneas – o que é mais frequente –, como é o caso do Rio São Francisco; do derretimento do gelo das montanhas, como ocorre com o Rio Amazonas, cuja nascente se forma pelo degelo da Cordilheira dos Andes; ou pelas águas das chuvas.

Nos países ou regiões em que há elevados índices **pluviométricos**, é comum haver mais rios, que são também mais caudalosos, ou seja, contêm grande volume de água. Já em países ou regiões em que a chuva é escassa, os rios são pequenos e muitos deles secam em determinado período, por isso eles são chamados de temporários ou intermitentes.

Todo rio é composto de:

- **nascente** ou **cabeceira**: local em que o rio se forma;
- **foz** ou **desembocadura**: onde o rio termina ou deságua. A foz pode ser em **delta** (quando predomina a sedimentação, que forma ilhas separadas por braços), em **estuário** (quando o escoamento é livre para o oceano, formando um único canal) e **mista** (que é a combinação de delta e estuário);

↑ Foz do Rio Nilo. Egito, 2018.

↑ Estuário do Rio da Prata. Zona de fronteira entre Argentina e Uruguai, 2018.

- **margem esquerda** e **margem direita**: faixa de terra situada nos lados do rio, de acordo com o curso, da nascente à foz;
- **curso superior**: caminho do rio próximo à nascente;
- **curso médio**: parte intermediária;
- **curso inferior**: caminho do rio próximo à foz.

> **GLOSSÁRIO**
>
> **Pluviométrico:** referente à distribuição ou ocorrência das chuvas em determinadas regiões.

Bacia hidrográfica

Ao conjunto de terras com formas de relevo drenadas por um rio principal e seus afluentes (rios que deságuam nele) e subafluentes, dá-se o nome de **bacia hidrográfica** ou **fluvial**. **Rede hidrográfica** ou **fluvial** é o conjunto de rios e respectivos afluentes de determinada área, e pode ser composta de uma ou mais bacias hidrográficas. Você estudará as bacias hidrográficas mais detalhadamente no próximo capítulo.

Fonte: Universidade Federal de São Carlos. Bacias hidrográficas. Aprender. Disponível em: <www.ufscar.br/aprender/aprender/2010/06/bacias-hidrograficas/>. Acesso em: set. 2018.

↑ Ilustração das principais partes de um rio.

Águas subterrâneas

Você sabia que existe água em grande quantidade a alguns metros de profundidade da superfície?

As águas subterrâneas são de grande importância para os seres humanos, pois são parte da água doce do planeta, que pode ser consumida. Essas águas assim armazenadas também compõem o ciclo hidrológico que você já estudou.

Desde a Antiguidade, as águas subterrâneas são utilizadas. As técnicas de extração foram aprimoradas com o passar do tempo, e o uso delas foi ampliado, ou seja, sua extração passou a ocorrer em volume e profundidade cada vez maior. A população de países como Alemanha, Bélgica, Dinamarca, Holanda, Hungria e Itália, entre outros, depende quase exclusivamente dessa água para consumo. No Brasil, grande parte da água de abastecimento público é proveniente de reservas subterrâneas.

Mas como essas reservas se formam?

Quando a água da chuva cai sobre o solo, ele funciona como uma esponja e a absorve. Assim, a água se infiltra em pedras, areia e rochas a alguns metros de profundidade. Essa penetração ocorre porque há pequenos espaços nas rochas onde a água se acumula. Esses espaços ficam cheios de água infiltrada e formam uma zona saturada, também conhecida como **lençol freático** ou **aquífero subterrâneo livre**, conforme mostra o esquema abaixo.

Em uma profundidade maior, encontram-se os **aquíferos subterrâneos confinados**. Eles são constituídos de camadas com grande quantidade de água em seu interior (zona saturada), suficiente para a exploração econômica.

As águas subterrâneas são uma importante fonte de água potável no mundo. Contudo, dependendo da concentração de poluentes depositados no solo, em áreas urbanas ou rurais, pode ocorrer a contaminação dos aquíferos, o que põe em risco a saúde das pessoas. Em geral, como essa poluição não é visível, ignoram-se as consequências dela.

É preciso também controlar o uso das águas subterrâneas, pois elas correm o risco de esgotamento com a retirada intensiva, principalmente para a irrigação de lavouras.

↑ Ilustração que mostra a infiltração da água no solo.
Fonte: Wilson Teixeira et al. (Org.). *Decifrando a Terra*. 2. ed. São Paulo: Companhia Editora Nacional, 2009. p. 193.

Lagos

Os lagos são corpos de água que preenchem as depressões da superfície terrestre, sendo frequentemente sistemas fechados. São formações naturais ligadas, em geral, a um rio. Eles se formam pelo acúmulo das águas das chuvas, do escoamento de rios ou do degelo da neve. Assim como os mares, se forem de grande extensão também influenciam o clima das áreas de seu entorno.

↑ Estaleiro à margem da Lagoa dos Patos. São José do Norte (RS), 2018.

 AQUI TEM MAIS

Mar Cáspio

Embora mar e lago sejam bastante diferentes, existe um lago que é chamado de mar. Ele localiza-se na divisa da região sudeste da Europa com o continente asiático e é assim conhecido devido a sua dimensão (386 400 km²) e à característica de suas águas: a salinidade delas é muito alta. Isso faz do Mar Cáspio o maior lago de água salgada do mundo.

Recentemente pesquisas mostraram que há ainda uma grande quantidade de reservas de petróleo nas profundezas do lago, tornando-o um lugar de enorme interesse para os países considerados potências industriais e dependentes do petróleo como combustível.

Fonte: *Atlas geográfico escolar*. 7. ed. Rio de Janeiro: IBGE, 2016. p. 43 e 47.

1. Observe o mapa e responda: O Mar Cáspio banha o litoral de quais países?

2. Que características fazem do Mar Cáspio o maior lago de água salgada do mundo?

3. Por que o Mar Cáspio desperta o interesse de países considerados potências industriais?

ATIVIDADES

SISTEMATIZAR

1. Quais são os oceanos da Terra?

2. Qual é a importância dos oceanos para os seres humanos?

3. O que são correntes marinhas? Quais são seus tipos?

4. Qual é a importância da chuva na formação e na manutenção dos rios?

5. Observe a imagem a seguir e identifique as partes do rio indicadas, anotando-as no caderno.

6. Explique a importância das águas subterrâneas.

REFLETIR

1. Leia a seguir como o escritor e cartunista Ziraldo definiu, em um de seus livros, a forma de um lago.

> Um lago é uma ilha ao contrário: uma porção de água cercada de terra por todos os lados.
>
> Ziraldo. *Lições de Geografia*. São Paulo: Melhoramentos, 1991. p. 19.

Com base nessa ideia, como você diferencia oceano de mar? Veja como os colegas refletiram sobre isso para chegar a uma conclusão.

DESAFIO

1. A letra da canção "Timoneiro", de Paulinho da Viola e Hermínio Bello de Carvalho, afirma que o mar é o elemento que conduz a embarcação, influenciando a vida do condutor, também conhecido por timoneiro. Pesquise a letra dessa música e, com base nela, identifique e explique os elementos do mar que podem conduzir um barco.

CAPÍTULO 3
Bacias hidrográficas

No capítulo anterior, você estudou as águas marinhas e continentais e as principais formas de uso delas. Neste capítulo, você vai estudar como é o uso e o consumo dos recursos hídricos das principais bacias hidrográficas brasileiras e mundiais.

A importância das bacias hidrográficas

No capítulo anterior, você aprendeu o que são bacias hidrográficas. Você sabe se existem bacias hidrográficas na região em que mora? Imagina a importância dessas bacias para o ambiente e a vida humana?

O processo de urbanização, muito associado à substituição de ambientes naturais por ambientes construídos, altera as características originais das bacias hidrográficas. A transformação do curso natural dos rios, o desmatamento e a impermeabilização do solo, por exemplo, contribuem para os deslizamentos de terra, para o aumento do movimento das águas superficiais e para a diminuição da infiltração, potencializando os fenômenos das enchentes e enxurradas.

Bacias hidrográficas do Brasil

Você sabia que o Brasil é um dos poucos países do mundo em que há grande quantidade de rios em praticamente toda a sua extensão territorial? Esses rios estão agrupados em diferentes bacias hidrográficas, que fazem do Brasil um país de grande potencial energético – devido à energia gerada pelas hidrelétricas nelas instaladas.

Observe no mapa a localização dessas bacias em nosso território. Vamos estudar cada uma delas a seguir.

Brasil: bacias hidrográficas

Fonte: *Atlas geográfico escolar*. 7. ed. Rio de Janeiro: IBGE, 2016. p. 105.

167

Bacia do Tocantins/Araguaia

Destaca-se porque nela está instalada a Usina Hidrelétrica de Tucuruí, importante centro gerador da energia para diversas atividades econômicas de áreas das regiões Norte e Nordeste banhadas pelo Rio Tocantins (veja a imagem ao lado). Suas águas também são fundamentais para o cultivo de alimentos, como arroz, soja, milho e diversas frutas tropicais.

↑ Rio Tocantins. Marabá (PA), 2017.

Bacia do Atlântico Nordeste Ocidental

Nessa bacia, localizada nos estados do Pará e Maranhão, destacam-se os rios Mearim e Itapecuru, importantes cursos de água usados para o abastecimento da população, criação de animais e cultivo agrícola.

Bacia do Atlântico Nordeste Oriental

A bacia localiza-se nos estados do Ceará, Rio Grande do Norte, Paraíba, Pernambuco e Alagoas. Seus cursos de água são fundamentais para o abastecimento humano e para a economia desse espaço geográfico, que passa por longos períodos de seca.

Bacia do Parnaíba

Ao encontrar o Oceano Atlântico, o principal rio da bacia, o Parnaíba, deposita grande quantidade de sedimentos, formando canais e uma foz do tipo delta. No médio curso do rio, que divide os estados do Piauí e do Maranhão, está instalada a Usina Hidrelétrica de Boa Esperança, que gera energia para a região.

Bacia Amazônica

É uma das maiores bacias do planeta, estendendo-se também pelos territórios da Venezuela, Colômbia, Equador, Peru, Bolívia e Guianas.

Ao longo da bacia, encontram-se populações ribeirinhas, que, aproveitando a grande diversidade de peixes, retiram dos rios seu alimento e sustento. Muitos rios da bacia são utilizados como meio de transporte, já que percorrem terrenos relativamente planos. Por outro lado, em alguns rios, como o Xingu e o Tapajós, há longos trechos de áreas de planalto, formando quedas-d'água com grande potencial hidrelétrico.

Veja a imagem de satélite ao lado, que mostra a foz do Rio Amazonas.

↑ A foz do Rio Amazonas é em delta e estuário, por isso ele é classificado como um rio de foz mista. Imagem de satélite, 2017.

CURIOSO É...

Você sabia que é possível surfar em ondas de rio e não somente nas ondas do mar?

A pororoca é um fenômeno natural gerado pelo encontro das águas do Oceano Atlântico com as de alguns rios da Bacia Amazônica. Seu nome vem do tupi-guarani e significa "grande estrondo, barulho" – exatamente o que as águas fazem quando sobem os rios em grandes ondas, em direção à nascente, causando a queda de árvores das margens próximas.

O fenômeno é muito intenso no litoral dos estados do Amapá e Pará. Uma das explicações para isso é o fato de lá ocorrerem as maiores marés do país. Na ilha de Maracá, no Amapá, já foi registrada uma elevação de sete metros no nível do mar! A influência dos ventos alísios, que se deslocam no sentido contrário à correnteza dos rios da região, e a mudança de fase da Lua contribuem para que imensas massas de água oceânicas revertam o fluxo dos rios, formando ondas que podem superar três metros de altura, um "prato cheio" para os amantes do surfe, como você pode ver na imagem ao lado.

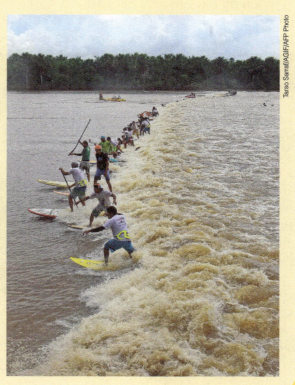

Surfistas na pororoca. São Domingos do Capim (PA), 2015.

Bacia do Atlântico Leste

A bacia abrange as cidades de Salvador (Bahia) e Aracaju (Sergipe). Essas capitais e as cidades vizinhas a elas usam as águas da bacia para a irrigação em atividades agrícolas, o abastecimento doméstico e o desenvolvimento industrial local.

Bacia do Atlântico Sudeste

Estendendo-se pela faixa litorânea dos estados do Espírito Santo, Rio de Janeiro, São Paulo e Paraná, os rios dessa bacia são importantes fontes de abastecimento, principalmente energético, para a região mais populosa e industrialmente desenvolvida do país. O uso intenso de suas águas, agravado pela enorme quantidade de detritos lançada em diversos rios da região, gera relativa escassez, aumentando os riscos de desabastecimento. Veja a imagem ao lado.

Rio Doce. Governador Valadares (MG), 2018.

Bacia do Atlântico Sul

Ocupando a porção leste dos estados de São Paulo, Paraná, Santa Catarina e Rio Grande do Sul, os rios dessa bacia, assim como os da Bacia do Atlântico Sudeste, abastecem municípios muito populosos e com elevado potencial econômico.

Bacia do Uruguai

Além do Rio Uruguai, nessa bacia destacam-se os rios Ijuí, Ibicuí, Várzea e Passo Fundo. Constituem importante fonte hídrica para a geração de energia elétrica e para o desenvolvimento das atividades agrícolas, como o cultivo de soja, milho, trigo, arroz, algodão etc. Ao longo da bacia, os rios de planalto têm potencial para a produção de energia hidrelétrica.

Bacia do Paraguai

A Bacia do Paraguai distribui-se pelos territórios do Brasil, Bolívia e Paraguai. Seu rio principal, o Paraguai, é um curso de água tipicamente de planície, servindo como meio de transporte local, regional e internacional, como você pode observar na imagem ao lado.

↑ Rio Paraguai. Cáceres (MT), 2015.

Bacia do Paraná

Seu rio principal, o Paraná, resulta da união dos rios Grande e Paranaíba, cursos de água localizados entre os estados de Minas Gerais, São Paulo e Goiás. É um rio de planalto e, por isso, nele há diversas quedas-d'água, muito aproveitadas para a instalação de usinas hidrelétricas, como é o caso da Usina Itaipu Binacional, uma das maiores represas do mundo, que você pode observar na imagem ao lado.

→ Usina Hidrelétrica Itaipu Binacional. Foz do Iguaçu (PR), 2017.

Bacia do São Francisco

A bacia é formada, em sua maior parte, por rios de planalto, aproveitados para a geração de energia. Destacam-se as usinas de Três Marias, Sobradinho, Paulo Afonso, Itaparica e Xingó. O Rio São Francisco é muito importante social e economicamente para os estados da Bahia, Pernambuco e Alagoas, pois ele atravessa trechos semiáridos (com poucas chuvas) e suas águas são fartamente aproveitadas para atividades agropecuárias e produção de frutas, como você pode ver na imagem ao lado.

↑ Lavoura irrigada no Vale do Rio São Francisco. Lagoa Grande (PE), 2015.

AQUI TEM MAIS

Devido aos desníveis do terreno, o fluxo das águas dos rios de planalto são mais velozes. Se não secarem, eles podem ser utilizados para a produção de energia elétrica. As variações do terreno são menores nos rios permanentes que correm sobre as planícies, o que gera um deslocamento hídrico mais lento. Essas características facilitam o deslocamento de embarcações. Esse tipo de transporte recebe o nome de **navegação fluvial**.

↑ Eclusa no Rio Tietê. Barra Bonita (SP), 2017.

Em certos casos, um rio de planalto pode ser utilizado para navegação. É o que ocorre com o Rio São Francisco. Apesar de ser um rio que percorre terrenos com desníveis, ele é navegável por um longo trecho, cerca de 1700 quilômetros. Isso só é possível graças às **eclusas**, sistemas que movimentam as embarcações, para cima ou para baixo, por meio da própria força da água dos rios, funcionando como um grande elevador. Esse também é o caso dos rios Tietê e Paraná, que se transformaram numa importante via de comércio entre o Brasil e países vizinhos.

1. Por que os rios que percorrem as planícies são propícios à navegação?

2. A navegação em rios de planalto é impossível. Essa afirmação é verdadeira? Explique.

Bacias hidrográficas mundiais

Existem importantes bacias hidrográficas por todo o mundo. Formada pelo Rio Congo, a **Bacia Hidrográfica do Congo**, localizada no centro do continente africano, é a segunda maior em extensão, ficando atrás apenas da Bacia do Amazonas. Além de ter um trecho navegável, o rio destaca-se pela geração de energia.

Os rios Mississipi, Missouri, Ohio e Arkansas formam a **Bacia do Mississipi**, a terceira maior do mundo em extensão. Esses rios irrigam as terras das planícies centrais dos Estados Unidos e são usados como meio de transporte de produtos agrícolas. Além do tráfego de barcos comerciais, trechos do Rio Mississipi são utilizados para as atividades de pesca e lazer.

O **Rio Huang-He**, ou Rio Amarelo, forma uma das bacias hidrográficas mais importantes da China. Seu vale é fértil, sendo utilizado para a produção agrícola e como pastagem.

Além dessas, as bacias dos rios Obi e Ienissei (Rússia), Nilo e Níger (África), entre outras, são de grande importância para a economia e para a população das regiões irrigadas por eles.

→ Rio Huang-He. Yinchuan, China, 2018.

171

ATIVIDADES

SISTEMATIZAR

1. Observe o mapa da página 167 e responda: Qual bacia hidrográfica abastece a região onde você mora?

2. Associe as bacias hidrográficas abaixo às descrições que as seguem.

   I. Bacia do São Francisco
   II. Bacia do Paraná
   III. Bacia do Tocantins/Araguaia
   IV. Bacia Amazônica

   a) É uma das maiores bacias hidrográficas do planeta. Muitos de seus rios são utilizados como meio de transporte, por percorrem terrenos mais planos, mas há também rios de planalto com alto potencial hidrelétrico.

   b) Essa bacia se destaca pela presença da Usina Hidrelétrica de Tucuruí, que abastece diversas cidades nas regiões Norte e Nordeste do país. Suas águas também são muito importantes para o cultivo de alimentos.

   c) É formada, em sua maior parte, por rios de planalto, que são aproveitados para a produção de energia, com destaque para as usinas de Três Marias, Sobradinho, Paulo Afonso, Itaparica e Xingó. Seu rio principal atravessa trechos da região semiárida, e suas águas são muito importantes para a produção agropecuária na região.

   d) É formada por rios de planalto e apresenta diversas quedas-d'água, muito aproveitadas para a instalação de usinas hidrelétricas. A principal delas é Itaipu, uma das maiores do mundo.

3. Escolha duas das principais bacias hidrográficas do mundo que você estudou neste capítulo e descreva suas principais características, como localização e principais tipos de uso.

4. Descreva com suas palavras o que é o fenômeno popularmente conhecido no Brasil como pororoca. Depois faça um desenho para explicar como e onde ocorre esse fenômeno.

REFLETIR

1. Leia com atenção o trecho a seguir:

[...] Ah, o rio. Não era grande o suficiente para que nele transitassem barcos, mas também não era um riacho; devia ter uns cinquenta metros de largura, e a água era suja, barrenta. Claro: era a lata de lixo da cidade. Na época as cozinheiras jogavam nele, pela janela, cascas de laranja e todas as sobras de comida. Às vezes uma enchente inundava tudo, e era uma sensação passear de bote pelas ruas. Mas meu sonho mesmo era tomar banho naquele rio, coisa que nunca aconteceu. Uma das minhas grandes frustrações.

Danuza Leão. *Quase tudo*. São Paulo: Companhia das Letras, 2005. p. 16.

Analise a situação descrita nesse trecho e converse um pouco com os colegas da turma a respeito dela. Com base nas conclusões a que chegarem, proponham soluções para alguns dos problemas que afetam os rios brasileiros.

DESAFIO

1. O Brasil é um país com inúmeros rios em seu território. Em grupos, com a ajuda do professor e utilizando um atlas, faça um mapa do município em que você vive e localize os rios. Use nessa representação as informações necessárias para que qualquer pessoa entenda o que o mapa deve transmitir. Mostre os mapas confeccionados por todos em uma exposição na escola com o tema "Os rios de nosso município".

CAPÍTULO 4
Preservação da água

No capítulo anterior, você estudou os recursos hídricos das mais importantes bacias hidrográficas brasileiras e mundiais. Neste capítulo, você vai estudar as principais formas de apropriação dos recursos hídricos e os impactos ambientais causados por elas.

Distribuição de água doce pelo mundo

Devido a fatores naturais, principalmente climáticos, a disponibilidade de água doce não é homogênea ao longo da superfície terrestre. Enquanto em algumas regiões de chuvas regulares há abundância de recursos hídricos, em outras a disponibilidade é menor e, em muitos casos, há total escassez de água. Fatores como a falta de planejamento, de ações governamentais e de políticas públicas sociais aliados ao crescimento da população também contribuem para o acesso desigual dos habitantes do planeta à água própria para consumo humano.

Observe no mapa a seguir os níveis de disponibilidade e escassez de água pelo mundo.

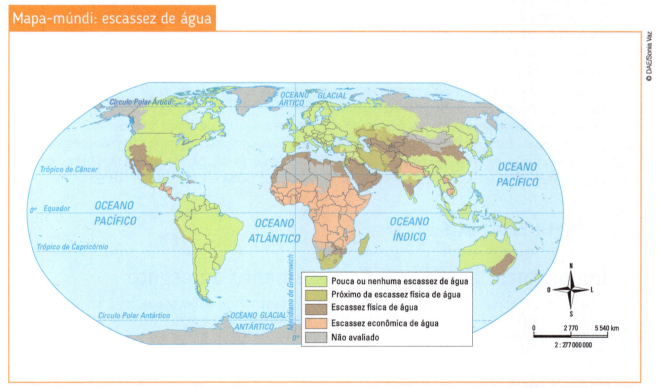

Mapa-múndi: escassez de água

Fontes: *Atlas geográfico escolar*. 7. ed. Rio de Janeiro: IBGE, 2016. p. 34; Mapa mostra escassez de água pelo mundo. BBC Brasil, 21 ago. 2006. Disponível em: <www.bbc.com/portuguese/reporterbbc/story/2006/08/060821_faltaaguarelatoriofn.shtml>. Acesso em: maio 2018.

Apropriação dos recursos hídricos

Em quais atividades os seres humanos usam muita água e em quais utilizam menos? Na produção industrial? Na produção agropecuária? Nas atividades domésticas?

Sem água, a agricultura não se desenvolve e, portanto, não há produção de alimentos. Essa é a atividade que mais consome água no mundo. Todas as frutas, verduras, legumes e outros alimentos necessitam de água para serem cultivados. Observe o gráfico ao lado, que mostra o consumo de água no mundo.

Nas indústrias, o consumo de água também é muito grande. Ela é usada nos próprios produtos industrializados, na limpeza e manutenção de equipamentos e instalações e ainda em sistemas de refrigeração e geração de vapor. Enfim, quanto maior a produção, maior o consumo de água.

Para que a água chegue às residências pronta para ser consumida e usada de diversas formas, ela passa pelo processo de captação, tratamento e pelo sistema de distribuição. Vejas essas etapas ilustradas ao lado. As cidades necessitam de duas redes hídricas: uma de abastecimento e outra de recepção das águas usadas e descartadas. Estas, após passarem por tratamento, são lançadas à rede hídrica de superfície ou fluvial. A rede de abastecimento das águas tratadas para alimentação humana e a rede de esgoto das águas descartadas compõem o **saneamento básico**, conjunto de serviços essenciais que garantem a saúde da população e a preservação do meio ambiente.

O esgoto sai das habitações e indústrias e segue pelos canos da rede coletora de esgotos até a estação de tratamento. Após ser tratada, a água é devolvida ao ambiente. Antes de entrar na rede de abastecimento, a água passa pela Estação de Tratamento de Água (ETA) para consumo humano, tanto doméstico como industrial. Ao ser descartada para a rede de esgoto, e antes de ser lançada de volta aos rios, ela passa pela Estação de Tratamento de Esgoto (ETE) e somente depois disso pode ser despejada nos rios.

Consumo de água

Fonte: Organização das Nações Unidas para a Agricultura e Alimentação. *Água: um recuso cada vez mais ameaçado*, p. 27. Disponível em: <www.mma.gov.br/estruturas/secex_consumo/_arquivos/3%20-%20mcs_agua.pdf>. Acesso em: jun. 2018.

↑ O gráfico ilustra as porcentagens de consumo de água.

Distribuição e tratamento da água

Fonte: Sabesp. Disponível em: <http://site.sabesp.com.br/site/interna/Default.aspx?secaoId=47>. Acesso em: set. 2018.

↑ A ilustração demonstra as diferentes fases do processo de distribuição e tratamento da água para a população.

➕ AQUI TEM MAIS

Importância da água e do tratamento do esgoto

As torneiras, o chuveiro e o vaso sanitário de sua casa fazem parte de um grande sistema de abastecimento e tratamento de água e esgoto. Mas, ainda hoje, muitas pessoas enfrentam uma realidade bem diferente. Em várias casas, a água consumida não é filtrada, fator que gera uma quantidade enorme de problemas e afeta gravemente a saúde de seus habitantes. Além disso, em muitos lugares, o esgoto não é tratado nem canalizado, correndo "a céu aberto". O relatório da OMS/Unicef de 2010 revelou que menos de dois terços da população mundial utilizam instalações sanitárias adequadas, ou seja, aproximadamente 2,6 bilhões de pessoas no mundo não têm acesso à rede de tratamento de água e esgotos.

Doenças como hepatite A, ancilostomíase (conhecida como "amarelão"), ascaridíase (conhecida como "lombriga") e teníase podem ser evitadas pelo uso e tratamento correto da água.

1. Aponte dois aspectos positivos proporcionados pelo tratamento adequado de água e esgoto.

A poluição das águas

Observe a imagem ao lado. Você já viu um rio nessas condições? Há em seu município rios como o desta fotografia?

Os rios são o **hábitat** de muitas espécies de plantas e animais. Os peixes são uma importante fonte de alimento, e a pesca constitui uma das principais atividades humanas praticadas nos rios. Os seres humanos utilizam os rios com várias finalidades: via de transporte para as embarcações, geração de energia, lazer, abastecimento, irrigação, obtenção de água potável etc.

↑ Lixo despejado em rio. Juazeiro (BA), 2016.

No entanto, infelizmente muitos rios do planeta estão poluídos, consequência principalmente de atividades humanas. Neles são lançados os **efluentes** domésticos e industriais sem tratamento prévio, além dos agrotóxicos e fertilizantes químicos usados nas lavouras.

O desrespeito ao meio ambiente é comum em muitos municípios. Observe o caso, por exemplo, da instalação de "lixões" próximos a mananciais e às margens dos rios: o acúmulo de lixo produz o chorume, que se infiltra no solo e contamina as águas subterrâneas, os rios e o subsolo.

É preciso, por isso, desenvolver ações para a melhoria do saneamento ambiental, como a implantação de sistema de abastecimento de água tratada, de sistema de esgoto e tratamento sanitário, além da coleta de resíduos (lixo) em áreas urbanas e rurais. O contínuo lançamento de esgoto não tratado nas águas correntes é uma barreira ao desenvolvimento das sociedades e à melhoria da saúde da população, por isso o saneamento é um direito humano essencial, próprio da conquista da cidadania.

A poluição fluvial e marinha acarreta morte de peixes, contaminação de seres aquáticos, mau cheiro e transmissão de doenças. Em muitas cidades ribeirinhas e litorâneas, o esgoto e os resíduos sem tratamento sanitário são despejados diretamente nos rios e nos oceanos.

Há também muitas cidades industrializadas, localizadas na costa, que poluem o mar. Isso ocorre por causa de falhas na legislação e na fiscalização de indústrias que violam as leis ambientais e desrespeitam o meio ambiente sem se preocupar com os riscos e danos à saúde pública.

Outro grave problema ambiental nos oceanos, como você pode observar na fotografia abaixo, é o vazamento de petróleo dos navios transportadores e das plataformas marítimas. Isso acarreta a morte de seres aquáticos e interfere na cadeia alimentar oceânica.

↑ Vazamento de óleo na costa sul em Atenas, Grécia, 2017.

GLOSSÁRIO

Efluente: produto líquido ou gasoso lançado erroneamente nos rios. Os efluentes mais comuns podem ser domésticos, industriais ou agrícolas.

Hábitat: ambiente com condições específicas e adequadas para determinadas espécies.

Uso consciente da água

Observe na tabela a seguir a distribuição da água doce do planeta em valores aproximados.

Água doce	Porcentagem
calotas polares, geleiras e neve	68,7%
águas subterrâneas	30,1%
umidade dos solos e pântanos	0,08%
rios e lagos	0,27%
gelo no solo, atmosfera e biosfera	0,85%

A tabela apresenta dados de distribuição de água doce na superfície terrestre.

Fonte: Wilson Teixeira et al. *Decifrando a Terra*. 2. ed. São Paulo: Companhia Editora Nacional, 2009. p. 450.

Observe os dados da tabela acima e note que, de toda a água doce existente na superfície terrestre, apenas uma pequena porção (cerca de 0,27%) está pronta ou plenamente disponível para consumo humano, o que amplia enormemente a necessidade de preservá-la.

A agricultura é, entre todas as atividades humanas, a que mais consome água, e isso ocorre principalmente na irrigação. Portanto, nela devem ser utilizadas as técnicas que desperdiçam menos água, como o gotejamento.

Nas residências também é possível economizar água e evitar seu desperdício, reutilizando, por exemplo, a água da chuva – água de reúso (veja a fotografia ao lado). Ela não é apropriada para beber nem para tomar banho, mas pode ser usada no vaso sanitário, na máquina de lavar roupas e ainda para lavar quintais e carros, regar jardins e limpar ruas e calçadas. Para isso é preciso que, nas casas e nos edifícios, seja instalado um coletor de água da chuva.

Muitas empresas vêm adotando o reúso da água em suas atividades, como na refrigeração de equipamentos e em diversos processos industriais. As empresas que lidam com o tratamento de esgoto também estão aderindo a essa prática, ao disponibilizar água resultante do esgoto tratado para uso múltiplo, exceto o alimentar.

Sistema de coleta e armazenagem de água da chuva. Uarini (AM), 2015.

FORMAÇÃO CIDADÃ

Segundo a Organização das Nações Unidas (ONU), a falta de água é um dos problemas mais preocupantes deste milênio. Uma das formas de evitar que falte água suficiente para as atividades humanas é impedir o desperdício e o mau uso do recurso.

1. Você acha que precisa mudar seus hábitos de consumo de água e tomar atitudes mais conscientes? Quais são elas?
2. Em sua residência há um coletor de água da chuva? Se não houver, você considera necessário instalá-lo? Justifique.

ATIVIDADES

SISTEMATIZAR

1. De que maneira a água é utilizada na atividade agrícola?

2. Elabore uma frase que comprove a importância da água nas indústrias ou fábricas.

3. Quais são as principais causas da poluição das águas?

4. Que atitudes são necessárias para preservar a água?

5. Que problemas a água contaminada pode causar à sociedade?

REFLETIR

1. O mapa ao lado mostra, em cores diferentes, o estado da água de 1160 pontos pesquisados no Projeto Brasil das Águas, que analisou a qualidade das águas superficiais das bacias hidrográficas nacionais.

Fonte: Projeto Brasil das Águas. Mapa dos resultados. Disponível em: <http://brasildasaguas.com.br/mapa-dos-resultados/#prettyphoto[post-154]/1/>. Acesso em: jun. 2018.

Em quais regiões aparecem os maiores índices de poluição registrados na superfície das águas?

DESAFIO

1. Cada um de nós precisa zelar pela água. Pesquise e descubra como economizar água nas atividades diárias em sua casa.

2. Entreviste três pessoas e descubra os hábitos delas em relação à água, tais como tomar banho, cozinhar etc. Veja se elas se preocupam em economizar água e o que fazem para isso. Exponha os resultados de sua entrevista aos colegas e compare-os com os deles.

177

FIQUE POR DENTRO

"MAR DE LIXO: A VIAGEM DE LIANA JOHN"

A premiada jornalista Liana John resolveu enfrentar o mar e descobrir de onde vem e para onde vai o lixo que produzimos. Esse é o resultado de sua viagem a bordo do veleiro Sea Dragon.

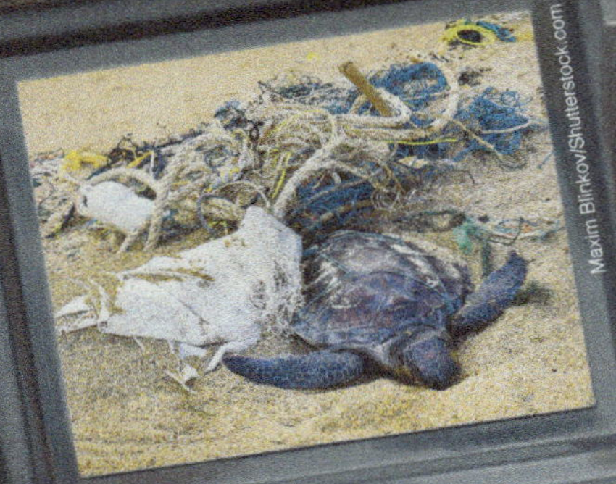

Maxim Blinkov/Shutterstock.com

Peixes, tartarugas, caranguejos e outros animais marinhos são afetados pelo lixo que produzimos. Eles podem se enroscar em sacos plásticos ou redes de pesca. Os animais comem o lixo que vai parar no oceano, que pode sufocá-los ou entupir seu estômago. O plástico que viaja no oceano é nocivo também por atrair poluentes orgânicos persistentes (POPs) espalhados pelo oceano.

Dia 4
29/8/2010

As redes coletam mais e mais fragmentos sintéticos. Alguns peixinhos maiores (5 a 6 cm) são coletados também e os guardamos para examinar o estômago e os tecidos [deles], de modo a medir a quantidade de plástico ingerida e a contaminação por POPs.

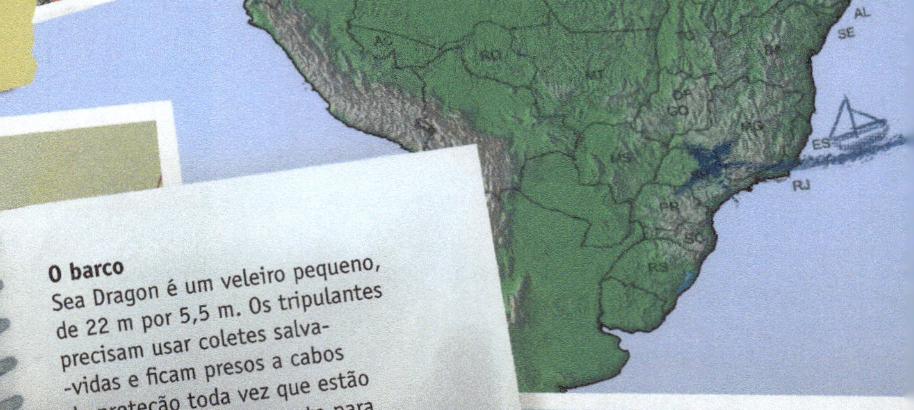

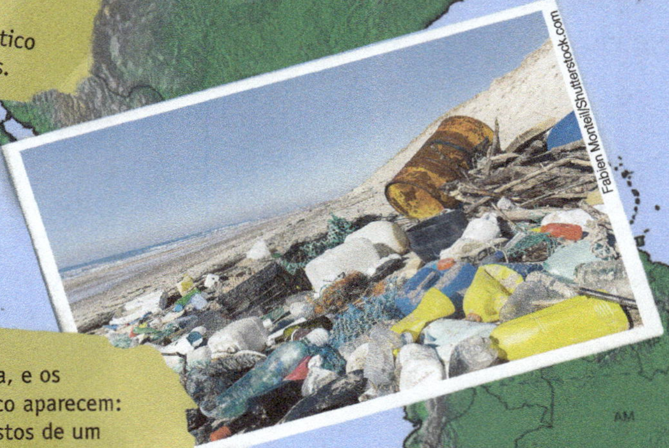

Fabien Monteil/Shutterstock.com

Dia 3
28/8/2010

Arrastamos a rede por uma hora, e os primeiros fragmentos de plástico aparecem: polietileno – provavelmente restos de um balde, um brinquedo ou uma vasilha – e filme plástico, semelhante ao usado para embrulhar alimentos ou das famigeradas sacolinhas.

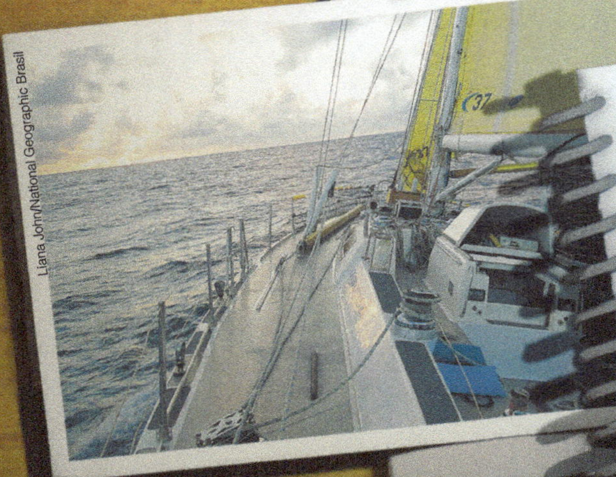

Liana John/National Geographic Brasil

O barco

Sea Dragon é um veleiro pequeno, de 22 m por 5,5 m. Os tripulantes precisam usar coletes salva-vidas e ficam presos a cabos de proteção toda vez que estão no convés. O equipamento para coletar plástico em alto-mar é uma rede afunilada com uma abertura maior na parte da frente, parecendo um dragão chinês.

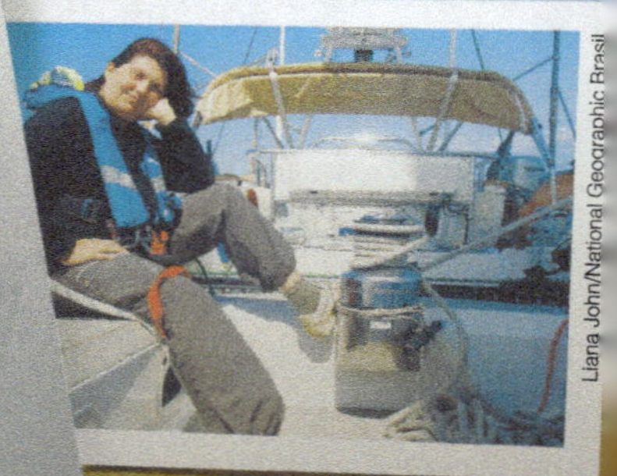

Liana John/National Geographic Brasil

Dia 5 — 30/8/2010

Na coleta é grande a quantidade de peixinhos, ao lado de pedaços de fios de equipamentos de pesca. Surgem os primeiros *pellets*, que são fragmentos de plástico. Ao que tudo indica, existe uma perda significativa deles no transporte para fora das fábricas, e bilhões de "bolinhas" – leves e flutuantes – acabam encontrando seu caminho até o mar.

De onde vem esse lixo?
- Arrastado por enchentes
- Jogado nos rios
- Carregado por pássaros
- Lixões a céu aberto
- Acidentes marítimos
- Balões, redes de pesca e dejetos de praia

Dia 9 — 3/9/2010

O sol não sai, e temos o dia mais nublado desde a saída do Rio. As redes coletam cada vez menos plástico, à medida que deixamos para trás a zona de maior concentração do giro do Atlântico Sul. O dr. Marcus Eriksen disseca três dos peixinhos coletados junto com o lixo, e – boas notícias – eles não têm plástico em seu estômago.

Dia 11 — 5/9/2010

Nas redes de coleta, desta vez conseguimos boas imagens, embora com menos fragmentos de plástico. Ainda tiramos plástico do mar em todas as amostragens, sem exceção. Realmente impressiona, considerando que cada rede fica na água apenas durante uma hora e comparando a vastidão do oceano com a minúscula faixa de coleta.

A rotação do planeta e as diferenças de temperatura nos oceanos geram um movimento circular das correntes marinhas. Dessa forma, o lixo que viaja no oceano acaba se acumulando no centro desses espaços, como um ralo de pia sugando o resto de água e comida.

1. Qual é a importância da viagem feita pela jornalista?

2. Que fato mais chamou sua atenção? Por quê?

Fontes: Liana John. Expedição: mar de lixo no Oceano Atlântico. Disponível em: <www.google.com/maps/d/u/0/viewer?ll=-23.537550000000007%2C-36.55838&hl=pt-BR&msa=0&ie=UTF8&mid=17h2qDE_wfTerDX2R6-dwo-lp6Z8_z=8>; <www.wastewiseproductsinc.com/blog/sustainability/how-our-oceans-became-the-worlds-garbage-dump>. Acessos em: jul. 2018.

PANORAMA

FAÇA AS ATIVIDADES A SEGUIR E REVEJA O QUE VOCÊ APRENDEU.

1. O gráfico abaixo mostra a distribuição de terra e água na superfície terrestre. No caderno, crie uma legenda para esses dados com os devidos valores proporcionais.

Fonte: Frank Press et al. *Para entender a Terra*. 4. ed. Porto Alegre: Bookman, 2006. p. 314.

2. Os oceanos e mares correspondem à maior parte das águas da Terra. Sobre isso, responda:

   a) Quais são os oceanos da Terra?

   b) Como os mares podem ser classificados? Cite um exemplo de cada tipo.

3. Leia o texto a seguir e responda às questões.

   De toda a água existente em nosso planeta, apenas 2,5% é de água doce. Dessa fração, apenas 0,3% está disponível [na] forma de rios e lagos.

   Apenas como comparação, imagine se toda a água do planeta coubesse numa garrafa grande de refrigerante. Apenas o equivalente a um copinho de café seria de água doce, e apenas uma gota desse copo seria economicamente viável para o consumo de toda a população da Terra.

   Atlas geográfico escolar: Ensino Fundamental do 6º ao 9º ano. Rio de Janeiro: IBGE, 2015. p. 107.

   a) Em relação a toda a água do planeta, qual é a porcentagem de águas salgadas e a de águas doces?

   b) Onde se encontra a água doce do planeta?

   c) O que você conclui quanto à disponibilidade de água considerada economicamente viável, se comparada a toda a água do planeta?

4. Anote no caderno somente as afirmativas corretas sobre os oceanos.

   a) As marés são movimentos das águas oceânicas originadas da atração gravitacional da Lua e do Sol sobre a Terra.

   b) As correntes marinhas frias partem das áreas da Linha do Equador em direção aos polos.

   c) São fundamentais para os seres humanos, pois fornecem alimentos e minerais, propiciam lazer e funcionam como importantes vias de transporte.

5. Observe a fotografia abaixo. Ela se refere ao Mar Morto, que banha Israel, Cisjordânia e Jordânia, no Oriente Médio (continente asiático). Faça uma pesquisa para responder às questões a seguir.

↑ Mar Morto, Jordânia, 2018.

a) Por que aparecem blocos de sal na paisagem do Mar Morto? Por que ele recebeu esse nome?
b) Que tipo de mar ele é: aberto, interior ou isolado?
c) Por que é considerado a maior depressão absoluta do relevo terrestre?
d) Por que a superfície do Mar Morto está diminuindo?

DICAS

📖 LEIA

Poluição das águas, de Luiz Roberto Magossi e Paulo Henrique Bonacella (Moderna). O livro aborda a questão da poluição das águas explorando o complexo papel desse elemento essencial para a vida, além de propor soluções alternativas para o problema da poluição.

Ai de ti, Tietê, de Rogério Andrade Barbosa (DCL). O livro conta a história de um grupo de alunos que se reúne para pesquisar o Rio Tietê e faz grandes descobertas.

▶ ASSISTA

Peixes do Velho Chico, Brasil, 2013. Direção: Rafael Melo, 70 min. Por meio do mundo subaquático dos peixes da Bacia do Rio São Francisco, o documentário revela a ligação entre as pessoas, os peixes e o rio.

↓ Tempestade com raios. Londrina (PR), 2015.

TEMA 7

Atmosfera

NESTE TEMA
VOCÊ VAI ESTUDAR:

- características da atmosfera e a importância de suas camadas;
- tempo, clima e previsão do tempo;
- elementos que compõem o clima;
- fatores do clima e fenômenos climáticos;
- tipos climáticos.

Você já deve ter visto alertas de tempestades nas previsões do tempo nos telejornais e até mesmo notícias de suas consequências, principalmente, em determinadas épocas do ano. Sobre as variações do tempo no lugar onde você vive, responda:

1. Está sempre quente ou depende da época do ano?
2. As chuvas são raras ou frequentes?
3. No inverno, o frio é rigoroso?

CAPÍTULO

Atmosfera, tempo e clima

No capítulo anterior, você estudou as reservas de água doce, a poluição das águas e o uso consciente desse recurso. Neste capítulo, você vai estudar atmosfera, tempo, clima e previsão do tempo.

A esfera do ar

Nos temas anteriores, você estudou a litosfera e a hidrosfera; agora, conhecerá a atmosfera, que completa as três esferas que compõem a biosfera, favorecendo a manutenção da vida no planeta.

A atmosfera – do grego *atmos*: "gases"; e *sphaira*: "esfera" –, com aproximadamente 1000 km de espessura, é a camada gasosa que recobre a Terra. Ela é fundamental para todas as formas de vida, pois contém oxigênio, gás essencial para a respiração e sobrevivência de todos os seres. Sem a atmosfera, a Terra seria um planeta sem vida.

A atmosfera também é composta de gás nitrogênio, gás carbônico, outros gases, partículas de poeira e vapor-d'água. Ela desempenha funções importantes para a vida na Terra: mantém a temperatura média ideal, filtra e absorve as radiações solares e protege o planeta de meteoros.

Camadas da atmosfera

A atmosfera é composta de cinco camadas: troposfera, estratosfera, mesosfera, termosfera (ou ionosfera) e exosfera. Cada uma desempenha uma função específica importante para o planeta e tem características próprias de espessura, composição gasosa e temperatura.

Vamos conhecer a importância e as características de cada camada.

A imagem é ilustrativa e os elementos não estão representados na proporção real.

→ Representação das camadas da atmosfera.

Fonte: Departamento de Física da UFPR. Disponível em: <fisica.ufpr.br/grimm/aposmeteo/cap1/cap1-2.html>. Acesso em: jul. 2018.

Camadas da atmosfera

- **Exosfera**: entre 500 km e 800 km de altitude
- **Termosfera** ou **ionosfera**: entre 80 km e 500 km de altitude
- **Mesosfera**: entre 50 km e 80 km de altitude
- **Estratosfera**: entre 12 km e 50 km de altitude
- **Troposfera**: espessura média de 12 km

Luis Moura

- **Troposfera** (espessura média de 12 km): camada responsável pela vida no planeta, fica em contato com a superfície da Terra. É onde vivemos e onde ocorrem os fenômenos meteorológicos, como chuva, vento, formação de nuvens, relâmpagos, entre outros. É nela também que se deslocam os helicópteros, balões tripulados e a maioria dos aviões. Nessa camada, a temperatura diminui em média 0,6 °C (graus **Celsius**) a cada 100 metros, à medida que aumenta a altitude, podendo chegar a –60 °C no ponto mais alto.
- **Estratosfera** (de 12 km a 50 km de altitude): camada logo acima da troposfera, funciona como filtro solar do planeta. É nela que se concentra a **camada de ozônio**, que protege a Terra da radiação dos **raios ultravioleta**. Essa camada participa diretamente do efeito estufa, que possibilita a vida na Terra. Alguns aviões comerciais voam nela para evitar turbulências, além de balões meteorológicos, que transportam sondas de medição de temperatura e umidade. A temperatura da estratosfera eleva-se com o aumento da altitude, variando de –60 °C a 10 °C no final dela.
- **Mesosfera** (de 50 km a 80 km de altitude): camada acima da estratosfera, considerada a mais fria. As baixas temperaturas ocorrem porque não há gases ou nuvens capazes de absorver a energia solar. A temperatura varia de –5 °C a –100 °C, conforme aumenta a altitude. A mesosfera protege o planeta contra a entrada de meteoros.
- **Termosfera** ou **ionosfera** (entre 80 km e 500 km de altitude): é a camada mais extensa da atmosfera. Pelo fato de absorver a energia solar, é a mais quente, podendo chegar a 1000 °C, o que faz com que muitos meteoros sejam destruídos. Nela ficam os íons, partículas que recebem e transmitem as frequências de rádio. Como o ar é muito rarefeito, o vento solar é interceptado pelo magnetismo da Terra e direcionado para os polos, formando a aurora boreal, fenômeno visual de luzes no céu noturno das regiões polares.
- **Exosfera** (entre 500 km e 800 km de altitude): é a camada que antecede o espaço sideral, onde as partículas começam a se desprender da gravidade do planeta. Nela orbitam os satélites artificiais, que transmitem informações variadas dos telescópios espaciais à Terra.

> **GLOSSÁRIO**
>
> **Camada de ozônio:** camada com a presença de gás ozônio (O_3), que protege animais, plantas e seres humanos dos raios ultravioleta do Sol.
> **Celsius:** unidade de temperatura. O nome foi dado em homenagem a seu criador, o sueco Anders Celsius (1701-1744).
> **Raios ultravioleta:** energia eletromagnética emitida pelo Sol, responsável por garantir a vida na Terra.

Veja ao lado uma imagem feita por astronautas a bordo da Estação Espacial Internacional. A fotografia mostra a Lua e as últimas camadas da atmosfera terrestre. O brilho amarelo é a troposfera, a parte mais baixa e densa da atmosfera, onde nós vivemos. A faixa superior alaranjada é uma área de transição até a camada branco-acinzentada da estratosfera. As últimas camadas — mesosfera, termosfera e exosfera — estão no azul, que se espalha até o preto do espaço aberto.

→ A fotografia foi tirada de uma altitude de 285 km sobre o Lago Tanganica, na África Central, em 1992.

CURIOSO É...

As condições da estratosfera não favorecem a presença humana. Nessa camada, o gás oxigênio está muito disperso, motivo pelo qual é chamado de ar rarefeito. Além disso, os índices de radiação solar na estratosfera são maiores do que podemos suportar.

Apesar de esse ambiente ser muito hostil para os limites do corpo humano, o desenvolvimento tecnológico tem proporcionado materiais que isolam os fatores prejudiciais, reproduzindo artificialmente as condições da superfície terrestre.

Essas tecnologias possibilitaram ao paraquedista austríaco Felix Baumgartner saltar na estratosfera, em outubro de 2012. A bordo de uma cápsula construída com material altamente resistente e erguida por um balão inflado com gás hélio, o paraquedista saltou da altura de 39 quilômetros do solo. A queda livre durou 4 minutos e 20 segundos, quando, então, ele abriu o paraquedas e pousou em segurança.

↑ O piloto Felix Baumgartner salta na estratosfera em 2012.

Tempo e clima

Suponha que você tenha interesse em saber, neste momento, as condições atmosféricas da região onde a escola está localizada. Você pode ir até a janela da sala de aula, olhar para fora e dizer o que observa: Está chovendo ou faz sol? Há nuvens ou não? Está quente ou frio? Nessa simples observação pela janela, você visualizará o tempo ou o clima? Afinal, tempo e clima são a mesma coisa? Tanto faz usar uma palavra ou outra?

Embora interligados, tempo e clima são conceitos diferentes. Nesse caso, ao olhar e perceber as condições atmosféricas do lado de fora, você observa o tempo e não o clima. Vamos entender melhor essa diferença.

Tempo é o conjunto das condições atmosféricas de um lugar em determinado momento. Com certeza, você já leu ou ouviu manchetes como as mostradas a seguir – atenção: elas se referem às condições do tempo.

Quinta-feira de tempo parcialmente nublado com chuva isolada em MS

Correio do Estado, 7 jun. 2018. Disponível em: <www.correiodoestado.com.br/cidades/quinta-feira-de-tempo-parcialmente-nublado-com-chuva-isolada-em-ms/329496>. Acesso em: jul. 2018.

Segunda-feira deve ser de dia ensolarado em todo o Acre

G1, 28 maio 2018. Disponível em: <https://g1.globo.com/ac/acre/noticia/segunda-feira-28-deve-ser-de-dia-ensolarado-em-todo-o-acre.ghtml>. Acesso em: jul. 2018.

O tempo é muito dinâmico, podendo permanecer estável por alguns dias ou modificar-se de uma hora para outra. Temperatura, umidade, ventos, chuvas, nevoeiro, pressão do ar etc. formam o conjunto de condições do tempo. Nos anúncios sobre o tempo, de modo geral, os principais elementos do clima considerados são temperatura e umidade. Estas variam de um lugar para outro e no mesmo lugar no decorrer de um período.

A **temperatura** corresponde ao estado térmico do ar em determinado momento, por exemplo: ontem, às 16 horas, a temperatura na cidade de Manaus (AM) era de 25 °C, enquanto em Curitiba (PR) os termômetros marcavam 18 °C. Já a **umidade** corresponde à quantidade de vapor-d'água na atmosfera em um lugar, em determinado momento.

Clima é a média das condições atmosféricas de um lugar, a sucessão habitual dos diversos estados de tempo, por anos contínuos, após observação de aproximadamente um período de 30 anos.

Após serem observadas, durante anos, as variações do tempo no Sul do Brasil, por exemplo, constatou-se que nessa região as estações do ano são mais bem definidas. Isso ocorre porque o clima é subtropical, caracterizado pelas estações definidas e por chuvas regulares ao longo do ano. Outro exemplo é a Região Norte, onde as temperaturas e o índice de chuvas são elevados durante todo o ano, motivo pelo qual o clima é classificado como equatorial, quente e úmido.

O termo **clima** deve ser utilizado para se referir às condições gerais de um lugar em um período de tempo mais longo. O clima não muda de um dia para o outro, como o tempo.

Assim, o tempo é estudado pela **meteorologia**, e o clima, pela **climatologia**, ciências importantes para os seres humanos.

> **GLOSSÁRIO**
>
> **Climatologia:** ciência que estuda o clima. O profissional dessa área é o climatologista.
>
> **Meteorologia:** ciência que, ao estudar os processos e as dinâmicas relacionadas à atmosfera terrestre, possibilita a previsão do tempo. O profissional dessa área é o meteorologista.
>
> **Neblina:** também conhecida como névoa, é a suspensão de minúsculas gotículas de água numa camada de ar próxima ao solo.

Previsão do tempo

Muitas vezes, precisamos saber como estará o tempo em nossa cidade ou região antes de agendarmos compromissos. A previsão do tempo nos ajuda, por exemplo, a escolher a roupa adequada e o tipo de transporte ou a organizar atividades diárias. Ao divulgar a previsão do tempo, os meios de comunicação prestam um serviço essencial à população.

↑ Repórter comunica previsão do tempo em telejornal brasileiro, 2018.

Atualmente, por meio dos serviços meteorológicos equipados com satélites, é possível fazer a previsão das condições atmosféricas de diferentes lugares da Terra. Veja alguns setores da sociedade em que a previsão do tempo é necessária.

- **Agricultura:** chuvas em excesso, secas prolongadas, ventos com intensidade mais forte, por exemplo, podem provocar prejuízos à atividade agrícola e, consequentemente, à economia de uma região ou um país. No entanto, a aplicação de tecnologias possibilita monitorar as condições e variações do tempo para orientar o agricultor.
- **Transporte aéreo:** as condições de tempo interferem diretamente nas condições de voo. Aeroportos fechados por causa de chuvas intensas, **neblina** e ventos fortes limitam a circulação de pessoas e mercadorias, provocando prejuízos financeiros, atrasos e a insatisfação da população.
- **Saúde:** as condições climáticas de calor ou frio, muita ou pouca umidade, entre outras, podem aumentar a incidência de determinadas doenças na população. Por exemplo, novos estudos científicos revelaram que partículas do vírus da gripe conseguem sobreviver por um período maior quando o tempo está frio e seco (baixa umidade).

ATIVIDADES

SISTEMATIZAR

1. Com base na ilustração a seguir, cite uma característica de cada uma das camadas da atmosfera.

A imagem é ilustrativa e os elementos não estão representados na proporção real.

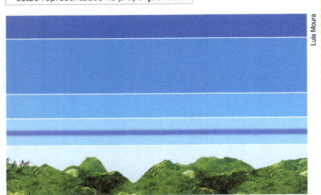

↑ Representação das camadas da atmosfera.

2. Observe a tirinha abaixo.

A tirinha expressa o conceito de tempo ou de clima? Justifique sua resposta.

3. Você considera importante o serviço de previsão do tempo? Cite algumas atividades humanas que precisam desse serviço.

4. Analise e responda: No dia 25 de setembro do ano passado, a apresentadora de um telejornal afirmou que a cidade do Recife sofreria, nos próximos dias, a ação de um clima muito abafado. Isso é possível?

REFLETIR

1. Leia este texto:

São 10 horas da manhã em Porto Alegre. Os termômetros marcam 12 graus na capital do Rio Grande do Sul. Observa-se um grande número de nuvens no céu, indicando forte possibilidade de chuvas. Nesse exato momento a temperatura em Teresina, capital do Piauí, é de 27 graus, porém acredita-se que ela alcance a marca de 35 graus até o final da tarde. Apesar da elevada temperatura, não se prevê a ocorrência de chuvas.

a) Observe no mapa do Brasil da página 84 a localização dessas cidades. Repare a posição de cada uma em relação à Linha do Equador e ao Trópico de Capricórnio. Com esses dados, explique por que há grande diferença de temperatura entre as duas cidades.

b) A informação acima descreve uma característica do tempo ou do clima da região? Explique.

2. Converse com os colegas e responda às questões:

a) Nesta época do ano, como é o clima do lugar onde você mora?

b) Como está o tempo atmosférico hoje no lugar onde você mora?

c) Estão previstas mudanças no tempo para os próximos dias no lugar em que você mora? Quais?

DESAFIO

1. Vamos medir a temperatura em vários dias da semana, nos horários em que você está na escola. Estipule, com os colegas e o professor, um horário fixo diário para fazer as medições e, com o auxílio de um termômetro, registre a temperatura a cada dia. Lembre-se de que o instrumento que mede a temperatura é o termômetro. Juntos, façam o registro todos os dias e, no final do mês, somem as temperaturas e dividam-nas pelo número de dias em que os valores foram coletados. Assim, vocês obterão a média térmica do mês. Se vocês subtraírem a menor temperatura registrada da maior temperatura, obterão a amplitude térmica de um mês.

CAPÍTULO 2

Elementos do clima

No capítulo anterior, você estudou as características da atmosfera e suas camadas, a diferença entre tempo e clima e a importância da previsão do tempo. Neste capítulo, você vai estudar a temperatura do ar, a umidade e a influência delas no clima, a pressão atmosférica, os tipos de precipitação e os ventos.

Componentes das condições atmosféricas

O clima é constituído de alguns elementos que, juntos, formam as condições atmosféricas de determinado lugar e região. Os elementos do clima são: temperatura, umidade do ar, precipitações, pressão atmosférica e vento. Vamos entender melhor cada um deles a seguir.

Temperatura

A temperatura é um dos elementos atmosféricos mais importantes, pois influencia diretamente as características climáticas de uma região. Temperatura é o grau de calor do ar atmosférico, que pode ser alto ou baixo, dependendo, sobretudo, da radiação solar. Alguns fatores, como a latitude e a altitude, interferem na variação da temperatura e na determinação dos tipos climáticos.

A temperatura está diretamente associada ao Sol. Uma parte do calor enviado pelo Sol à Terra é absorvida pelas terras emersas e oceanos, enquanto outra parte é refletida, retornando à atmosfera. É esse processo que possibilita o desenvolvimento e a manutenção da vida no planeta.

Observe no esquema como ocorre a absorção e a reflexão da energia solar.

A imagem é ilustrativa e os elementos não estão representados na proporção real.

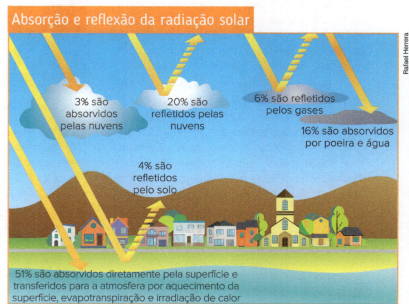

Absorção e reflexão da radiação solar

3% são absorvidos pelas nuvens
20% são refletidos pelas nuvens
6% são refletidos pelos gases
16% são absorvidos por poeira e água
4% são refletidos pelo solo
51% são absorvidos diretamente pela superfície e transferidos para a atmosfera por aquecimento da superfície, evapotranspiração e irradiação de calor

→ Representação de radiação solar que incide na superfície da Terra.

Fonte: Vera Lucia de Moraes Caldini. *Atlas geográfico Saraiva*. São Paulo: Saraiva, 2013. p. 13.

Sobre a variação da temperatura é importante entender que:

- a **temperatura média** é o resultado da média aritmética das temperaturas observadas em determinado período. Por exemplo, se foram observadas as variações de temperatura de uma cidade quatro vezes em determinado dia, somam-se essas temperaturas e divide-se o resultado por quatro;
- a **amplitude térmica** é a diferença entre as temperaturas máxima e mínima no período observado.

Umidade relativa do ar

O ar é formado por uma mistura de vários gases, incluindo o vapor-d'água, que é evaporado dos lagos, rios, mares etc. Assim como qualquer outra substância, o ar tem um limite até o qual ele absorve a água (ponto de saturação). A **umidade relativa do ar** é a relação entre a quantidade de água do ar (umidade absoluta) e a quantidade máxima que poderia haver na mesma temperatura (ponto de saturação). Geralmente, quando chove por dois ou três dias seguidos, a umidade relativa do ar fica muito elevada; e quando não chove por muitos dias ou mesmo meses, essa umidade fica bastante baixa.

A umidade relativa do ar não é igual em todos os lugares da Terra, nem em todos os períodos do dia. Acima dos oceanos, a umidade atmosférica é maior do que nas terras emersas, pois há maior superfície líquida para evaporar.

Outras áreas que apresentam alta umidade são as superfícies de forte calor recobertas por florestas densas. Nesses ambientes há muita transpiração dos vegetais e evaporação dos rios, o que eleva a umidade relativa do ar. Nas áreas desérticas, com pouca quantidade de chuva durante o ano, a umidade relativa do ar é baixa.

A variação de umidade pode interferir na saúde das pessoas. A Organização Mundial da Saúde (OMS) estabelece que índices inferiores a 60% não são adequados para a saúde humana. Em locais que apresentam baixa umidade do ar, algumas práticas devem ser adotadas para que a saúde da população não seja prejudicada, como evitar exercícios físicos e trabalhos ao ar livre entre 10 horas e 16 horas e manter a umidade de ambientes internos, principalmente quarto de crianças, hospitais etc.

AQUI TEM MAIS

Deserto de Atacama

O Deserto de Atacama, localizado na porção norte do Chile e em parte do Peru e da Bolívia, é a área com menor índice de umidade do ar em todo o mundo, o que atribui um aspecto extremamente seco e árido à região.

Os índices de chuva registrados em um ano no Deserto de Atacama, que em geral não superam a marca de 35 milímetros, costumam

↑ Deserto de Atacama, Chile, 2015.

ser inferiores aos verificados em um único dia de chuva intensa na cidade de São Paulo. A baixa umidade, a grande variação de temperatura entre a noite e o dia (as temperaturas mínimas alcançam valores negativos e as máximas ficam em torno de 40 °C) e o terreno composto de areia, solo rochoso e pouca vegetação, fazem com que haja poucos núcleos habitados no deserto. De acordo com informações divulgadas pela Nasa, o Deserto de Atacama é o lugar da Terra com condições geológicas mais semelhantes às de Marte.

O clima seco é explicado pela combinação de fatores naturais. O principal deles é a baixa umidade das massas de ar que chegam do Oceano Pacífico, influenciadas pelas águas frias da corrente marítima de Humboldt. Outro fator relevante é a elevada altitude em que a área se encontra: aproximadamente 2 400 metros em relação ao nível do mar. Em razão disso, as massas de ar enfrentam uma "muralha" formada pela Cordilheira dos Andes, que atua como uma barreira à chegada de umidade e à ocorrência de chuvas no deserto.

1. Que fatores explicam as características climáticas do Deserto de Atacama?

2. O Deserto de Atacama é o ponto da Terra mais parecido com o ambiente de Marte. Que características tornam esses dois ambientes semelhantes?

Precipitações

Precipitação é o retorno do vapor-d'água das nuvens para a superfície da Terra. A precipitação em forma líquida é a **chuva**; na forma sólida, o **granizo**, que são gotas de água congeladas nas correntes verticais de grandes nuvens; e na forma de cristais de gelo, a **neve**, precipitação que ocorre em condições de temperaturas baixas, inferiores a 0 °C.

Orvalho é a condensação do ar atmosférico na superfície, formando gotículas de água sobre ela. Não se trata de precipitação.

A chuva é um elemento climático muito importante para os seres humanos, porque mantém o nível de água de rios e lagos, alimenta as represas de usinas hidrelétricas e controla a umidade do ar.

Em geral, podemos classificar a chuva em três tipos: convectiva, de relevo (ou orográfica) e frontal.

Chuva convectiva

Ocorre em regiões de temperaturas muito elevadas, também conhecidas como chuvas de verão ou pancadas de chuva. Elas são muito intensas e rápidas. O ar quente e úmido (vapor-d'água) sobe para as partes mais elevadas da atmosfera e, na altitude, ao entrar em contato com camadas de baixa temperatura, o ar condensa e se precipita, geralmente em forma líquida. No Brasil, esse tipo de chuva é comum no período de verão e no Norte do país durante o ano todo.

→ A elevação do vapor-d'água em áreas quentes provoca acúmulo de umidade e precipitação em forma de chuvas intensas.

Fonte: A. G. Forsdyke. *Previsão do tempo e clima*. São Paulo: Melhoramentos; Edusp, 1978. p. 62.

As imagens são ilustrativas e os elementos não estão representados na proporção real.

Chuva de relevo ou orográfica

Ocorre em áreas montanhosas, onde as elevadas altitudes bloqueiam a passagem dos ventos úmidos. Ao atingir altitudes maiores, o ar úmido condensa, causando chuva nas encostas. O lado da montanha ou serra que barra os ventos é chamado de barlavento, e o lado mais seco, sota-vento. No Brasil ocorre especialmente nos litorais das regiões Sul e Sudeste, onde o relevo das serras possibilita essa formação.

→ As elevações na superfície formam "barreiras" para os ventos, que sobem e se acumulam na atmosfera, provocando precipitações localizadas.

Fonte: A. G. Forsdyke. *Previsão do tempo e clima*. São Paulo: Melhoramentos; Edusp, 1978. p. 63.

Chuva frontal

É o resultado do encontro de duas massas de ar, uma quente e outra fria. A massa fria, mais densa, entra por baixo, elevando a massa de ar quente. Se essa massa de ar quente estiver com muita umidade, ela se condensa e forma a chuva. A intensidade desse tipo de chuva é variada: pode ser forte ou um chuvisco contínuo.

Fonte: A. G. Forsdyke. *Previsão do tempo e clima*. São Paulo: Melhoramentos; Edusp, 1978. p. 63.

↑ A imagem representa o encontro de uma massa de ar quente com uma de ar frio, resultando em chuva frontal.

Pressão atmosférica

Pressão atmosférica é o peso do ar sobre todos os corpos e a superfície terrestre. Essa pressão varia de acordo com a temperatura e a altitude.

Em lugares onde as temperaturas são mais elevadas, o ar é mais leve, porque as moléculas de ar aquecidas se expandem. A pressão atmosférica, portanto, é menor. Quando as temperaturas são mais baixas, o ar é mais denso, pesado, e a pressão atmosférica é maior.

As imagens são ilustrativas e os elementos não estão representados na proporção real.

↑ Esquema de moléculas em diferentes situações de temperatura e pressão.

A pressão atmosférica altera-se de acordo com a variação da altitude. Nas áreas mais elevadas, o ar é rarefeito, pouco denso, com baixa concentração de oxigênio e, portanto, menor pressão. Lembre-se dos alpinistas: ao escalar montanhas muito altas, à medida que sobem, têm dificuldade para respirar porque o nível de oxigênio diminui.

Já em altitudes baixas, próximas ao nível do mar, há muita concentração de ar, com maior pressão atmosférica. É por isso que nas áreas litorâneas a temperatura tende a ser mais elevada, pois a maior pressão do ar retém o calor.

CURIOSO É...

Em 1993, o Brasil sofreu sua primeira derrota na história das eliminatórias para a Copa do Mundo de Futebol. Essa curiosa e não muito feliz página da história da Seleção Brasileira foi justificada pela enorme dificuldade de jogar futebol em La Paz, na Bolívia, a cerca de 3 600 metros de altitude. Estariam os brasileiros apenas arrumando uma desculpa esfarrapada para a derrota?

Negativo! Quando comparado ao ar encontrado ao nível do mar, o ar em grandes altitudes tem baixa pressão atmosférica e pouca quantidade de oxigênio. Para se ter uma ideia, a 3 600 m de altitude em La Paz, a quantidade de oxigênio no ar é cerca de 33% menor do que o ar de um local no litoral, isto é, ao nível do mar. A falta de oxigênio no sangue prejudica diretamente a produção de energia do corpo humano, fato que atrapalha muito o desempenho dos atletas acostumados a se exercitar em baixas altitudes, deixando-os cansados mais rapidamente.

Além do prejuízo no desempenho atlético, as pessoas não habituadas que se expõem à baixa pressão atmosférica das grandes altitudes podem ter dores de cabeça, náuseas e tontura.

Ventos

Vento é ar em movimento. Ele é um elemento que também interfere nas condições atmosféricas de determinado lugar ou região. A direção e a velocidade dos ventos dependem das diferenças de pressão atmosférica entre os lugares.

A circulação geral da atmosfera

Além de serem fundamentais para a existência do dia e da noite e das estações do ano, os movimentos de rotação e translação e o grau de inclinação da Terra explicam a movimentação das massas de ar pelo planeta.

Como você estudou no Tema 3, nosso planeta não recebe os raios solares de maneira uniforme. Isso faz com que algumas áreas sejam mais aquecidas do que outras, gerando zonas com diversidade de temperatura e pressão atmosférica. São essas diferenças que explicam a movimentação do ar, atuando para garantir o equilíbrio do sistema atmosférico.

De forma simples, as áreas mais aquecidas da Terra formam os centros de baixa pressão atmosférica, enquanto as áreas menos aquecidas formam os centros de alta pressão atmosférica. O ar mais aquecido, por isso menos denso, oriundo das zonas de menor pressão atmosférica, movimenta-se em direção às zonas menos aquecidas, de maior pressão. Ao chegar às zonas de maior pressão, o ar resfria-se, tornando-se mais denso, e faz o movimento de volta às zonas mais aquecidas, de menor pressão, aquecendo-se novamente, o que forma um ciclo.

Essa movimentação do ar em grande escala, desde as áreas próximas da Linha do Equador até os polos, é conhecida como **circulação geral da atmosfera**. Deve-se atentar, porém, ao fato de que esses deslocamentos de ar não ocorrem de modo simples e linear, pois sofrem a influência do movimento de rotação, gerando as chamadas células de circulação atmosférica. Um exemplo é a ocorrência dos ventos alísios, que se deslocam dos trópicos (áreas menos aquecidas) em direção ao Equador (área mais aquecida).

Os centros de baixa pressão atmosférica, localizados nas zonas subpolares e equatorial, caracterizam-se pela alta umidade do ar, formação de nuvens e ocorrência de chuvas. Os centros de alta pressão, localizados sobre os polos e os trópicos, caracterizam-se pelo ar menos úmido e por menor possibilidade de chuva.

As imagens são ilustrativas e os elementos não estão representados na proporção real.

Representação da circulação geral da atmosfera.

Fonte: Wilson Teixeira et al. (Org.). *Decifrando a Terra*. 2. ed. São Paulo: Companhia Editora Nacional, 2009. p. 112.

ATIVIDADES

SISTEMATIZAR

1. O que é umidade do ar?

2. Escreva o significado de temperatura média do ar e amplitude térmica.

3. Descreva o processo de formação da chuva convectiva.

4. Que tipo de chuva a ilustração retrata? Explique como ela se forma.

A imagem é ilustrativa e os elementos não estão representados na proporção real.

REFLETIR

1. Observe a tabela a seguir e responda às questões.

    a) Quanto mede a pressão atmosférica no nível do mar?

    b) Em que altitude a pressão atmosférica é mais baixa? Por quê?

Altitude (m)	Pressão atmosférica (mmHg)
0	760
400	724
800	690
1200	658
1600	627
3000	527

DESAFIO

1. Você já deve ter visto nos noticiários que em determinado lugar choveu, por exemplo, 10 milímetros. O aparelho que faz essa medição se chama pluviômetro. Junte-se a alguns colegas e formem um grupo para construir esse aparelho utilizando uma garrafa PET.

Material:
- garrafa PET lisa;
- fita adesiva;
- régua de plástico;
- areia;
- cimento;
- funil.

Procedimentos

1. Misture o cimento com a areia e coloque um pouco de água, formando uma massa consistente.

2. Coloque a massa no fundo da garrafa até ficar um pouco acima da linha entre a parte lisa e a curvatura da base. Deixe secar por 12 horas.

3. Verifique se a superfície do cimento ficou bem plana. Caso não tenha ficado, coloque um pouquinho de cimento com água para deixá-la reta.

4. Deixe secar durante dois ou três dias.

5. Prenda a régua verticalmente do lado de fora da garrafa com a fita adesiva, de maneira que o número zero da régua fique exatamente rente à superfície do cimento.

6. Encaixe o funil na "boca da garrafa", e o pluviômetro está pronto!

Para melhor funcionamento do pluviômetro, o ideal é instalá-lo em uma área aberta a pelo menos 1,5 metro do solo. Depois, é só acompanhar as precipitações pluviométricas (chuvas), anotando os dados obtidos. No final de um período (cerca de uma ou duas semanas), você pode calcular a média da quantidade de chuva.

↑ Pluviômetro feito com objetos comuns.

CAPÍTULO 3

Fatores e fenômenos climáticos

No capítulo anterior, você estudou os elementos climáticos (temperatura, umidade, precipitação, pressão e ventos), os tipos de precipitação e a circulação geral da atmosfera. Neste capítulo, você vai estudar os fatores do clima (latitude, altitude, continentalidade/maritimidade, cobertura vegetal, correntes marítimas e massas de ar).

Fatores do clima

Você já conhece as características e a atuação de muitos elementos do clima. Antes de aprender a identificar os diferentes climas da Terra, é necessário entender que eles dependem não só da influência de elementos atmosféricos mas também dos fatores climáticos que estudaremos a seguir. Os fatores climáticos atuam modificando a dinâmica dos elementos atmosféricos, em especial a temperatura.

Latitude

Se você costuma acompanhar a previsão do tempo nos noticiários diários, já deve ter notado que, no norte do Brasil, a temperatura média é mais elevada do que no sul do país. Essa diferença também é perceptível ao compararmos locais em diferentes países: a média térmica da cidade de Nova York, nos Estados Unidos, por exemplo, foi de 13,2 °C em 2017. No mesmo ano, a média térmica de Salvador, na Bahia, foi de 25,8 °C. Essa tendência é justificada, em grande parte, pela **latitude**: Nova York está na latitude 40°43' N, enquanto a latitude de Salvador é 12°58' S.

A variação da temperatura em relação à latitude deve-se, fundamentalmente, à forma esférica da Terra. Na esfera terrestre, os raios solares não chegam a toda a superfície por igual. Assim, a intensidade da insolação de um lugar depende da latitude em que ele se localiza. Em baixas latitudes, os raios solares incidem mais diretamente sobre a superfície da Terra, em ângulo reto; em latitudes mais elevadas, os raios incidem em ângulos inclinados.

Por isso, quanto mais uma área estiver afastada da Linha do Equador, a tendência é que as médias de temperatura sejam menores, se comparadas às de áreas próximas ao Equador, onde elas são maiores. Observe na imagem a seguir como isso ocorre.

Incidência de raios solares na Terra

A imagem é ilustrativa e os elementos não estão representados na proporção real.

Representação da incidência de raios solares na Terra.

Fonte: Centro de Divulgação da Astronomia/USP. *Estações do ano.* Disponível em: <www.cdcc.usp.br/cda/ensino-fundamental-astronomia/parte2.html>. Acesso em: ago. 2018.

195

Altitude

Os alpinistas encontram temperaturas muito baixas no topo das altas montanhas. Isso acontece pela interferência da **altitude** nas condições de temperatura.

A atmosfera terrestre é aquecida por irradiação; isso significa que o calor que o planeta recebe do Sol é, em parte, devolvido para a atmosfera. Quanto maior a altitude, menores são as temperaturas, porque os efeitos da irradiação são menos intensos em altitudes mais elevadas. À medida que a altitude aumenta, o ar torna-se rarefeito, reduzindo a capacidade de reter calor. Já nas áreas de baixa altitude, o ar é mais denso e retém mais calor, como mostrado nos esquemas abaixo.

Em média, a cada 200 metros de altitude a temperatura do ar diminui 1 °C; por isso, no alto de montanhas, a temperatura é mais baixa. Algumas regiões de elevadas altitudes podem apresentar gelo mesmo estando localizadas em baixas latitudes, até bem próximas do Equador. Observe as imagens a seguir.

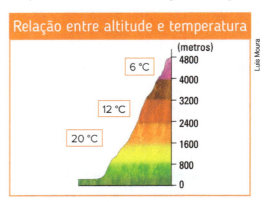

↑ Representação de diferentes níveis de altitude no relevo e as variações de temperatura.

↑ Regiões montanhosas e planícies litorâneas apresentam condições diferentes de temperatura influenciadas pela altitude.

Fonte das ilustrações: José Tadeu Garcia Tommaselli. *Os fatores do clima*. Disponível em: <http://docs.fct.unesp.br/docentes/geo/tadeu/Climatologia/fatores_do_clima.pdf>. Acesso em: set. 2018.

 **DIÁLOGO**

No texto a seguir, a montanhista Ayesha Zangaro relata como foi a escalada até Aconcágua, a montanha mais alta do mundo fora da Ásia.

O dia estava muito bonito e até que bem quente para a altitude em que estávamos. […] Quanto mais subíamos mais a paisagem ficava parecida com Marte, aqueles campos enooooormes, vermelhos e com muitas pedras no meio do nada. […]

Fiquei um tempão na prainha tomando sol e descansando e depois chamaram para o almoço. Nota: tomar sol aqui significa estar com no mínimo um *fleece* e o casaco de plumas embaixo de sol bem tímido. Tentei tomar banho nesse dia, mas o acampamento estava com problemas de água e alguns dos canos tinham congelado. […]

Ayesha Zangaro. Aconcágua: no topo das Américas. *Extremos*, 9 jun. 2012 Disponível em: <www.extremos.com.br/Blog/Ayesha_Zangaro/120609_no_topo_das_americas>. Acesso em: jul. 2018.

1. Relacione as baixas temperaturas encontradas pela montanhista com o fator determinante delas.

2. Por que você acha que, à medida que Ayesha ia subindo, a paisagem ficava cada vez mais "parecida com Marte", sem cobertura vegetal?

Continentalidade e maritimidade

A temperatura também é influenciada pela maior ou menor distância de um lugar ou região em relação aos oceanos.

Os oceanos atuam como moderadores da temperatura, pois se aquecem e se resfriam mais lentamente do que as terras emersas (continentes e ilhas). Em geral, quanto mais nos afastamos do mar, em direção ao interior do continente, mais as temperaturas tendem a cair.

A influência da **maritimidade** ocorre principalmente nos litorais dos continentes. Essas regiões são, em geral, mais chuvosas por receberem ventos úmidos vindos do mar e, consequentemente, o ar tem alta umidade.

A influência da **continentalidade** se dá em áreas mais distantes dos litorais, no interior dos continentes. Nessas regiões, a umidade do ar é baixa, porque há menos chuva e pelo fato de o vento úmido que vem do mar ir diminuindo à medida que entra no continente. Como essas áreas continentais esquentam e esfriam mais rapidamente, a amplitude térmica é maior.

Você compreenderá melhor esse mecanismo observando as ilustrações a seguir.

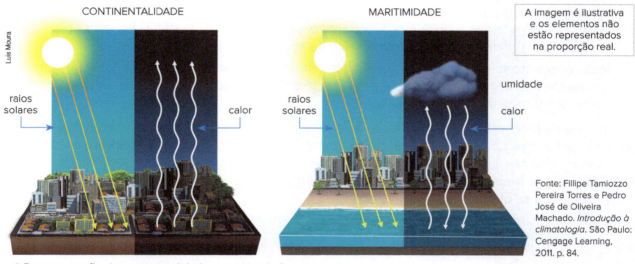

↑ Representação de continentalidade e maritimidade.

Fonte: Fillipe Tamiozzo Pereira Torres e Pedro José de Oliveira Machado. *Introdução à climatologia*. São Paulo: Cengage Learning, 2011. p. 84.

Cobertura vegetal

A maior ou menor **cobertura vegetal** na superfície terrestre também interfere na temperatura e na umidade do ar. Como as plantas retiram água do solo pelas raízes e transferem-na para a atmosfera com a transpiração, elas contribuem para a formação de nuvens e chuvas em determinado lugar ou região. Isso é reforçado pela evaporação da água retida nas folhas. Áreas de florestas, por exemplo, têm mais umidade atmosférica e menos irradiação de calor se comparadas às áreas desérticas.

A grande quantidade de cobertura vegetal da Floresta Amazônica contribui para os altos índices de umidade do ar da região.

Correntes marítimas

Como você já estudou no Tema 6, correntes marítimas são grandes massas de água que circulam pelos oceanos, contribuindo para a circulação e distribuição de calor no planeta. Essas massas de água influenciam os climas, principalmente das regiões litorâneas, propiciando variações de temperatura de acordo com seu tipo: quente ou fria.

As correntes quentes, que se originam próximas ao Equador, aumentam os índices de chuva no litoral dos continentes, porque aceleram a evaporação das águas oceânicas; além disso, amenizam os invernos. As correntes frias originam-se perto dos polos; elas diminuem a evaporação e as chuvas e podem formar áreas desérticas próximas às regiões litorâneas. Foi o que aconteceu, por exemplo, na costa ocidental da América do Sul: o Deserto de Atacama formou-se por interferência da corrente fria de Humboldt.

Massas de ar

Massas de ar são grandes porções de ar que se deslocam na atmosfera. Elas interferem no clima e nas condições de temperatura e umidade de determinado lugar ou região.

As massas de ar deslocam-se das áreas de alta pressão para as de pressão mais baixa. Elas podem ser classificadas, de acordo com sua origem, em polares, tropicais ou equatoriais.

- **Massas polares (P)**: fazem cair a temperatura nos locais aonde chegam. Originam-se nas regiões polares dos extremos norte e sul do planeta, ou seja, no Ártico e na Antártica. Podem ser de dois tipos: polar marítima (fria e úmida) e polar continental (fria e seca).
- **Massas tropicais (T)**: elevam a temperatura nas regiões aonde chegam. Originam-se nas proximidades dos trópicos de Câncer (norte) e Capricórnio (sul). Podem ser de dois tipos: tropical marítima (quente e úmida) e tropical continental (quente e seca).
- **Massas equatoriais (E)**: também elevam a temperatura nas regiões aonde chegam. Originam-se nas regiões da Linha do Equador. Podem ser de dois tipos: equatorial marítima (quente e úmida) e equatorial continental (quente e seca).

Você já deve ter ouvido nos noticiários que uma frente fria ou uma frente quente estava se aproximando de sua região. Massas de ar de temperaturas diferentes podem encontrar-se, fenômeno que recebe o nome de **frente**. Se a massa de ar frio for "mais forte" e substituir a massa de ar quente, ocorrerá uma **frente fria**. Se a massa de ar quente for "mais forte" e substituir a massa de ar frio, haverá uma **frente quente**.

Observe nos mapas a seguir a ação das massas de ar especificamente no Brasil.

Fonte: Gisele Girardi e Jussara Vaz Rosa. *Atlas geográfico do estudante*. São Paulo: FTD, 2011. p. 25.

Fonte: Gisele Girardi e Jussara Vaz Rosa. *Atlas geográfico do estudante*. São Paulo: FTD, 2011. p. 25.

ATIVIDADES

SISTEMATIZAR

1. Observe o mapa e responda à questão.

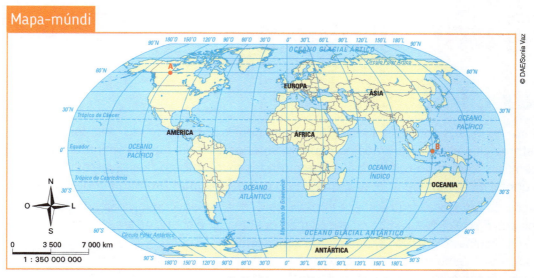

Fonte: *Atlas geográfico escolar*. 7. ed. Rio de Janeiro: IBGE, 2016. p. 34.

Com base no fator latitude, que ponto apresenta as maiores médias de temperatura? Justifique.

2. Em que lugar da Terra há maior influência da maritimidade? Qual é a relação desse fator climático com a umidade do ar?

3. Diferencie a massa de ar polar da equatorial no que diz respeito à influência delas na determinação das temperaturas do continente.

REFLETIR

1. Observe o mapa ao lado. Ele mostra a previsão de temperaturas máximas e mínimas para duas cidades da Bahia no dia 29 de junho de 2018.

   Barreiras e Ilhéus apresentam significativas diferenças de temperatura. Explique a razão dessa amplitude térmica.

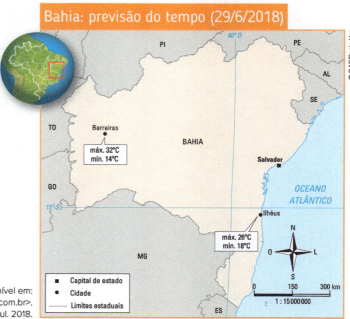

Fonte: Climatempo. Disponível em: <www.climatempo.com.br>. Acesso em: jul. 2018.

199

CAPÍTULO 4

Climas e problemas ambientais

No capítulo anterior, você estudou os fatores climáticos e sua interferência na dinâmica atmosférica; maritimidade e continentalidade; a interferência da altitude e da vegetação no clima; e massas de ar. Neste capítulo, você vai estudar os tipos de clima e os problemas ambientais causados na atmosfera pela ação humana.

Zonas climáticas

Na Terra há muitos tipos climáticos, que são influenciados, sobretudo, pela temperatura e umidade. Os fatores climáticos que vimos no capítulo anterior também interferem na dinâmica dos climas. Estes, além das formas do relevo, influenciam no desenvolvimento dos diversos tipos de solo e formação vegetal da superfície terrestre, que serão estudados mais profundamente no Tema 8.

A porção da Terra localizada entre os trópicos de Câncer e Capricórnio, chamada de **zona tropical**, é a mais iluminada pelo Sol. Nela estão os climas mais quentes do planeta. As áreas compreendidas entre os trópicos e os círculos polares são chamadas de **zonas temperadas** (norte e sul), também conhecidas como zonas de médias latitudes. Essas áreas recebem os raios mais inclinados e, por isso, não são tão aquecidas quanto as da zona tropical.

Já bem distante da Linha do Equador estão as áreas mais frias da Terra. Nas **zonas polares** (norte e sul), os raios solares incidem de forma bem inclinada, motivo pelo qual são as menos aquecidas. Correspondem a zonas climáticas de elevadas latitudes. Identifique-as no globo terrestre ao lado. Observe no mapa a seguir os tipos climáticos da Terra.

Zonas climáticas da Terra

→ Representação das zonas climáticas da Terra.
Fonte: *Atlas geográfico escolar*. 7. ed. Rio de Janeiro: IBGE, 2016. p. 58.

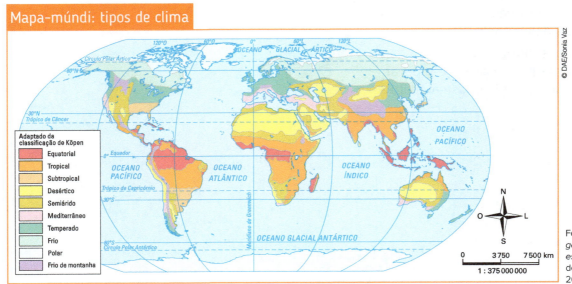

Mapa-múndi: tipos de clima

Fonte: *Atlas geográfico escolar*. 7. ed. Rio de Janeiro: IBGE, 2016. p. 58.

200

Os climas quentes

Observe na ilustração da página anterior a área da zona tropical. Na maior parte dela são verificadas temperaturas altas. Por ser quente, há muita evaporação das superfícies líquidas, como oceanos, rios e lagos. Assim, após a formação de nuvens, há muita chuva, em geral de convecção, que, como você já estudou, está relacionada ao calor, umidade e evaporação. As altas temperaturas e a umidade influenciam também no desenvolvimento das formações florestais.

Veja as principais características da zona tropical:
- temperaturas médias sempre superiores a 18 °C;
- pequena amplitude térmica anual, geralmente inferior a 6 °C;
- em áreas de chuvas intensas surgem as florestas, e nas áreas de poucas chuvas desenvolve-se vegetação arbustiva;
- rios com grande volume de água na maior parte do ano;
- umidade do ar elevada, principalmente nas áreas de maior índice de chuvas.

Equatorial

É o clima típico das áreas próximas à Linha do Equador. A incidência de raios solares é alta no clima equatorial, gerando temperaturas elevadas. A temperatura média varia entre 24 °C e 27 °C, com amplitude térmica baixa, em torno de 4 °C, pelo fato de fazer calor durante o ano todo. Esse clima é encontrado no Brasil (Região Amazônica), na região central da África e no Sudeste Asiático.

↑ Floresta Amazônica. Manaus (AM), 2017.

Tropical

É o clima típico das regiões localizadas entre os trópicos de Câncer e Capricórnio. No continente, os climas tropicais são mais quentes e secos; e, próximo ao mar, são mais úmidos. Esse clima tem médias mensais de cerca de 20 °C, com duas estações bem definidas: verão, estação mais úmida, e inverno, mais seca. Nas regiões litorâneas, a umidade é maior durante todo o ano em razão do mar.

Desértico

As temperaturas desse clima oscilam com médias superiores a 35 °C durante o dia, podendo chegar a 0 °C à noite. Assim, a amplitude térmica diária é alta porque a areia fica muito quente durante o dia, elevando a temperatura. No final da tarde e início da noite, o tempo resfria rapidamente, abaixando a temperatura. Como há pouca chuva, o clima desértico também é muito seco durante todo o ano.

↑ Deserto do Saara, Marrocos, 2017.

Os climas temperados e frios

Com você viu, os climas temperados ocorrem nas zonas temperadas ou subtropicais do planeta, áreas localizadas entre os trópicos de Câncer e Capricórnio e os círculos polares Ártico e Antártico; portanto, em latitudes maiores que as das zonas tropicais. Isso significa que há uma região temperada no Hemisfério Sul e outra no Hemisfério Norte. Como a zona temperada da Terra é muito vasta, podendo estar em latitudes maiores ou menores, o clima dessas regiões também é variado.

Temperado continental

Como o nome diz, esse tipo climático ocorre no interior dos continentes. A temperatura média do mês mais quente não ultrapassa 22 °C, e a média do mês mais frio é inferior a 0 °C. Com médias tão distantes entre o máximo e o mínimo, a amplitude térmica desse clima é elevada.

Como é frequente no interior dos continentes, há pouca chuva, porque as áreas estão distantes da umidade do mar. Quando ocorrem precipitações, pode ser em forma de neve.

↑ Zaporozhye, Ucrânia, 2017.

Temperado oceânico

A influência do mar é marcante nas regiões de clima temperado oceânico. A umidade do oceano provoca chuvas o ano todo, principalmente nas áreas litorâneas. As temperaturas médias anuais ficam em torno de 20 °C, e a amplitude térmica é baixa.

Frio

É o clima típico das áreas de latitudes mais elevadas da zona temperada. A média mais quente nunca ultrapassa 20 °C, e a média do mês mais frio é inferior a 0 °C. Não ocorrem muitas chuvas durante o ano, e a precipitação, geralmente, é em forma de neve.

Mediterrâneo

O clima tem esse nome porque sua principal área de ocorrência é a região banhada pelo Mar Mediterrâneo, nos litorais do sul do continente europeu e do norte do continente africano. Os verões são secos, marcados por dias muito quentes e noites frias, com amplitude térmica alta. No inverno o clima é ameno, com muita chuva.

↑ Gargano, Itália, 2016.

Clima polar

O clima polar é típico de latitudes elevadas, em zonas polares, nos extremos norte e sul do planeta. As temperaturas sempre são baixas, com neve, e não existe estação quente.

A média do mês mais quente nunca ultrapassa os 10 °C, e a média do mês mais frio é sempre inferior a 0 °C. Nos polos Norte e Sul, o gelo sobre a superfície é constante, e as temperaturas mantêm-se negativas o ano todo.

↑ Manitsoq, Groenlândia, 2014.

Problemas ambientais atmosféricos

Você já deve ter ouvido falar dos problemas de saúde ocasionados pela poluição do ar proveniente de carros e indústrias. São muitos os problemas ambientais atmosféricos, que prejudicam não apenas nossa saúde mas o equilíbrio de todo o planeta.

Efeito estufa e aquecimento global

O **efeito estufa** é um fenômeno natural que garante a vida na Terra por meio de um processo em que gases como dióxido de carbono (CO_2) e metano retêm o calor na atmosfera. Contudo, segundo alguns estudiosos, as ações humanas aumentam esse efeito quando liberam grande quantidade de gases de efeito estufa na atmosfera. Esses gases são liberados principalmente na queima de combustíveis fósseis, como carvão e petróleo, o que aprisiona uma maior quantidade de calor na atmosfera.

O **aquecimento global** é o aumento da temperatura média do planeta verificado nas últimas décadas. Muitos estudiosos entendem o aquecimento como um fenômeno natural, causado pela dinâmica do clima mundial e por influências externas à Terra, como as movimentações no Sol. Mas a maioria acredita que o aumento da temperatura terrestre é causado pela emissão desses gases de efeito estufa na atmosfera, originados sobretudo dos veículos, das indústrias e das queimadas.

Há fortes indícios de que esse aquecimento esteja provocando o derretimento das geleiras dos polos e aumentando o nível da água dos oceanos. Essa elevação do volume de água põe em risco muitas cidades litorâneas, que podem ser inundadas ou até desaparecer.

O aquecimento também causa a diminuição da quantidade de neve no topo de algumas montanhas, além de colocar em risco a sobrevivência de muitas espécies animais e vegetais em todo o mundo pela dificuldade de adaptação às mudanças climáticas. Observe os esquemas.

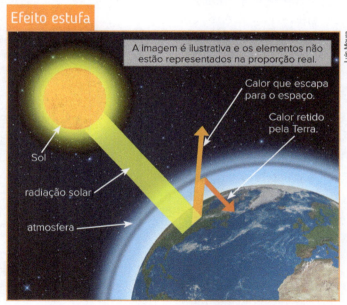

Fonte: *Almanaque Abril 2011*. São Paulo: Abril, 2011. p. 188-189.

 Ilustração do efeito estufa.

A imagem é ilustrativa e os elementos não estão representados na proporção real.

← A figura ilustra alguns fatores envolvidos no aquecimento global.

Fonte: Efeito estufa. *Britannica Escola Online*. Disponível em: <https://escola.britannica.com.br/artigo/efeito-estufa/481419>. Acesso em: abril 2019.

Inversão térmica

Inversão térmica é um fenômeno climático urbano. Suas consequências são percebidas mais facilmente no inverno, quando o ar frio, mais denso e pesado, ocupa o lugar do ar quente próximo à superfície. Esse ar frio retém a poluição liberada pelas fábricas e pelos veículos motorizados, impedindo que a poluição se dissipe. Formam-se, então, nuvens de fumaça sobre a cidade.

↑ São Paulo (SP), 2017.

Essas nuvens, com elevado teor de poluição, interferem no sistema respiratório e podem causar sérios danos à saúde, sobretudo em crianças e idosos. A solução para esse problema tem relação direta com o controle de poluentes lançados na atmosfera, principalmente os provenientes da queima de combustíveis derivados do petróleo usados nos veículos.

Ilha de calor

Ilha de calor é mais um fenômeno tipicamente urbano. Refere-se ao maior aquecimento das áreas centrais das grandes e médias cidades, em comparação com as áreas periféricas. O aquecimento ocorre porque no centro das cidades a superfície impermeabilizada de cimento e asfalto retém mais calor, e a grande quantidade de edifícios dificulta a circulação de ventos. Uma solução para a ilha de calor é a manutenção de áreas verdes nas áreas centrais das cidades, assim como a criação de novos parques, por meio da revitalização de áreas construídas, ou o estímulo ao plantio de árvores em novos empreendimentos imobiliários de grande porte, que contribuem para o equilíbrio climático nas áreas urbanas.

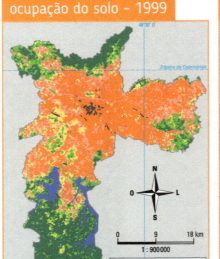
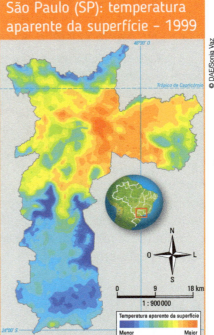

Fonte: Sepe, M. P e Takita, H. (Coord.). *Atlas Ambiental do Município de São Paulo, o verde, o território, o ser humano.* São Paulo: SVMA, 2004. Mapas 4 e 9.

↑ A região central de São Paulo apresenta temperaturas mais elevadas.

Chuva ácida

A chuva torna-se ácida quando o vapor-d'água da atmosfera se mistura a gases poluentes de fábricas e de veículos que utilizam combustíveis derivados do petróleo. Em decorrência desse fenômeno, ocorre a contaminação do solo, dos rios e da vegetação. Ela também corrói monumentos, estraga a pintura das edificações, danifica plantações agrícolas e traz sérios problemas pulmonares aos seres humanos.

A formação dessa chuva pode ser evitada por meio de algumas ações positivas, como usar filtros para conter a poluição nas fábricas e optar por fontes de energias limpas (solar e eólica).

ATIVIDADES

SISTEMATIZAR

1. Relacione os fenômenos às características.

    I. inversão térmica   **II.** ilhas de calor   **III.** aquecimento global

    a) Aumento da temperatura nas áreas centrais de cidades, onde há excesso de concreto em relação às áreas mais afastadas, que têm mais vegetação.

    b) O ar quente, próximo da superfície, dá lugar ao ar frio, mais denso e pesado. Esse ar frio, desde as primeiras horas do dia, aprisiona a poluição emitida pela cidade.

    c) Aumento da temperatura média do planeta, resultado da concentração excessiva de gases de efeito estufa na atmosfera e, principalmente, das emissões de gases liberados pela queima de combustíveis fósseis.

2. Observe atentamente a ilustração ao lado e faça o que se pede.

    a) Escreva uma legenda para identificar as zonas climáticas.

    b) Em que zona da Terra estão os climas quentes?

Fonte: *Atlas geográfico escolar*. 7. ed. Rio de Janeiro: IBGE, 2016. p. 58.

3. Cite três características do clima tropical.

4. Em que regiões da Terra podemos encontrar os climas temperados? Quais são os principais?

REFLETIR

1. Qual é a relação da tirinha a seguir com o aquecimento global?

FIQUE POR DENTRO

Umidade relativa do ar

Parintins (AM)
4/1/18
Meio-dia — umidade
88%
Temperatura: 26 °C

Salvador (BA)
4/1/18
Meio-dia — umidade
62%
Temperatura: 30 °C

Florestas densas

A transpiração dos vegetais e a evaporação dos rios provocam o aumento da massa de vapor-d'água, aprisionando o calor do dia. Dessa forma, o vento não consegue dissipá-la tão facilmente, aumentando assim as chances de chuva. Durante a noite, as árvores e as nuvens seguram o calor, liberando-o aos poucos.

A imagem é ilustrativa e os elementos não estão representados na proporção real.

Zonas litorâneas

Com a evaporação dos mares e das massas trazidas pelos ventos oceânicos, a umidade gerada é maior. Durante a noite, as nuvens retêm o calor, diminuindo levemente a temperatura.

Efeitos no corpo humano

Quando a umidade relativa está muito alta, sentimos dificuldade para respirar, e a sensação de calor aumenta. Além disso, o ambiente fica mais propício para o desenvolvimento de fungos e bactérias, que podem causar doenças.

Já quando a umidade relativa está baixa, sentimos o ar tão seco que, quando puxado pelo nariz, parece que entra raspando nas narinas. A falta de umidade também causa danos à pele e às mucosas, aumentando as chances de a pessoa ter problemas como desidratação e crises de asma.

Fontes: Apostila de meteorologia básica. Disponível em: <http://fisica.ufpr.br/grimm/aposmeteo>; Umidade do ar: reflexos na saúde. Disponível em: <http://drauziovarella.com.br/clinica-geral/umidade-do-ar-reflexos-na-saude>; Poluição atmosférica: refletindo sobre a qualidade ambiental em áreas urbanas. Disponível em: <www.educacaopublica.rj.gov.br/biblioteca/geografia/0005.html>; Estação Meteorológica de Observação de Superfície Automática. Disponível em: <www.inmet.gov.br/portal/index.php?r=estacoes/estacoesAutomaticas>. Acessos em: jul. 2018.

De onde vem a umidade?
- Da água que evapora quando cozinhamos alimentos.
- Do processo de respiração de todos os animais e vegetais, assim como do suor deles.
- Da evaporação de corpos-d'água, como rios, lagos e oceanos.
- Do clima e das chuvas.

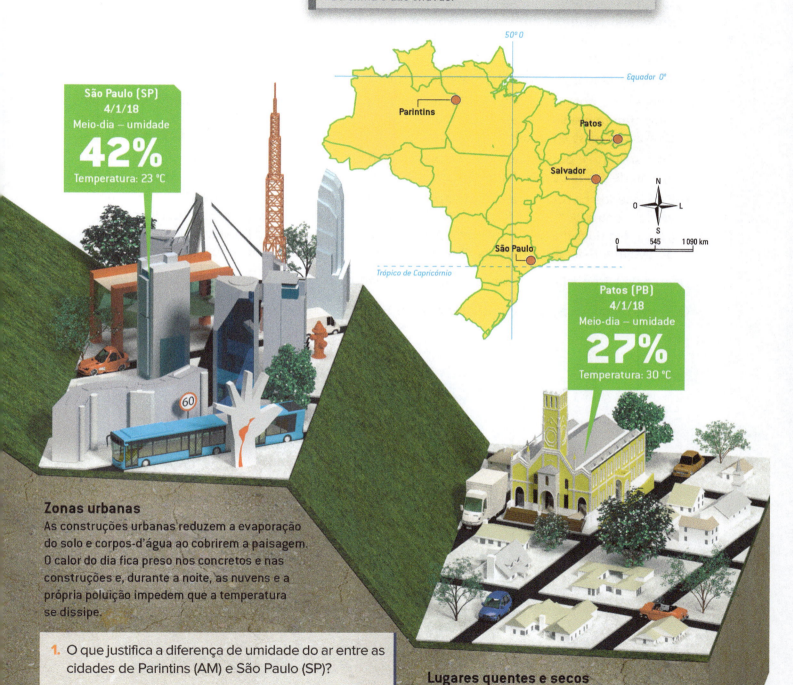

São Paulo (SP)
4/1/18
Meio-dia – umidade
42%
Temperatura: 23 °C

Patos (PB)
4/1/18
Meio-dia – umidade
27%
Temperatura: 30 °C

Zonas urbanas
As construções urbanas reduzem a evaporação do solo e corpos-d'água ao cobrirem a paisagem. O calor do dia fica preso nos concretos e nas construções e, durante a noite, as nuvens e a própria poluição impedem que a temperatura se dissipe.

Lugares quentes e secos
O sol e a aridez diminuem a umidade local para quase zero. O solo retém o calor do sol, aumentando muito a temperatura. Durante a noite, o calor do solo é liberado, reduzindo bruscamente a temperatura.

1. O que justifica a diferença de umidade do ar entre as cidades de Parintins (AM) e São Paulo (SP)?

2. No mês de janeiro, a temperatura e a umidade do ar de sua cidade apresentam semelhanças com as condições atmosféricas de uma das quatro cidades retratadas no infográfico? Pesquise e comente.

PANORAMA

FAÇA AS ATIVIDADES A SEGUIR E REVEJA O QUE VOCÊ APRENDEU.

1. Como você já estudou, existem diferenças entre clima e tempo. O clima é o conjunto de condições meteorológicas de uma região em determinado período. Já o tempo é a combinação e o arranjo momentâneo dos elementos do clima. Leia as descrições abaixo e indique a que se refere cada uma delas: ao tempo ou ao clima.

   a) A frente fria afasta-se, mas parte de sua instabilidade ainda permanece sobre o centro-leste do Paraná. Nuvens carregadas provocam chuva desde cedo nessas regiões. Os demais setores paranaenses terão um dia de sol entre muitas nuvens, com pancadas de chuva, principalmente à tarde.

   b) Nublado, alguns períodos de melhoria e chuva a qualquer hora do dia.

   c) Temperado, com verão ameno, chuvas uniformemente distribuídas, sem estação seca e com temperatura média do mês mais quente inferior a 22 °C. Precipitação de 1100 a 2 000 mm. Geadas severas e frequentes, num período médio de ocorrência de 10 a 25 dias anualmente.

   d) Com sol forte e poucas nuvens. O ar seco que predomina no estado ainda desfavorece a formação de áreas de instabilidade. Faz calor à tarde.

   e) Está inserida na região de clima temperado, com temperatura média entre 18 °C e 15 °C no inverno e entre 26 °C e 24 °C no verão. A temperatura média anual é de 20,4 °C. No inverno, a passagem da frente fria é sucedida por ondas de frio das massas polares, que baixam consideravelmente as temperaturas. O mesmo efeito no verão tem ação amenizadora.

2. Diferencie a troposfera da estratosfera no que tange à importância delas para os seres vivos.

3. Que tipo de chuva a ilustração abaixo retrata? Explique como ela se forma.

A imagem é ilustrativa e os elementos não estão representados na proporção real.

4. Explique a influência da altitude na variação da temperatura.

5. Diferencie o clima temperado continental do clima temperado oceânico.

6. Observe, a seguir, o mapa que representa a forma e a extensão de determinados tipos climáticos da Terra. Que tipos climáticos estão representados com as cores lilás e verde? Quais são as características de cada um deles?

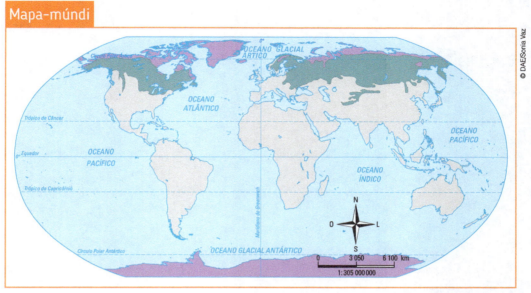

Mapa-múndi

Fonte: *Atlas geográfico escolar*. 7. ed. Rio de Janeiro: IBGE, 2016. p. 58.

7. As fotografias a seguir mostram o Monte Kilimanjaro (5 895 metros), ponto culminante da África, em épocas diferentes. Segundo estudiosos, o fenômeno retratado nas imagens está relacionado ao aquecimento global. Como a comparação das fotografias comprova isso? Justifique sua resposta.

↑ Monte Kilimanjaro, Quênia, 1995.

↑ Monte Kilimanjaro, Quênia, 2015.

DICAS

📖 LEIA

Uma aventura no ar, de Samuel Murgel Branco (Salamandra). Ao acompanhar as aventuras vividas por Carol e Rique, você terá a oportunidade não só de explorar um meio muito diferente e peculiar – a atmosfera – como também de conhecer suas características e entender suas relações com os diferentes seres vivos que habitam nosso planeta.

▶ ASSISTA

Perseguindo o gelo, EUA, 2012. Direção de Jeff Orlowski, 75 min. Esse documentário segue o cientista James Balog e sua equipe enquanto viajam pelo Alasca, Groenlândia e Islândia, em uma tentativa de registrar o derretimento das calotas usando a técnica fotográfica de *stop-motion*.

↖ ACESSE

WWF Brasil: <www.wwf.org.br/natureza_brasileira/questoes_ambientais>. *Site* com explicações didáticas a respeito de alguns dos principais temas que estão na pauta cotidiana das discussões sobre conservação da natureza no Brasil e no mundo.

↑ Vista da Serra do Amolar e do Rio Paraguai. Poconé (MT), 2014.

TEMA 8

As formações vegetais

NESTE TEMA
VOCÊ VAI ESTUDAR:

- a importância do equilíbrio dos ecossistemas na manutenção das formações vegetais da Terra;
- a importância do solo como condição para florescer a vida;
- as formações vegetais dos climas quentes;
- as formações vegetais dos climas temperado, frio e polar;
- o impacto ambiental nas formações vegetais.

Ao longo do ano, você estudou o solo, o relevo, a hidrografia, as condições atmosféricas e os tipos climáticos da Terra. Esses elementos associados proporcionaram o desenvolvimento de diversas formações vegetais, que, por sua vez, também condicionam formas de vida.

1. Com os colegas e o professor, discuta: Quais condições ambientais e sociais proporcionaram o desenvolvimento dessa paisagem?
2. Você sabe quais são as vegetações típicas do estado onde você vive e a quais condições climáticas elas se adaptaram?

CAPÍTULO 1
As formações vegetais e os diferentes biomas

No capítulo anterior, você estudou os tipos de clima da Terra. Neste capítulo, vai estudar biomas, a ação humana na natureza, a sustentabilidade, a biodiversidade e os impactos ambientais.

Onde ocorre a vida

Como você já estudou no Tema 3, a **biosfera** é a porção da Terra onde a vida se desenvolve, um conjunto de espaços e elementos interdependentes formado pela litosfera, a hidrosfera e a atmosfera.

Assim, os componentes de cada camada – solo, água e ar, respectivamente – são recursos indispensáveis para o desenvolvimento da vida. Interligados, favorecem a manifestação da vida animal e vegetal na superfície terrestre, que é um espaço vivo e dinâmico.

Um **bioma** é o conjunto de vida (vegetal e animal) constituído pelo agrupamento de tipos próximos de vegetação que podem ser identificados em âmbito regional, apresenta condições de geologia e clima semelhantes e, historicamente, sofreu os mesmos processos de formação da paisagem, resultando em uma diversidade de flora e fauna próprias. Em outras palavras, ele pode ser definido como uma grande área de vida formada por um complexo de ecossistemas com características homogêneas. A biosfera é o conjunto de todos os ecossistemas da Terra.

Como você pode observar na imagem abaixo, que mostra o mesmo bioma retratado na abertura deste tema, os seres vivos vegetais e animais compõem uma cadeia alimentar na qual um complementa o outro por meio da alimentação. Com vários tipos de clima, solo e disponibilidade de água, um bioma é diferente do outro e, em um planeta grande e diversificado como a Terra, é compreensível que haja diferentes biomas, como mostram as imagens da página seguinte. São neles que se desenvolvem as formações vegetais da superfície terrestre, adaptadas às condições climáticas específicas de cada região.

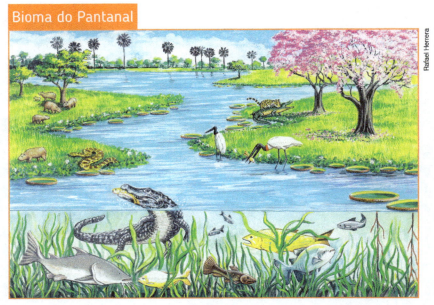

Bioma do Pantanal

Fonte: Neil A. Campbel et al. *Biology*. 9. ed. São Francisco: Pearson/Benjamin Cummings, 2011.

Impactos ambientais causados por ações antrópicas agressivas colocam em perigo a biodiversidade dos biomas, fazendo desaparecer diversas espécies. Biodiversidade refere-se à totalidade das diferentes formas de vida encontradas na Terra (plantas, aves, mamíferos, insetos, microrganismos etc.).

Ainda se desconhece a quantidade exata de espécies em nosso planeta. Estima-se uma variação entre 5 milhões e 100 milhões e, desse total, apenas cerca de 1,7 milhão foi identificada.

A capacidade de manter o equilíbrio e a estabilidade dos biomas é uma das propriedades fundamentais da biodiversidade, que também tem imenso potencial econômico, pois é base das atividades agropecuárias, pesqueiras e florestais, bem como da indústria da biotecnologia, por exemplo.

Observe as fotografias a seguir. Elas mostram diferentes animais adaptados a diferentes tipos de ambiente, caracterizando um pouco a grande biodiversidade da Terra. Que tipos de ambiente foram fotografados? Quais características desses animais os tornam adaptados a viver nesse tipo de ambiente?

↑ Rio Negro, em trecho no estado do Amazonas, 2011.

↑ Namíbia, 2017.

↑ Arquipélago Svalbard, Noruega, 2015.

↑ Al-Hofuf, Arábia Saudita, 2015.

Observe o mapa da biodiversidade a seguir.

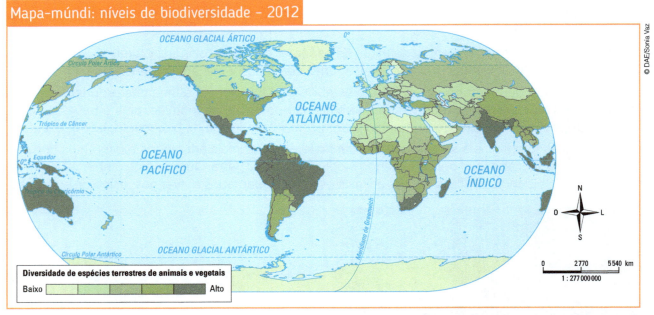

Fonte: *Atlas geográfico escolar*. 7. ed. Rio de Janeiro: IBGE, 2016. p. 62.

A perda da biodiversidade de nosso planeta está relacionada, sobretudo, às seguintes situações: perda e fragmentação dos hábitats; exploração exagerada de espécies de plantas e animais; inserção de **espécies exóticas** e doenças; contaminação do solo, da água e da atmosfera por poluentes; além de mudanças climáticas que ocasionaram um aumento de 0,74 °C na temperatura média da superfície global em relação aos níveis pré-industriais (conforme dados da Convenção da Diversidade Biológica da ONU). Há também substituição de vegetações nativas para a prática agrícola, impactando principalmente as espécies de insetos.

GLOSSÁRIO

Espécie exótica: proveniente de outras regiões ou países.

DIÁLOGO

Agroflorestas se espalham pelo país: cultivo sem desmatamento

As agroflorestas, também chamadas de sistemas agroflorestais (SAF), vêm ganhando relevância no país como uma alternativa que alia a produção de alimentos, necessária num mundo de população crescente [...], com a preservação de florestas, não menos importante num planeta que precisa manter seus recursos naturais e, assim, frear as mudanças climáticas. O conceito preconiza que a agricultura pode se beneficiar, e muito, de áreas intensamente arborizadas. [...]

Pedro Mansur e William Helal Filho. Agroflorestas se espalham pelo país: cultivo sem desmatamento. *O Globo*, 12 jun. 2016. Disponível em: <https://oglobo.globo.com/sociedade/sustentabilidade/agroflorestas-se-espalham-pelo-pais-cultivo-sem-desmatamento-19487898>. Acesso em: jul. 2018.

1. Você sabe como funciona uma agrofloresta? Se não, pesquise e explique com suas palavras o que entendeu.

2. Como esse método pode ajudar na conservação ambiental?

ATIVIDADES

SISTEMATIZAR

1. Conceitue:
   a) ecossistema;
   b) biodiversidade;
   c) bioma.

2. Explique a importância da manutenção da biodiversidade e dê exemplos de fatores relacionados a sua perda.

3. Por que o desequilíbrio de um bioma afeta os demais?

4. Retome o mapa da página 214 – Mapa-múndi: níveis de biodiversidade (2012) – e identifique alguns países nos quais há alta biodiversidade.

REFLETIR

1. Em 22 de maio é comemorado o Dia Internacional da Biodiversidade. Comente a importância da biodiversidade para nossa vida e para os ecossistemas do planeta.

↑ Cartaz de campanha do Dia Internacional da Biodiversidade, criado pela ONU com o objetivo de aumentar a conscientização da população mundial sobre a importância da diversidade biológica.

2. Com base na observação da charge a seguir, faça o que se pede.

a) Que ameaça à biodiversidade está retratada na charge?

b) Que mensagem o ilustrador quis transmitir com a coloração aplicada à borboleta? Que dificuldades a borboleta encontrará para sobreviver em um ambiente assim?

c) Cite duas funções desempenhadas pelas árvores na manutenção do equilíbrio ambiental.

DESAFIO

1. A biodiversidade tem sido ameaçada por diversas ações antrópicas. Que tal promover uma semana da biodiversidade? Em grupos de até cinco alunos, produzam cartazes que abordem a importância da preservação da biodiversidade. Apresentem os principais problemas e as ameaças e proponham soluções ou ações que diminuam os impactos negativos sobre a fauna e a flora.
Com o professor, escolham uma semana para espalhar os cartazes pela escola e, se possível, apresentar os resultados aos demais colegas.

CAPÍTULO 2
Formações vegetais nos climas quentes

No capítulo anterior, você estudou o conceito de bioma e a importância da biodiversidade. Neste capítulo, vai estudar a localização e as características das formações florestais, arbustivas e desérticas em regiões de clima quente.

A vegetação no mundo

Você já estudou os tipos de clima da Terra no Tema 7. Agora, vamos reconhecer as formações vegetais que se desenvolvem em cada um deles.

Observe no mapa a seguir o nome e a localização das formações vegetais que recobrem a superfície dos continentes.

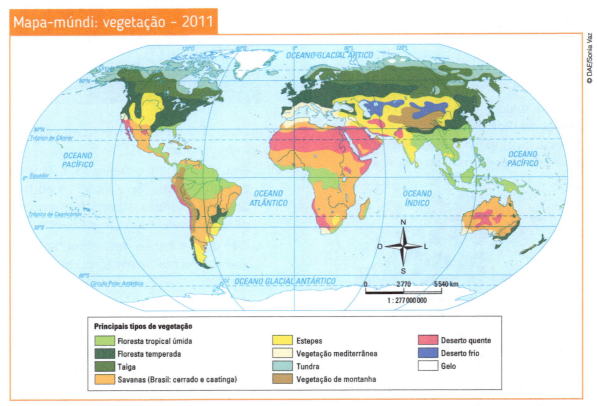

Fonte: Gisele Girardi e Jussara Rosa Vaz. *Atlas geográfico do estudante*. São Paulo: FTD, 2011. p. 124.

As formações vegetais são associações específicas de vegetais que se desenvolvem de acordo com o tipo de clima, relevo e solo do local. São o elemento mais evidente na classificação dos biomas. O clima é a influência de maior relevância, pois há uma relação direta entre a formação vegetal e a região climática.

Nos climas quentes, a umidade é um elemento que interfere na exuberância e na variedade de espécies de vegetação. Em áreas de umidade alta, desenvolvem-se as formações florestais (vegetais de grande porte) e, em áreas com estação seca, as formações arbustivas (vegetais de pequeno porte, como arbustos e gramíneas).

Formações florestais

Florestas equatoriais

As florestas equatoriais são encontradas ao longo da faixa equatorial do planeta. São elas a Floresta Amazônica, no norte da América do Sul; a Floresta do Congo, na região central da África; e a Floresta do Sul e Sudeste da Ásia.

As florestas equatoriais do planeta têm aspecto exuberante, pois são influenciadas pelo tipo climático equatorial, quente e úmido. As árvores são de grande porte, podendo ultrapassar 40 metros de altura, com folhas grandes e largas (latifoliada). A floresta é perene (sempre verde, pois as folhas são rapidamente trocadas), densa (fechada), higrófita (plantas adaptadas a ambientes úmidos) e com variedade de espécies (heterogênea). Observe esses aspectos na fotografia a seguir.

Uma das características mais marcantes das formações florestais de clima quente é a variedade de espécies. Segundo o Ministério do Meio Ambiente (MMA), no Brasil, onde se localiza a maior parte da maior floresta de clima quente do mundo (Floresta Amazônica), crescem 2 500 espécies de árvores (ou um terço de toda a madeira tropical do mundo) e 30 mil espécies de plantas (das 100 mil da América do Sul). A fauna amazônica é constituída de grande variedade de espécies de animais, como répteis, anfíbios, peixes, mamíferos terrestres, aves e insetos. Essa riqueza de gêneros se caracteriza como uma valiosa biodiversidade para o mundo.

↑ Floresta Amazônica. Manaus (AM), 2016.

A Floresta do Congo, na África Central, cortada pelo Rio Congo, é a segunda maior do mundo. Igualmente rica na biodiversidade, ela ocupa o território de seis países africanos: Camarões, Gabão, Guiné Equatorial, República Democrática do Congo, República do Congo e República Centro-Africana.

> **GLOSSÁRIO**
>
> **Espécie endêmica:** espécie animal ou vegetal encontrada somente em determinada área ou região geográfica.

Outra floresta de grande biodiversidade é a Floresta do Sul e Sudeste da Ásia. Ela e a Floresta do Congo são consideradas, segundo a Conservação Internacional, áreas prioritárias de conservação com biodiversidade ameaçada em alto grau. É classificada como área prioritária de conservação aquela com pelo menos 1 500 **espécies endêmicas** de plantas que tenha perdido mais de três quartos da vegetação original.

Florestas tropicais

Além das florestas equatoriais, nos climas quentes também se desenvolvem as florestas tropicais, que se caracterizam por sua rica biodiversidade.

O Brasil tem uma formação florestal de clima quente e úmido muito marcante, a Mata Atlântica, localizada na encosta litorânea do país. Essa vegetação está associada a outras formações, como manguezais, mata de araucárias e campos. Ela apresenta quase as mesmas características da Floresta Amazônica – grande porte, fechada, densa e muita variedade em espécies, mas em quantidade menor.

A exemplo de outros tipos de vegetação do país, a Mata Atlântica foi bastante devastada ao longo do tempo pela extração de pau-brasil, pela formação de áreas de cultivo de cana-de-açúcar no Período Colonial, pelo avanço da agropecuária, pelo aumento das cidades e pela extração de madeira, cuja alta qualidade atraía a indústria de fabricação de móveis.

Podemos encontrar florestas tropicais em outras localidades do mundo, como na África e em outros países da América. Um exemplo é a Costa Rica, país da América Central em que há uma floresta tropical com grande variedade de espécies. Caracterizadas pelo clima tropical úmido – de temperaturas médias elevadas e alta pluviosidade –, as matas desse país são fechadas, com árvores de médio e grande porte. Você pode observar essa floresta na fotografia ao lado.

As florestas da Costa Rica estão bem preservadas, dado o elevado número de unidades de conservação no país.

↑ Floresta na Costa Rica, 2016.

A floresta tropical encontra-se em uma região de clima úmido, com árvores de pequeno e grande porte e uma variedade muito grande de espécies.

! CURIOSO É...

Nas florestas equatoriais, as árvores de grande porte, com copas amplas e folhas grandes, estão aglomeradas, formando um emaranhado de vegetação de até 60 metros de altura, como se fosse um tapete verde. Esse extrato superior da floresta é chamado **dossel**, e logo abaixo fica a submata – ou **sub-bosque** –, que abriga árvores e plantas menores.

É o dossel que explica algumas características da floresta equatorial, como o fato de que, mesmo em dias ensolarados, pouca claridade atinge o chão. A fertilidade dos solos nas florestas equatoriais depende muito da camada de matéria orgânica formada por restos vegetais e animais (serrapilheira) para repor os nutrientes necessários à vida das árvores. Além disso, por causa do dossel fechado das florestas equatoriais, é grande a circulação de animais pequenos e médios entre as próprias árvores, e não no solo, como costuma acontecer em outros tipos de floresta.

O aspecto denso e fechado das florestas equatoriais contribuiu para que elas fossem denominadas de "pulmões do mundo". Todavia, ao contrário do que se imaginou, essas formações não funcionam como purificadores do ar em escala global, porque praticamente todo o oxigênio por elas produzido é usado por seu bioma, o que é chamado estado de "clímax ecológico".

Estratos da floresta

dossel

sub-bosque

Fonte: Floresta tropical e equatorial. *Britannica Escola*. Disponível em: <https://escola.britannica.com.br/levels/fundamental/article/floresta-tropical-e-equatorial/482327> Acesso em: jun. 2018.

Formações arbustivas e desérticas

Em regiões de clima quente também podem se desenvolver formações de menor porte. No clima tropical, com menores índices de umidade e inverno seco, encontram-se as formações arbustivas. Os principais exemplos são a savana, na Austrália e em vários países da África, e o cerrado, no Brasil.

Nessas vegetações predominam árvores de pequeno porte, com raízes longas, o que lhes possibilita retirar o máximo de água do subsolo para sua sobrevivência durante o período de seca. Associadas a arbustos e gramíneas, as árvores têm troncos finos e retorcidos, com casca grossa. Veja esses aspectos nas imagens abaixo.

Mesmo com menor quantidade de espécies que as formações florestais, as formações arbustivas também apresentam ricas fauna e flora.

Segundo pesquisas do MMA do Brasil, no cerrado foram identificadas recentemente cerca de 120 espécies de répteis, 150 de anfíbios, 1200 de peixes, 873 de aves e mais de 11 mil tipos de plantas.

↑ Poconé (MT), 2017.

↑ New South Wales, Austrália, 2017.

Na savana africana vivem grandes herbívoros, como elefantes, zebras, antílopes e girafas; carnívoros como leopardos, tigres, leões, chitas, panteras etc.; répteis como lagartos e serpentes; aves como abutres, águias e falcões; além de insetos, entre eles, gafanhotos e mosquitos.

As florestas equatoriais, as tropicais e as savanas prestam um valioso serviço à saúde do planeta. São repositórios de biodiversidade e têm um universo ainda inexplorado de espécies, com grande variedade de animais, plantas e microrganismos. Elas também contribuem para a conservação da água no solo em épocas de seca e evitam erosão em períodos de chuvas intensas, podendo até mesmo influenciar o clima local e global.

A vegetação desértica, de clima árido ou desértico, é encontrada em regiões de baixa umidade e clima quente. Ela abriga baixo número de espécies, com predomínio de vegetais xerófitos, adaptados à pouca umidade, como os cactos.

Compare as fotografias a seguir. Quais diferenças você observa entre os dois tipos de formação vegetal?

↑ Deserto do Saara, 2015.

↑ Cabaceiras (PB), 2015.

CARTOGRAFIA

1. Observe o mapa e responda às questões.

Fonte: SOS Mata Atlântica. Disponível em: <http://mapas.sosma.org.br>. Acesso em: jul. 2018.

a) Que tipo de vegetação está representado no mapa?

b) O que aconteceu com essa vegetação ao longo do tempo?

c) Em quais estados brasileiros ela era predominante?

d) E atualmente? Em quais estados ela predomina?

e) Por que você acha que isso aconteceu? Converse com os colegas.

ATIVIDADES

SISTEMATIZAR

1. Descreva as características da formação florestal retratada na fotografia ao lado, associando-a a seu tipo climático.

↑ Manaus (AM), 2017.

2. Qual é a principal floresta tropical do Brasil? Por que ela foi drasticamente reduzida?

3. Com base na observação da imagem a seguir, responda às questões.

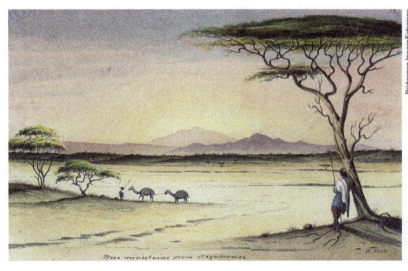

← Rupert Kirk. *Montanhas Pfeeo de Nagakoomee*, c. 1841. Aquarela sobre papel, 17,5 cm × 26,5 cm.

   a) Que tipo de formação vegetal está representado na imagem?
   b) Em qual região do mundo ela pode ser encontrada? Em que condições climáticas se desenvolve?
   c) Quais são suas características?

4. Indique as características das formações vegetais desérticas e o tipo climático em que se desenvolve.

DESAFIO

1. No mundo há diferentes biomas e uma infinidade de ecossistemas, formados pelos seres vivos e pelo meio onde vivem, com interações entre o ambiente e os organismos.

   Em grupo, escolham uma das formações vegetais típicas dos biomas brasileiros mostradas neste capítulo. Juntos, montem um painel com gravuras e fotografias que representem essa formação vegetal. Se preferirem, façam o trabalho em forma de esquema, com imagens e legendas descritivas.

CAPÍTULO 3
Formações vegetais nos climas frios

No capítulo anterior, você estudou os tipos de formações vegetais dos climas quentes. Neste capítulo, vai estudar as formações florestais e herbáceas dos climas temperados, frios e polares da Terra.

Regiões temperadas e polares

Como você já estudou, as regiões temperadas da Terra estão localizadas entre o Trópico de Capricórnio e o Círculo Polar Antártico, no Hemisfério Sul, e entre o Trópico de Câncer e o Círculo Polar Ártico, no Hemisfério Norte.

Já as regiões polares estão situadas entre os círculos polares e os extremos do planeta.

Vamos conhecer agora as formações vegetais que nelas se desenvolvem. Volte ao mapa da página 216 para verificar a localização de cada uma delas no planeta.

Formações florestais

As **florestas temperadas** estão associadas ao clima temperado. Nesse tipo climático, as quatro estações do ano (primavera, verão, outono e inverno) são bem definidas. São florestas com árvores de grande porte, porém com menor variedade de espécies e menos densas que as florestas tropicais. A principal característica é o fato de serem caducifólias, ou seja, as árvores têm folhas caducas, que caem no outono, com a proximidade do inverno.

No outono, a vegetação dessas florestas adquire uma coloração amarelada e alaranjada; quando caem, as folhas formam um tapete de matéria orgânica no solo. Sem folhas, as árvores conseguem suportar o inverno rigoroso hibernando, de forma semelhante a alguns animais de climas temperados e frios. Observe a imagem a seguir.

Nessas formações vegetais vivem animais como ursos, felinos, aves noturnas, esquilos, veados e insetos. As florestas temperadas são encontradas no leste da América do Norte, em grande parte da Europa, no norte e leste da Ásia, no sul da Austrália e no sul do Chile.

Quebec, Canadá, 2017.

No Brasil, a vegetação correspondente à zona temperada é a **mata dos pinhais** ou **mata de araucárias**, típica do clima subtropical encontrado, em sua maior parte, na Região Sul. Essa mata é de grande porte, homogênea, aberta, aciculifoliada (com folhas em forma de agulha) e adaptada às baixas temperaturas da região nos meses de inverno. Trata-se de uma formação florestal descontínua, que se desenvolve sobre o relevo de planalto, onde as temperaturas são mais baixas e a umidade do ar mais acentuada.

↑ Floresta de Araucárias. Cambará do Sul (RS), 2018.

É possível encontrar também trechos dela na Mata Atlântica, por ser um ecossistema que compõe esse bioma.

Ao longo do tempo, a mata de araucárias sofreu grande devastação por causa da intensa exploração dos pinheiros, cuja madeira foi utilizada na construção civil e na composição da pasta de celulose. Outro fator de devastação foi a expansão da atividade agropecuária na região. Segundo o MMA do Brasil, essa formação conta hoje com apenas 2% de sua área original.

Nas áreas de clima frio desenvolve-se a **floresta boreal**, também conhecida como **taiga**. Essa floresta existe principalmente no extremo norte do continente europeu (Noruega, Suécia e Finlândia), no Canadá e na Rússia.

É uma floresta de coníferas, cujas árvores têm troncos retos e copas em forma de cone. Suas folhas são aciculifoliadas, característica que evita a perda de água durante invernos rigorosos.

↑ Floresta Boreal. Sibéria, Rússia, 2015.

Com invernos longos e precipitação em forma de neve, as áreas dominadas pela floresta boreal abrigam um número menor de espécies quando comparadas às áreas mais quentes do planeta. Contudo, em meio a essa vegetação é possível encontrar uma fauna variada, com lebres, alces, esquilos, renas, raposas, lobos, aves e diversos insetos.

É comum aves dessas regiões frias migrarem para outras regiões durante o inverno, em busca de temperaturas mais amenas.

Formações herbáceas

Em regiões de clima temperado continental, onde as quatro estações são bem definidas, com invernos muito rigorosos, desenvolvem-se **estepes** e **pradarias**. Elas podem estar presentes tanto nas planícies centrais dos Estados Unidos e do Canadá quanto no sul da América do Sul, entre outros lugares. No Brasil, as pradarias são conhecidas como **campos**. Essas formações se caracterizam por vegetação rasteira, com predomínio de gramíneas.

Nas regiões polares do planeta (altas latitudes), encontram-se formações vegetais adaptadas a baixas temperaturas, invernos muito prolongados e rigorosos, pouca ou nenhuma insolação e solos muito pobres em nutrientes.

↑ Campo em Sant'ana do Livramento (RS), 2017.

↑ Estepe em Zaporozhye, Ucrânia, 2017.

A vegetação de regiões de clima polar, conhecida como **tundra**, é rasteira e dominada por musgos, ervas e liquens. Ela desenvolve-se apenas durante os meses de verão, quando as temperaturas chegam no máximo a 10 °C; no restante do ano, o solo fica congelado. A tundra é uma vegetação pouco exuberante, mas muito diversificada. No período do degelo serve de alimento para os animais da região.

↓ Tundra em Quebec, Canadá, 2015.

CARTOGRAFIA

Observe atentamente os mapas a seguir. O primeiro mostra a distribuição das florestas e a extensão ocupada por elas no planeta. O segundo retrata, por meio de uma sucessão de cores ordenadas, o percentual de área ocupada por florestas em cada país.

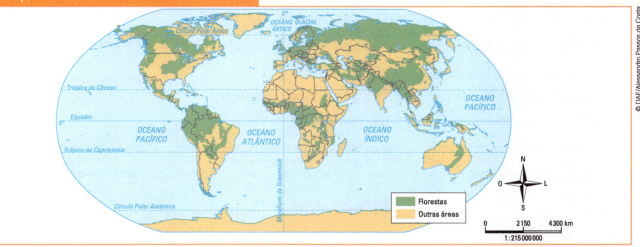

Fonte: Senado Federal. Disponível em: <www.senado.gov.br/NOTICIAS/JORNAL/EMDISCUSSAO/upload/201105%20-%20dezembro/ed09_imgs/ed09_p75_info.jpg>. Acesso em: jul. 2018.

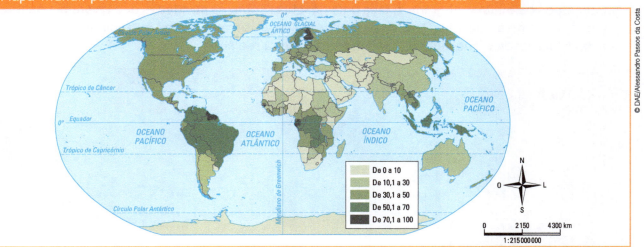

Fonte: Senado Federal. Disponível em: <www.senado.gov.br/NOTICIAS/JORNAL/EMDISCUSSAO/upload/201105%20-%20dezembro/ed09_imgs/ed09_p75_info.jpg>. Acesso em: jul. 2018.

1. O que mais chamou sua atenção nos mapas?

2. Cite as regiões do mundo com maior área ocupada por florestas.

3. A que conclusões você pode chegar quanto às florestas que ocupam o território brasileiro?

4. Por que no norte da África não se desenvolvem formações florestais?

ATIVIDADES

SISTEMATIZAR

1. De acordo com o que você estudou sobre a vegetação das florestas temperadas da Terra, faça o que se pede.

    a) Identifique as regiões do planeta onde elas são encontradas.

    b) Cite suas principais características.

    c) Dê exemplos da fauna que habita essas florestas.

2. Quais são as características da mata de araucárias e em que região do Brasil pode ser encontrada?

3. Sobre a floresta boreal, responda às perguntas.

    a) Em que região do planeta localizam-se as florestas boreais?

    b) Quais são as principais características dessas florestas?

4. Copie o quadro comparativo sobre as formações herbáceas da Terra a seguir e complete-o.

Formações herbáceas	Tipo de clima	Características e locais em que podem ser encontradas
estepes e pradarias		
campos		
tundra		

DESAFIO

1. Em grupos de quatro integrantes, faça uma pesquisa sobre as atividades que levaram à destruição da mata de araucárias. Para embasar o trabalho, observe no mapa a seguir onde essa mata estava localizada e que cidades grandes estão nessa região.

Fonte: Vera Caldini e Leda Ísola. *Atlas geográfico Saraiva*. 4. ed. São Paulo: Saraiva, 2013. p. 40

Fonte: Vera Caldini e Leda Ísola. *Atlas geográfico Saraiva*. 4. ed. São Paulo: Saraiva, 2013. p. 40

226

CAPÍTULO 4
Impactos ambientais nos biomas

No capítulo anterior, você estudou as formações florestais e herbáceas dos climas temperados, frios e polares da Terra. Neste capítulo, vai estudar os impactos ambientais nas formações vegetais dos climas quentes, temperados e frios do planeta.

Preservação da biodiversidade

Preservar a biodiversidade é uma das condições básicas para que as espécies sobrevivam e para que os ambientes do planeta se mantenham sadios e equilibrados.

Essa é uma preocupação mundial, ou ao menos deveria ser, visto que as espécies levaram milhões de anos para se desenvolver e muitas correm o risco de desaparecer em poucas décadas se as agressões ao meio ambiente continuarem. Segundo a UICN (sigla em inglês para União Mundial para a Conservação da Natureza), o planeta tem cerca de 17 mil espécies de animais e plantas ameaçadas de extinção – lembrando que, nos últimos 500 anos, já se extinguiram 869 espécies.

Como foi apresentado em capítulos anteriores, as florestas são parte fundamental do sistema climático, abrigando uma rica variedade de espécies de flora e fauna, cujas características biológicas ainda estão longe de ser totalmente conhecidas e estudadas.

Com o desaparecimento de parte das florestas, devido a queimadas e desmatamentos decorrentes do intenso processo de urbanização e industrialização dos últimos 500 anos, desapareceram também as espécies de animais dos biomas e ecossistemas, o que interrompeu o ciclo vital de muitas plantas.

Impactos ambientais nas regiões tropicais

Os impactos ambientais são um problema em todas as regiões da Terra, incluindo as polares. Nas regiões tropicais, os problemas ambientais são graves, pois é onde vive grande parte das populações e se concentra a maior biodiversidade do planeta, tanto nas formações florestais como nas arbustivas.

Nas áreas de florestas, as maiores ameaças à biodiversidade são as queimadas e o desmatamento provocado pela ação humana. As queimadas, em geral, são feitas com o objetivo de abrir espaço na mata para a atividade agrícola e a criação de gado.

↑ Queimada. Ouro Preto (MG), 2017.

↑ Área desmatada. Uganda, 2016.

227

No Brasil, por exemplo, como forma de proteger a Floresta Amazônica, o governo brasileiro criou **Unidades de Conservação**, como os parques nacionais e as **reservas extrativistas**, importante estratégia para promover a proteção integral de algumas áreas e estimular o uso sustentável em outras.

Assim, foram criadas **Unidades de Proteção Integral** e **Unidades de Uso Sustentável**, nas quais são permitidas atividades econômicas que mantêm a floresta conservada.

↑ Reserva extrativista em Almeririm (PA), 2017.

As áreas de conservação sustentável admitem moradores, bem como atividades sustentáveis, ou seja, a exploração econômica da floresta sem danificá-la. As áreas de proteção integral, por sua vez, não podem ser habitadas pelo ser humano, sendo permitido apenas o uso indireto de seus recursos naturais – em atividades de pesquisa científica e turismo ecológico, por exemplo.

Na Floresta do Congo, na África, a maior ameaça ambiental é o avanço da população local em direção à floresta. Em busca de alimento, as pessoas devastam a vegetação, principalmente para caçar animais. A área também está ameaçada pelo aumento da exploração mineral e pelos projetos de geração de energia hidrelétrica e construção de ferrovias.

A prática da caça na Floresta do Congo tem **dizimado** os gorilas-da-montanha, primatas herbívoros que se alimentam de frutas, folhas, brotos de bambu e sementes. Eles são conhecidos por comer poucas folhas de uma planta, possibilitando que ela volte a crescer. Os gorilas são caçados e abatidos para servir de alimento à população da região. Acredita-se que existam apenas cerca de 700 desses animais.

> **GLOSSÁRIO**
> **Dizimar:** destruir ou arrasar; exterminar.
> **Reserva extrativista:** área criada para proteger populações tradicionais que nela vivem e garantir a essas comunidades o direito de praticar o extrativismo para sobreviverem.

As queimadas também ocorrem em ritmo acelerado tanto na floresta africana quanto na Indonésia, a fim de ampliar a área para as atividades agrícolas das comunidades do entorno.

Ao longo da história da ocupação humana do território brasileiro, a Mata Atlântica também foi muito desmatada – em decorrência, entre outros motivos, do desenvolvimento de atividades econômicas. Segundo o Instituto Nacional de Pesquisas Espaciais (Inpe), hoje há somente 7% do total da mata original, sendo considerada uma das áreas florestais mais ameaçadas do mundo.

Assim como na Savana africana, nas formações arbustivas do Cerrado brasileiro também ocorrem queimadas e desmatamento. O objetivo é, principalmente, ocupar áreas para atividades de cultivo agrícola – como soja e cana-de-açúcar –, criação de gado bovino e construção de carvoarias.

As formações vegetais, sobretudo as florestais e as savanas, que no Brasil são denominadas de cerrados, são biomas fortemente ameaçados pela prática agrícola, pela pecuária e até mesmo pela caça predatória. A transformação dessas formações vegetais, por meio do desflorestamento e da prática de queimadas, reduz drasticamente a biodiversidade animal e vegetal, além de emitir grande quantidade de gás carbônico, o que acentua o aquecimento climático global.

→ Desmatamento de cerrado. Araguaiana (MT), 2017

Amazônia Legal

O conceito de Amazônia Legal foi instituído como forma de planejar e promover o desenvolvimento social e econômico na região amazônica. Sua área equivale a todo o bioma amazônico brasileiro, parte do Pantanal Mato-Grossense e cerca de 20% do Cerrado.

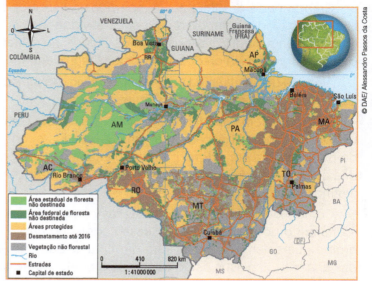

Fonte: Instituto de Pesquisa Ambiental da Amazônia. Disponível em: <http://ipam.org.br/wp-content/uploads/2018/03/mapa-nao-destinadas-pt-1.png>. Acesso em: jul. 2018.

Aves da Amazônia estão migrando para o Pantanal

Pesquisa do Projeto Bichos do Pantanal indica que aves da Amazônia estão migrando para o Pantanal. A conclusão é do coordenador técnico, chefe de pesquisa e fotógrafo do projeto, Douglas Trent. Segundo ele, aves como a curica, a esmeralda-de-cauda-azul, o mutum-cavalo, a garça-da-mata, o gavião-de-anta, o araçari-miudinho-de-bico-riscado e o alegrinho-do-rio, até algum tempo avistadas somente na Amazônia, estão descendo o Rio Paraguai e indo para o Pantanal.

A notícia [põe em debate o equilíbrio ecológico] uma vez que as espécies da Amazônia e as do Pantanal disputam os mesmos alimentos. E isso pode acarretar a redução ou a extinção de espécies.

[...]

↑ Garça-da-mata em Poconé (MT), 2016.

Aves da Amazônia estão migrando para o Pantanal. Governo do Brasil, 1º set. 2014. Disponível em: <www.brasil.gov.br/editoria/meio-ambiente/2014/09/aves-da-amazonia-estao-migrando-para-o-pantanal>. Acesso em: jun. 2018.

1. Embora espécies endêmicas da Amazônia encontrem um ecossistema parecido para viver – como o Pantanal –, qual pode ser uma causa para o risco de extinção delas?

Impactos ambientais nas regiões temperadas e frias

Grande parte das florestas temperadas ou subtropicais foi devastada, sobretudo nos países do Hemisfério Norte, a fim de dar lugar às atividades agrícolas e à formação e expansão das cidades. Muitas fazendas agrícolas nos Estados Unidos, no Canadá e nos países europeus se formaram onde originalmente havia florestas temperadas, aproveitando a fertilidade do solo da região.

Além da devastação da vegetação, a atividade agrícola nessas áreas causou degradação ambiental, resultando na perda de nutrientes do solo.

Outro problema ambiental em áreas de floresta temperada é a chuva ácida, consequência do alto nível de industrialização de alguns países. Ela ocorre devido à emissão de grandes quantidades de poluentes na atmosfera, provenientes das fábricas, das usinas termoelétricas e dos carros movidos a combustíveis derivados do petróleo. Essas chuvas danificam a vegetação e poluem os rios e a atmosfera.

Como a devastação das florestas temperadas foi intensa ao longo dos anos, alguns países transformaram o pouco que restou dessa vegetação nativa em reservas protegidas — classificação que proíbe que sejam alteradas. Para dar continuidade às atividades econômicas que utilizam madeira das árvores, os países estão adotando a prática do replantio de espécies para esse fim, denominada reflorestamento.

↑ Martigny, Suíça, 2017.

Nas regiões de clima frio, as florestas boreais também vêm sofrendo sérios danos ambientais, principalmente em razão da atividade extrativista excessiva de madeira para a indústria de papel, celulose e móveis. Essas atividades degradam as restritas fauna e flora dessa vegetação.

O desmatamento empobrece o solo porque, sem as árvores, não há sombreamento, o que propicia o surgimento de ervas que competem com os arbustos. Assim, a reposição das espécies retiradas torna-se mais difícil e lenta do que ocorria décadas atrás.

Os países que mais desmataram as florestas boreais ao longo do tempo foram o Canadá, a Rússia, a Noruega, a Suécia e a Finlândia.

↑ Floresta desmatada. Suécia, 2017.

CARTOGRAFIA

Veja o mapa a seguir, que mostra a devastação da vegetação no Brasil.

Fonte: Gisele Girardi e Jussara Vaz Rosa. *Atlas geográfico do estudante*. São Paulo: FTD, 2011. p. 26.

1. Em quais estados do Brasil a vegetação foi mais devastada?
2. E quais estados ela foi mais preservada?
3. Relacionando o mapa com o conteúdo estudado, quais são as possíveis causas da devastação de vegetação nas áreas mais críticas?

231

DIÁLOGO

S.O.S. Cerrado

[...]
De acordo com Frederico Takahashi, pesquisador da Reserva Ecológica do IBGE, o Cerrado se adapta aos incêndios espontâneos, provocados, por exemplo, por raios: "as cascas espessas e a maior capacidade de reserva de nutrientes ajudam as plantas no momento em que elas estão sem folhas. Mesmo as gramíneas que aparentemente ficaram destruídas possuem estruturas subterrâneas que garantem sua sobrevivência", explica Frederico.

O problema é quando o homem queima a vegetação no pico da seca, o que gera um grande impacto em todo o ecossistema. "Esse fogo não tem uma passagem tão rápida, é mais demorado", esclarece Frederico. A questão se agrava em ambientes do Cerrado mais sensíveis ao fogo e ao desmatamento. Nesses casos, os efeitos da devastação comprometem seriamente todo o bioma.

[...]
A erosão é um processo natural, mas acelerado pelo homem. Para equilibrar a sedimentação natural que vem da terra firme para a água, é necessária uma mata com cerca de 38 metros de largura – porém, dependendo do tipo de modificação ambiental, a dimensão da área verde ideal para garantir a proteção dos rios pode ser maior, como esclarece o gerente da Recor [Reserva Ecológica do IBGE]: "quando se substitui o Cerrado por uma área agrícola, a transferência de sedimentos é muito mais intensa. Para filtrar isso e não deixar entupir os córregos, seria necessária uma mata de galeria de 90 metros de largura. E, quando o Cerrado é substituído por área urbana, é necessário quase quatro vezes mais de mata de galeria, cerca de 120 metros, só para filtrar os sedimentos de solo transferidos para dentro dos canais".

No entanto, normalmente acontece o oposto. Em áreas agrícolas e urbanas, as pessoas ocupam até a beira dos cursos d'água, eliminando a proteção natural. O resultado, de acordo com Mauro, é o entupimento dos córregos e a consequente diminuição do volume de água, o que muitas vezes resulta na morte das nascentes dos rios: "uma mudança no solo muda toda a lógica de funcionamento do ecossistema". [...]

Marcelo Benedicto. S.O.S. Cerrado. *Retratos: a revista do IBGE*, n. 12, p. 13, jun. 2018. Disponível em: <https://agenciadenoticias.ibge.gov.br/media/com_mediaibge/arquivos/19fedbc1a72096794982c9b28dfa97d8.pdf>. Acesso em: jun. 2018.

1. O texto cita dois problemas ambientais ocorridos no Cerrado brasileiro. Quais são eles?

2. Por que os incêndios de causas naturais não impactam o ambiente do Cerrado como os causados por ação humana?

3. Relacione o texto com o que está retratado na tirinha. A que se refere a "ganância humana" citada no último quadrinho?

ATIVIDADES

SISTEMATIZAR

1. Por que o desflorestamento, seguido pelas queimadas, causa grande impacto ambiental?

2. Qual é o nome da vegetação localizada na área destacada no mapa ao lado? Cite uma ameaça ambiental a essa formação.

Fonte: Gisele Girardi e Jussara Vaz Rosa. *Atlas geográfico do estudante*. São Paulo: FTD, 2011. p. 124.

3. O Cerrado é um bioma brasileiro bastante ameaçado pelas atividades humanas. Cite exemplos de atividades que estão comprometendo sua biodiversidade.

4. Ao que se pode atribuir a devastação das florestas temperadas no planeta?

REFLETIR

1. O cartum ao lado retrata um problema ambiental que ocorre nas áreas de vegetação florestal nas regiões de clima quente da Terra. Que problema é esse e qual é o prejuízo para a biodiversidade dessas regiões?

2. Relacione essa história em quadrinhos com um problema ambiental no planeta.

SOCIEDADE E CIÊNCIA

A importância da Cartografia e dos Sistemas de Informações Geográficas (SIGs) na identificação do desmatamento de florestas

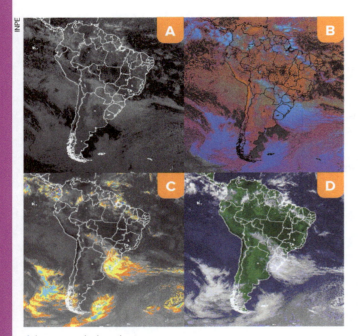

↑ Imagem do Landsat que mostra um exemplo de funcionamento simples das composições das imagens. Neste caso, a sobreposição das imagens **A**, **B** e **C** forma a imagem **D**.

O desmatamento ou desflorestamento é um problema bem conhecido, cujas consequências são muito sérias. Quando as florestas originárias são destruídas, coloca-se em risco a sobrevivência de todos os seres vivos que dependem direta ou indiretamente dela, alterando-se o equilíbrio dos ecossistemas e da biodiversidade.

Como já vimos, há satélites artificiais que orbitam a Terra, e uma de suas funções é obter imagens da superfície do planeta. Alguns deles foram especialmente desenvolvidos para produzir imagens de acompanhamento do meio ambiente natural, como os satélites Landsat, cujas imagens também recebem esse nome.

Além de as imagens de satélite não chegarem até nós com os padrões de cores a que estamos acostumados, às vezes elas registram as nuvens da atmosfera, impedindo que a superfície de determinada área seja observada claramente. Para possibilitar a leitura das imagens e a produção de mapas com base nessa leitura, é preciso submetê-las a um tratamento para formar uma composição, ou seja, fazer uma sobreposição de imagens obtidas de um mesmo lugar, cujo resultado tenha colorações da superfície mais próximas das que estamos acostumados a enxergar. Com a composição pronta, é possível formar mapas e gráficos de estudo que mostrarão se a vegetação de um local está preservada ou vem sendo alterada.

De acordo com o Instituto Nacional de Pesquisas Espaciais (Inpe), restavam no Brasil, em 2013, apenas 8,5% da área florestada original da Mata Atlântica, e já havíamos perdido mais de 700 mil km² da Floresta Amazônica.

Diante desse quadro, o governo brasileiro utiliza tecnologias para acompanhar, fiscalizar e prevenir o desmatamento de suas áreas naturais. Um dos projetos nesse âmbito é o Projeto de Monitoramento do Desflorestamento na Amazonia Legal (Prodes), dirigido, em conjunto, pelo Inpe, o Ministério do Meio Ambiente (MMA) e o Instituto Brasileiro de Meio Ambiente e dos Recursos Naturais Renováveis (Ibama).

No Prodes, 220 composições de imagens de satélite Landsat se combinam em um quebra-cabeça que abrange toda a Amazônia. Por meio desse quebra-cabeça são monitoradas e estabelecidas as taxas anuais do desmatamento na região desde 1988. A cada ano um novo mapeamento local é feito com base nas imagens enviadas pelo satélite. Na figura abaixo, observamos um mapeamento realizado pelo Instituto de Pesquisa Ambiental da Amazônia (Ipam) em 2012 com os dados do Prodes de 2011. Nele, estão visíveis, em vermelho, as frentes de desmatamento na Amazônia.

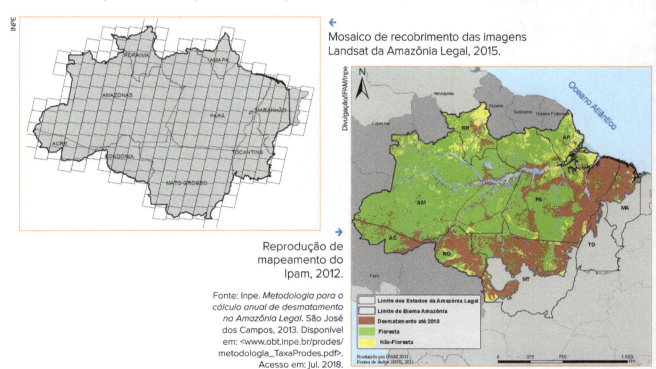

Mosaico de recobrimento das imagens Landsat da Amazônia Legal, 2015.

Reprodução de mapeamento do Ipam, 2012.

Fonte: Inpe. *Metodologia para o cálculo anual de desmatamento na Amazônia Legal*. São José dos Campos, 2013. Disponível em: <www.obt.inpe.br/prodes/metodologia_TaxaProdes.pdf>. Acesso em: jul. 2018.

1. A imagem a seguir mostra o avanço da urbanização em uma área de vegetação (o Parque Estadual da Cantareira, no município de São Paulo). Compare-a com o mapa do desmatamento acima.

Que relação pode-se estabelecer entre as imagens? Se precisasse compor um mapa dos diferentes usos desse lugar, quais você definiria? Que cores utilizaria para representá-los?

Limite entre o Jardim Peri e o Parque Estadual da Cantareira, no município de São Paulo (SP), 2018.

235

Impacto ambiental nas florestas

Você sabia que a maioria dos países já perdeu boa parte de sua floresta e vegetação original? Segundo a FAO-ONU, restam hoje pouco menos de 30% do total de florestas no planeta. Fique por dentro das principais causas e consequências do desmatamento no Brasil.

Há muita terra no país que não é utilizada para produção. São mais de 175 milhões de hectares de terras improdutivas no Brasil.

No campo é produzida a maioria dos alimentos e de outras matérias-primas. O Brasil é um dos principais produtores agrícolas do mundo. Todos os anos são produzidas algumas centenas de milhões de toneladas de cana-de-açúcar, soja, arroz, café e milho, entre outros produtos agropecuários.

A fim de produzir tanto, é preciso muito espaço para o cultivo agrícola e a criação de animais. Para se ter uma ideia, em dezembro de 2014, somente a produção de soja ocupou uma área de 30 milhões de hectares. É como se os estados do Ceará e do Amapá juntos fossem uma extensa plantação de soja!

30 milhões de hectares

O desmatamento é uma das principais formas de obter novas terras para agricultura. A Amazônia já perdeu mais de 700 mil quilômetros quadrados, segundo o Inpe. Apenas entre 2013 e 2014, por exemplo, foi desmatada uma área equivalente a 160 mil campos de futebol!

- 1,3%
- 30,5%
- 53%
- 15,2%

■ Acima de 1 000 ha
■ De 100 a 1 000 ha
■ De 10 a 100 ha
■ Até 10 ha

Já o Cerrado brasileiro perdeu mais da metade de sua cobertura inicial. Calcula-se que, em 20 anos, esse bioma pode deixar de existir.

Fontes: Dani Greco. Floresta e cerrado sob risco de extinção. *Superinteressante*, 31 out. 2016. Disponível em: <http://super.abril.com.br/ideias/floresta-e-cerrado-sob-risco-de-extincao>; Pressão e impactos sobre as florestas. Serviço Florestal Brasileiro, 9 abr. 2018. Disponível em: <http://snif.florestal.gov.br/pt-br/florestas-e-recursos-florestais/170-pressao-e-impacto-sobre-as-florestas>; Soja. Empresa Brasileira de Pesquisa Agropecuária (Embrapa). Disponível em: <www.embrapa.br/soja/cultivos/soja>. Acessos em: jun. 2018

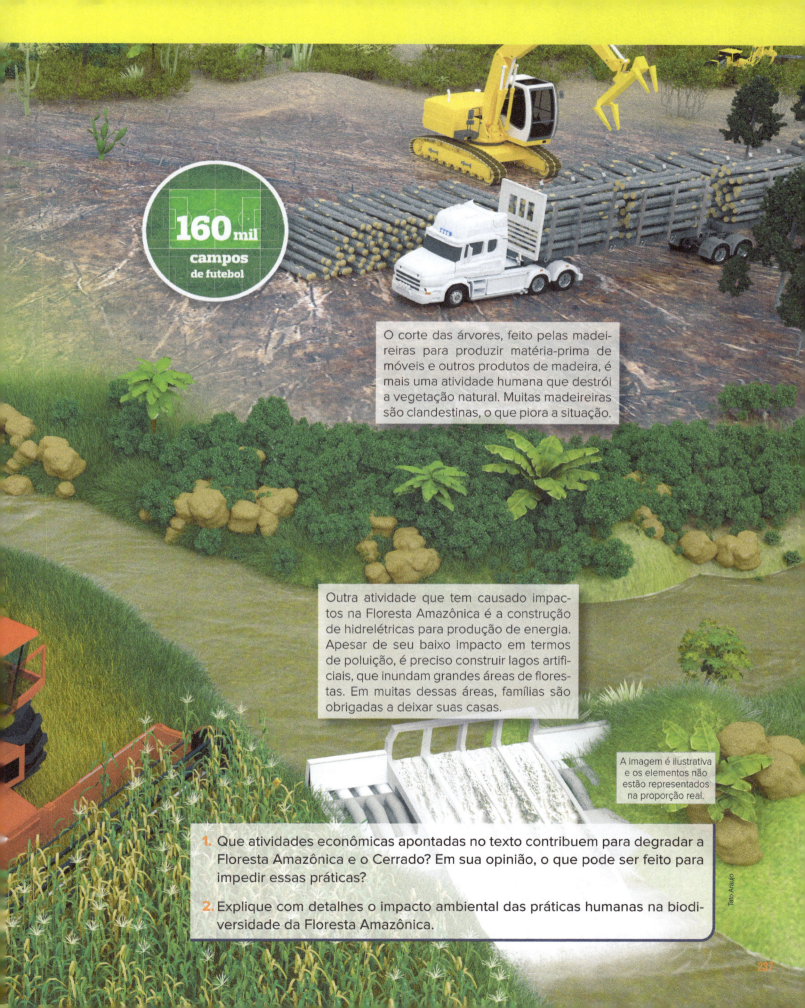

160 mil campos de futebol

O corte das árvores, feito pelas madeireiras para produzir matéria-prima de móveis e outros produtos de madeira, é mais uma atividade humana que destrói a vegetação natural. Muitas madeireiras são clandestinas, o que piora a situação.

Outra atividade que tem causado impactos na Floresta Amazônica é a construção de hidrelétricas para produção de energia. Apesar de seu baixo impacto em termos de poluição, é preciso construir lagos artificiais, que inundam grandes áreas de florestas. Em muitas dessas áreas, famílias são obrigadas a deixar suas casas.

A imagem é ilustrativa e os elementos não estão representados na proporção real.

1. Que atividades econômicas apontadas no texto contribuem para degradar a Floresta Amazônica e o Cerrado? Em sua opinião, o que pode ser feito para impedir essas práticas?

2. Explique com detalhes o impacto ambiental das práticas humanas na biodiversidade da Floresta Amazônica.

PANORAMA

FAÇA AS ATIVIDADES A SEGUIR E REVEJA O QUE VOCÊ APRENDEU.

1. Identifique a que se refere cada característica a seguir.
   a) Estrato ou camada da Terra onde há vida, formada por partes da litosfera, atmosfera e hidrosfera.
   b) Porção da biosfera cujo sistema consiste em interações dos elementos bióticos e abióticos.
   c) Totalidade das diferentes formas de vida encontradas na Terra.

2. Escreva o significado dos termos relativos à vegetação listados abaixo.
   a) latifoliada
   b) perene
   c) higrófita ou higrófila
   d) aciculifoliada
   e) caducifólia

3. Copie no caderno o quadro a seguir e complete-o com as características das formações vegetais correspondentes.

Florestas equatoriais e tropicais	Florestas temperadas	Florestas boreais

4. Em que zona climática estão as três grandes florestas de clima equatorial da Terra? Quais são e onde estão localizados?

5. Observe o mapa e a região em destaque.

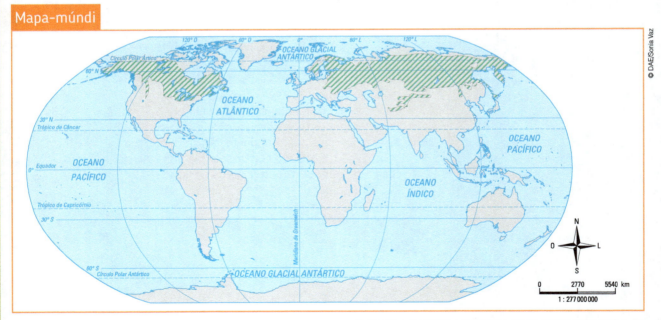

Fonte: *Atlas geográfico escolar*. 7. ed. Rio de Janeiro: IBGE, 2016. p. 58.

Com base na observação e em seus conhecimentos, responda às questões.
   a) Qual é o tipo climático da área destacada?
   b) Qual é a vegetação predominante nessa região? Cite suas características.
   c) Quais são as causas do desmatamento dessa vegetação?

6. Que vegetação brasileira está retratada na tela ao lado? Cite duas características dela e uma atividade econômica que tem causado impacto ambiental nesse bioma.

Lourdes de Deus. *Cerrado*, 2018. Acrílica sobre tela, 80 cm × 60 cm.

7. Com base na observação do mapa a seguir, identifique o tipo climático e a vegetação predominantes na área em destaque. Cite duas características dessa vegetação.

Mapa-múndi

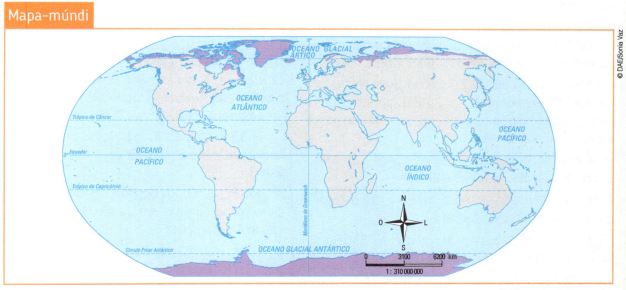

Fonte: *Atlas geográfico escolar*. 7. ed. Rio de Janeiro: IBGE, 2016. p. 58.

DICAS

ACESSE

Instituto de Pesquisa Ambiental da Amazônia (Ipam): <http://ipam.org.br/pt>. Nesse *site* há vários textos e notícias sobre o desmatamento da região amazônica. É possível obter informações e acompanhar os dados mais recentes, os principais alertas e entender como é feito o cálculo de desmatamento.

ASSISTA

Amazônia. França/Brasil, 2014. Direção: Thierry Ragobert, 86 min. O filme narra a história de Castanha, um macaco-prego nascido e criado em cativeiro que, após um acidente de avião, vai parar na Floresta Amazônica e acaba conhecendo o ciclo de vida da floresta.

LEIA

3x Amazônia, de Tiago de Melo Andrade (DCL). O livro narra a aventura dos trigêmeos ingleses James, Jane e Sarah, que costumam fazer grandes viagens em família. Em uma delas são obrigados a fazer um pouso forçado na Amazônia. Assim começa uma jornada inusitada.

Referências

AB'SABER, A. N. Domínios morfoclimáticos e províncias fitogeográficas do Brasil. *Revista Orientação*, São Paulo, IG – USP, 1970.

_____. *A organização natural das paisagens inter e subtropicais brasileiras*. São Paulo: USP, 1985. (mimeo).

ALMEIDA, R. D.; PASSINI, E. Y. *O espaço geográfico*: ensino e representação. São Paulo, Contexto, 1998.

AGÊNCIA NACIONAL DE ÁGUAS (ANA). *Atlas irrigação*: uso da água na agricultura irrigada. Disponível em: <http://atlasirrigacao.ana.gov.br>. Acesso em: ago. 2018.

AYOADE, J. O. *Introdução à climatologia para os trópicos*. 9. ed. Rio de Janeiro: Bertrand Brasil, 2003.

BECKER, B. *Amazônia*: geopolítica na virada do III milênio. Rio de Janeiro: Garamond, 2004.

BRASIL. Ministério da Educação. *Base Nacional Comum Curricular*. Brasília, 2018. Disponível em: <http://basenacionalcomum.mec.gov.br/abase/>. Acesso em: fev. 2019.

CANTO, E. L. *Minerais, minérios, metais*. 2. ed. São Paulo: Moderna, 1996.

CARVALHO, M. S. *Para quem ensina Geografia*. Londrina: UEL, 1998.

CONTI, J. B. *Clima e meio ambiente*. São Paulo: Atual, 1998.

CORRÊA, R. L. *O espaço urbano*. 4. ed. São Paulo: Ática, 1999.

_____. *Trajetórias geográficas*. 3. ed. Rio de Janeiro: Bertrand Brasil, 1997.

DEAN, W. *A ferro e fogo*: a história e a devastação da Mata Atlântica. São Paulo: Companhia das Letras, 1996.

DREW, D. *Processos interativos homem-meio ambiente*. Rio de Janeiro: Bertrand Brasil, 1998.

EICHER, D. L. *Tempo geológico*. São Paulo: Edgard Blucher, 1996.

GUERRA, A. J. T.; CUNHA, S. B. (Org.). *Geomorfologia do Brasil*. Rio de Janeiro: Bertrand Brasil, 1998.

INSTITUTO BRASILEIRO DE GEOGRAFIA E ESTATÍSTICA (IBGE). *Censo 2010*. Disponível em: <https://censo2010.ibge.gov.br>. Acesso em: ago. 2018.

JOLY, F. *A cartografia*. Campinas: Papirus, 1990.

LEINZ, V.; AMARAL, S. E. *Geologia geral*. São Paulo: Nacional, 1995.

MARTINELLI, M. *Gráficos e mapas*: construa-os você mesmo. São Paulo: Moderna, 1998.

MONBEIG, P. *Pioneiros e fazendeiros de São Paulo*. São Paulo: Hucitec; Polis, 1984.

MORAES, A. C. R. *A gênese da Geografia moderna*. São Paulo: Hucitec; Edusp, 1999

NARVAES, P. *Dicionário ilustrado do meio ambiente*. São Paulo: Yendis, 2011.

ORGANIZAÇÃO DAS NAÇÕES UNIDAS PARA A ALIMENTAÇÃO E AGRICULTURA (FAO). *Status of the World's Soil Resources*, 2015. Disponível em: <www.fao.org/3/a-i5199e.pdf>. Acesso em: ago. 2018.

RIBEIRO, W. C. (Org.). *Patrimônio ambiental brasileiro*. São Paulo: Edusp; Imprensa Oficial, 2003.

ROSS, J. *Ecogeografia do Brasil*: subsídios para planejamento ambiental. São Paulo: Oficina de Textos, 2006.

_____. (Org.). *Geografia do Brasil*. 5. ed. São Paulo: Edusp, 2005.

SANTOS, M. *A natureza do espaço*. São Paulo: Edusp, 2002.

SCARANO, F. R. *Biomas brasileiros*: retratos de um país plural. São Paulo: Conservação Internacional do Brasil; Casa da Palavra, 2012.

SIMIELLI, M. E. Cartografia no Ensino Fundamental e Médio. In: CARLOS, A. F. A. (Org.). *A Geografia na sala de aula*. 5. ed. São Paulo: Contexto, 2003.

SPOSITO, E. S. *Geografia e Filosofia*: contribuição para o ensino do pensamento geográfico. São Paulo: Editora Unesp, 2004.

TUTIEMPO NETWORK. Disponível em: <https://pt.tutiempo.net>. Acesso em: ago. 2018.